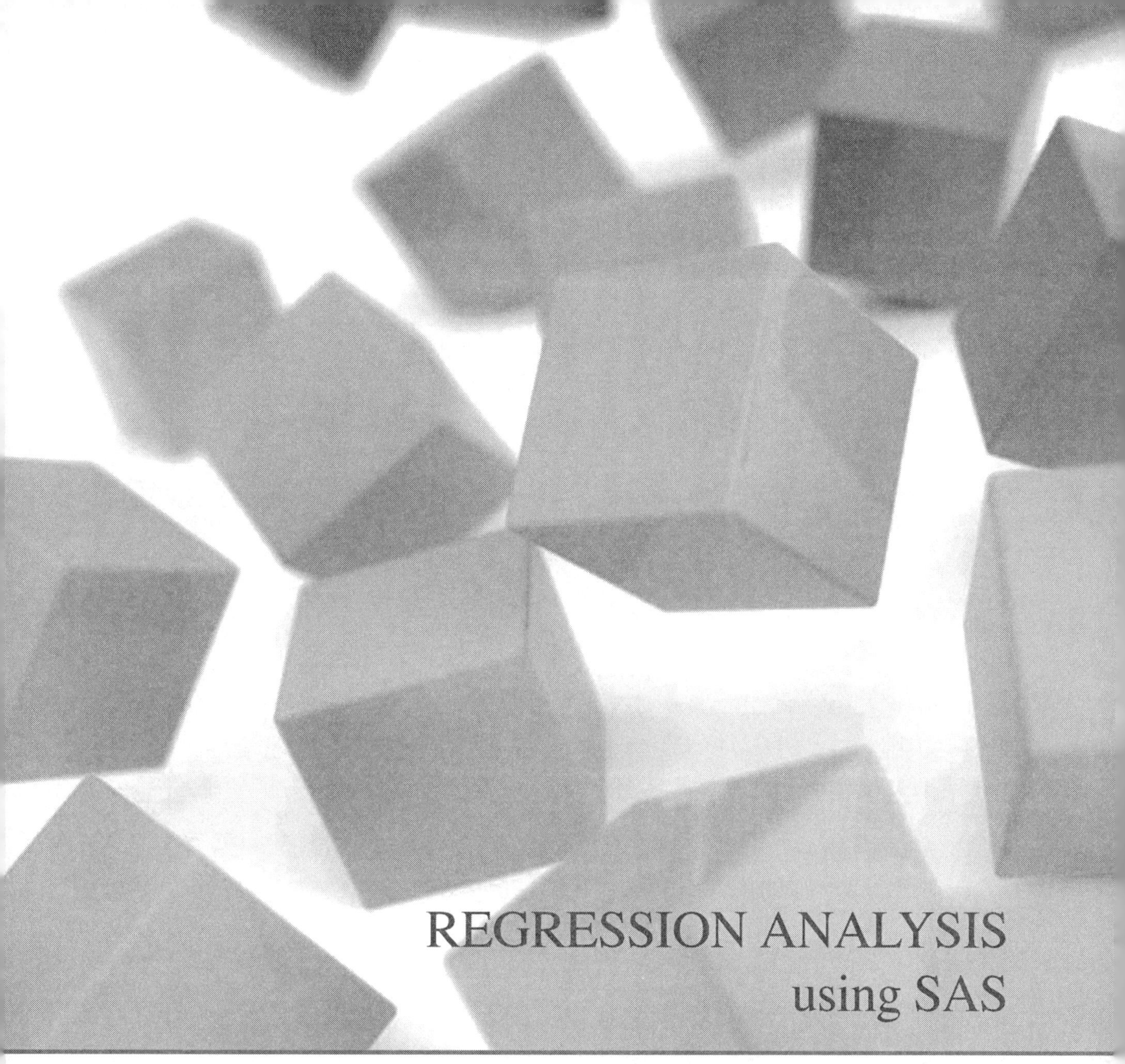

REGRESSION ANALYSIS
using SAS

기초 회귀분석

-SAS활용-

함형범 지음

MEDIA JIPHIL
(주)지필미디어

함형범(이학박사)

- 서경대학교 금융정보공학과 교수
- 저서 : 엑셀@통계(2002), 연학사
  SAS/INSIGHT 통계분석(2004), 교우사
  SAS 프로그래밍과 데이터분석(2007), 연학사
  일반통계(2009), 연학사
  응용대학수학(2013), 교우사

기초회귀분석

지 은 이 함형범
발 행 처 (주)지필미디어
주　　소 경기도 파주시 문발로 132, 402호(구, 문발동 531-4/우편번호 10881)
전　　화 (031)957-4504/(031)957-8401
팩　　스 (031)957-4503
이 메 일 book@jiphil.co.kr
홈페이지 jiphil.co.kr
발 행 인 김성남

발 행 일 2016년 8월 30일 초판 1쇄
등록번호 2제 312-1997-000043호 (1997년 07월 16일)
ISBN 979-11-86674-39-0 93310
값 22,000원

머리말

회귀분석은 변수들 간의 관련성을 함수식을 이용하여 모형화 시키고 변수들의 관측값으로부터 이 모형을 분석하고 예측하는 통계적방법이다. 회귀분석은 개념적으로 비교적 단순하고 방법론적으로 명쾌하여 통계학은 물론 경제.경영.사회.공학.의학 등 거의 모든 분야에서 가장 많이 응용되고 있는 통계적 방법이다. 그러나 많은 사람들이 수리통계, 행렬과 벡터에 대한 지식 부족으로 회귀분석의 이해에 어려움을 겪고 있으며 응용에 취약하다.

이 책은 회귀분석에 대한 이러한 지식이 부족하거나 처음 배우는 실무자들을 대상으로 회귀분석에 대한 기본 이론 및 응용 능력을 배양하기 위하여 저술한 책이다. 회귀분석에서 꼭 다뤄야 할 회귀모형의 설정, 회귀계수의 추정 및 검정, 추정된 회귀모형의 적합성 등에 대한 이론과 방법을 예제를 통해 쉽게 이해할 수 있게 하였으며 SAS 분석을 병행하여 다량의 자료에도 응용할 수 있도록 하였다. 또한 금융 및 재무관련 분야의 학생과 실무자들을 위하여 자본자산가격결정모형, 증권시장선, 단일지수 모형 등에서 베타를 회귀분석으로 추정하는 방법과 SAS 활용을 다루었다.

SAS 등의 통계관련 패키지는 간단한 프로그램 또는 메뉴방식으로 많은 결과물을 한꺼번에 출력하여 준다. 그러나 출력결과물들을 이해하여 응용하기는 수월치 않다. 책에서 제시한대로 이론과 방법에 대한 간단한 예제를 계산기를 이용하여 손쉽게 풀어본 다음에 SAS 분석을 따라서 하면 기본 지식이 부족하거나 회귀분석을 처음 접하는 실무자들도 능히 관련분야에 원하는 회귀분석을 응용할 수 있을 것이라 생각한다.

이 책이 회귀분석을 처음 접하는 초보자들에게는 이론과 방법에 대한 이해와 응용능력을 배양할 수 있는 지침서로, 현장 실무자들에게는 회귀분석 관련문제를 분석하고 해결하여 원하는 업무에 폭넓게 응용할 수 있는 도구로 역할을 수행하길 기대한다.

이 책을 준비하는 과정에서 많은 분들의 도움이 있었다. 수많은 격려와 조언을 아끼지 않으신 은월마을의 박찬술 사장님, 기자재 제공과 SAS 분석 논

의에 기꺼이 응해주신 서경대 김재현 교수님, CAPM 분석에 도움을 주신 서경대 최창열 교수님께 감사드린다. 무엇보다 집필 중 어려운 환경 속에서도 가정을 건강하게 지켜준 아내와 두 딸에게 고마움을 전한다. 또한 이 책이 출판될 수 있도록 정성을 기울여주신 (주)지필미디어의 임직원과 편집부에 감사드린다.

2016년 8월
저자 드림

목차

1장

통계학 기초지식

1.1 확률변수

자료나 관측값을 얻는 일련의 과정을 실험이라고 하며 여기서 실험이란 확률실험을 의미한다. 실험을 실제로 실시하기 전에는 어떤 결과가 나올지 정확히 알 수 없으나 일어날 수 있는 모든 가능한 결과를 알 수 있으며 또한 동일한 조건하에서 반복할 수 있는 실험을 확률실험(random experiment)이라고 한다.

• 표본공간

실험에 의하여 일어날 수 있는 가능한 모든 결과들의 집합을 표본공간(sample space)이라 한다.

예제 1.1 ① 한 개의 동전을 2번 던지는 실험에서 표본공간?

② 주사위를 1번 던져 나타나는 눈의 수를 관찰할 때 표본공간?

③ TV의 수명을 측정하는 실험에서 표본공간?

해설 ① 앞면을 H, 뒷면을 T로 나타내면 $S=\{HH, HT, TH, TT\}$

② $S=\{1, 2, 3, 4, 5, 6\}$

③ TV의 수명을 x로 나타내면 $S=\{0<x<\infty\}$

예제에서 보듯이 확률실험으로부터 얻게 되는 표본공간 상의 원소들은 숫자나 문자로 나타나게 되는데, 문자보다는 숫자로 표시할 수 있으면 통계이론과 방법을 적용시킬 때 매우 편리하다.

표본공간의 각 원소를 실수와 대응시켜주는 함수를 확률변수라고 한다. 즉, 표본공간의 임의의 원소 w에 어떤 실수 x를 대응시키는 함수를 X라고 하면 다음과 같은 관계가 성립되며 X를 확률변수라고 한다.

$$w \xrightarrow{X} x \quad \Rightarrow \quad X = X(w) = x$$

• 확률변수

표본공간 S의 각 원소를 실수(x)와 대응시켜 주는 함수(X)를 확률변수 (random variable)라고 한다.

즉, $S = \{w_1, w_2, \cdots, w_n\}$ 일 때 $w \xrightarrow{X} x \quad \Rightarrow X = X(w) = x$

예제 1.1의 한 개의 동전을 2번 던지는 실험에서 앞면이 나오는 횟수를 확률변수 X라 하면 X가 취할 수 있는 값은 다음과 같은 관계로부터 $0, 1, 2$가 된다.

$$HH \xrightarrow{X} 2 \quad \Rightarrow X = X(HH) = 2 \qquad HT \xrightarrow{X} 1 \quad \Rightarrow X = X(HT) = 1$$

$$TH \xrightarrow{X} 1 \quad \Rightarrow X = X(TH) = 1 \qquad TT \xrightarrow{X} 0 \quad \Rightarrow X = X(TT) = 0$$

일반적으로 확률변수는 대문자 $X, Y, Z \cdots$ 등으로 표시하고, 확률변수가 취할 수 있는 값은 소문자 $x, y, z \cdots$ 등으로 나타낸다. 따라서 $X = x$ 는 "확률변수 X는 x값을 취한다."라는 문장을 대신한다.

예제 1.2 ① 확률변수 X : 100개의 전구 중 불량품의 개수

X가 취할 수 있는 값 : $x = 0, 1, 2, \cdots, 100$

② 확률변수 X : TV의 수명

X가 취할 수 있는 값 : $0 < x \leqslant \infty$(년)

확률변수의 취할 수 있는 값이 불량품 개수, 시간당 통화 수, 도산한 기업 수 등과 같이 그 값이 이산적(discrete) 이어서 하나, 둘 셀 수 있는 값으로 표현되는 경우의 확률변수를 이산형 확률변수(discrete random variable)라고 한다.

한편 TV의 수명, 버스를 타기 위한 대기시간, 키 등과 같이 확률변수의 취할 수 있는 값이 어떤 수의 구간에서 한 값으로 표현되는 경우의 확률변수를 연속형 확률변수(continuous random variable)라고 한다.

확률분포(probability distribution)란 확률변수가 취할 수 있는 모든 값에 확률을 대응시켜 주는 관계로 보통 확률밀도함수(probability density function : pdf)로 나타낸다.

• 이산형 확률변수의 확률밀도함수

확률변수 X가 취할 수 있는 값이 $x_1, x_2, \cdots, x_n$ 이라고 할 때

$$f(x_i) = P(X = x_i), \quad i = 1, 2, \cdots, n$$

$f(x_i)$ 를 이산형 확률변수 X의 확률밀도함수라 한다.

▸ 이산형 pdf의 성질

① $0 \leq f(x_i) \leq 1$

② $\sum_{i=1}^{n} f(x_i) = 1$

③ $P(a \leq X \leq b) = \sum_{x=a}^{b} f(x)dx$

• 연속형 확률변수의 확률밀도함수

확률변수 X가 구간 $\{a \leq X \leq b\}$ 의 확률이

$$P(a \leq X \leq b) = \int_a^b f(x)dx$$

로 표시될 때 $f(x)$를 연속형 확률변수 X의 확률밀도함수라 한다.

▸ 연속형 pdf의 성질

① $f(x) \geq 0$

② $\int_{-\infty}^{\infty} f(x)dx = 1$

③ $P(a \leq X \leq b) = \int_a^b f(x)dx$

1.2 기대값과 분산

기대값(expectation)이란 확률변수가 취할 수 있는 모든 값들의 평균을 의미하며 확률분포의 무게 중심(centroid) or 균형점(point of balance)이 된다. 확률변수 X의 기대값을 μ 또는 $E(X)$ 로 나타내며 다음과 같이 계산한다.

• 확률변수 X의 기대값

$$\mu = E(X) = \begin{cases} \sum_x x f(x) & , x\text{는 이산형} \\ \int_x x f(x)dx & , x\text{는 연속형} \end{cases} \tag{1.1}$$

【정리 1.1】 X는 확률변수, a와 b를 상수라 할 때 다음이 성립한다.

① $E(a) = a$

② $E(bX) = bE(X)$

③ $E(a+bX) = a+bE(X)$

분산(variance)과 표준편차(standard deviation)는 확률변수 값들이 평균, 즉 기대값으로부터 얼마나 흩어져 있는가를 나타내는 측도이다. 확률변수 X의 분산을 $\sigma^2 = Var(X)$ 로, 표준편차는 $\sigma = \sqrt{Var(X)}$ 로 표기한다.

• 확률변수 X의 분산, 표준편차

$$\text{분산 } \sigma^2 = Var(X) = E[(X-\mu)^2] = \begin{cases} \sum_x (x-\mu)^2 f(x) & , x\text{는 이산형} \\ \int_x (x-\mu)^2 f(x)dx & , x\text{는 연속형} \end{cases} \tag{1.2}$$

$$\text{표준편차 } \sigma = \sqrt{Var(X)}$$

분산을 계산할 때 다음과 같은 식을 이용하면 간편하다.

$$Var(X) = E(X-\mu)^2 = E(X^2) - \mu^2 \tag{1.3}$$

$$\text{여기서, } E(X^2) = \begin{cases} \sum_x x^2 f(x) & , x\text{는 이산형} \\ \int_x x^2 f(x)dx & , x\text{는 연속형} \end{cases} \tag{1.4}$$

【정리 1.2】 X는 확률변수, a와 b를 상수라 할 때 다음이 성립한다.

① $Var(a) = 0$

② $Var(bX) = b^2 Var(X)$

③ $Var(a + bX) = b^2 Var(X)$

예제 1.3 3개의 동전을 동시에 던져 모두가 앞면, 또는 뒷면이 나오면 5원을 받고 그렇지 않으면 3원을 지불하는 내기에서 X를 얻게 되는 금액이라 할 때 다음을 구하라.

① X의 확률분포 ② $E(3X+6)$, $Var(-3X+6)$

해설 ① X의 확률분포

x	5	-3	합
$f(x)$	2/8	6/8	1.0

② $\mu = E(X) = 5(2/8) + (-3)(6/8) = -1$

$E(X^2) = 5^2(2/8) + (-3)^2(6/8) = 13$

$Var(X) = E(X^2) - \mu^2 = 12$

$\therefore\ E(3X+6) = 3E(X) + 6 = 3$

$Var(-3X+6) = 9\,Var(X) = 108$

1.3 공분산과 상관계수

두 개의 확률변수 X와 Y의 평균을 각각 μ_x와 μ_y라 하면, X와 Y의 공분산 $Cov(X, Y) = \sigma_{xy}$ 는 다음과 같이 정의된다.

• 확률변수 X와 Y의 공분산

$$\sigma_{xy} = Cov(X, Y) = E[(X-\mu_x)(Y-\mu_y)]$$

$$= E(XY) - \mu_x\,\mu_y \qquad (1.5)$$

$$\text{단, } E(XY) = \begin{cases} \sum_x \sum_y xy\ f(x,y), & \text{이산형} \\ \int_x \int_y xy\ f(x,y)dxdy, & \text{연속형} \end{cases} \qquad (1.6)$$

여기서 $f(x, y)$는 X와 Y의 결합확률밀도함수(joint probability density function)를 의미한다. (1.5)식에서 보듯이 공분산(covariance)은 두 개의 확률변수 X, Y의 증감변화를 나타내주는 측도이다.

공분산이 양(+)의 값을 가지면 X와 Y는 같은 방향으로 움직이는 것을 나타낸다. 즉, X가 커지면 Y도 커지고, X가 작아지면 Y도 작아진다. 한편 공분산이 음(-)의 값을 가지면 X와 Y는 반대방향으로 움직이는 것을 나타낸다. 즉, X가 커지면 Y는 작아지고, X가 작아지면 Y는 커진다. 만일 공분산 값이 0이면 두 변수 사이에는 아무런 증감관계가 없음을 나타낸다.

공분산 $Cov(X, Y)$는 X와 Y의 단위 크기에 따라 그 값이 달라지게 된다. 예를 들어 한 변수의 단위를 kg에서 g으로 변화시키면 공분산의 값은 1,000배가 된다. 따라서 단위와는 무관한 측도로 상관계수(correlation coefficient)를 구한다. 상관계수는 다음과 같이 공분산을 표준화한 형태로서 두 변수 X와 Y간의 선형적인 증감 정도가 얼마나 강한지를 나타내는 측도이다.

• 확률변수 X와 Y의 상관계수

$$\rho = \rho(X, Y) = \frac{Cov(X, Y)}{\sigma_x \sigma_y} \tag{1.7}$$

여기서, σ_x, σ_y는 각각 X와 Y의 표준편차

상관계수는 다음과 같은 성질을 갖는다.

① $-1 \le \rho \le 1$

② $0 < \rho \le 1$ 경우에는 양의 상관관계가 있다고 하며 이때는 X가 증가(또는 감소)하면 Y도 같이 증가(또는 감소)한다.

③ $-1 \le \rho < 0$ 경우에는 음의 상관관계가 있다고 하며 이때는 X가 증가(또는 감소)하면 Y는 감소(또는 증가)한다.

④ ρ 값이 1에 가까우면 강한 양의 상관, -1에 가까우면 강한 음(역)의 상관이 있다고 말한다.

⑤ ρ 값이 0에 가까우면 상관이 약한 경우이며 $\rho = 0$이면 무상관이라고 한다.

예제 1.4 어떤 나라의 경제 성장률(X)과 실업률(Y)이 다음과 같이 주어졌다고 하자. 경제 성장률과 실업률 간의 상관계수를 구하라.

x \ y	5%	10%	20%	합
3%	0	0.2	0.3	0.5
5%	0.1	0.1	0.2	0.4
10%	0.1	0	0	0.1
합	0.2	0.3	0.5	1.0

해설 $E(XY) = 3(5)(0) + \cdots + 10(20)(0) = 56.5$

$E(X) = 3(0.5) + 5(0.4) + 10(0.1) = 4.5$

$E(Y) = 5(0.2) + 10(0.3) + 20(0.5) = 14$

따라서 $Cov(X, Y) = 56.5 - 4.5(14) = -6.5$

$E(X^2) = 24.5,\ \sigma_x^2 = 24.5 - 4.5^2 = 4.25$

$E(Y^2) = 235,\ \sigma_y^2 = 235 - 14^2 = 39$

$\therefore\ \rho = \dfrac{-6.5}{\sqrt{4.25}\sqrt{39}} = -0.505$

두 확률변수 X와 Y에 대하여 다음 식이 성립한다.

$$Var(X \pm Y) = Var(X) + Var(Y) \pm 2Cov(X, Y) \qquad (1.8)$$

만일 X와 Y가 독립이면 식(1.8)에서 공분산 $Cov(X, Y) = 0$ 이 된다.

【정리 1.3】 두 확률변수 X와 Y가 독립이면 다음 식이 성립한다.

① $E(XY) = E(X)E(Y)$

② $Var(X \pm Y) = Var(X) + Var(Y)$

③ $Cov(X, Y) = 0$, $\rho(X, Y) = 0$

1.4 확률벡터의 기대값

k개의 확률변수 $X_1, X_2, \cdots, X_k$ 의 기대값을 $E(X_1)=\mu_1$, $E(X_2)=\mu_2$, $\cdots$, $E(X_k)=\mu_k$, 분산을 $Var(X_1)=\sigma_1^2$, $Var(X_2)=\sigma_2^2$, $\cdots$, $Var(X_k)=\sigma_k^2$이라 하고 X_i와 X_j의 공분산을 $Cov(X_i, Y_j)=\sigma_{ij}$ 라고 하자. 이때 벡터

$$\boldsymbol{x}=\begin{bmatrix} X_1 \\ X_2 \\ \vdots \\ X_k \end{bmatrix}$$

을 확률벡터(random vector)라고 하며, 그 기대값과 분산은 다음과 같다.

$$E(\boldsymbol{x})=E\begin{bmatrix} X_1 \\ X_2 \\ \vdots \\ X_k \end{bmatrix}=\begin{bmatrix} \mu_1 \\ \mu_2 \\ \vdots \\ \mu_k \end{bmatrix}=\boldsymbol{\mu} \qquad (1.9)$$

$$\begin{aligned} Var(\boldsymbol{x}) &= E(\boldsymbol{x}-\boldsymbol{\mu})(\boldsymbol{x}-\boldsymbol{\mu})' \\ &= \begin{bmatrix} Var(X_1) & Cov(X_1, X_2)\ldots & Cov(X_1, X_k) \\ & & \\ (\text{대칭}) & Var(X_2) \quad \cdots & Cov(X_2, X_k) \\ & & \vdots \\ & \ddots & Var(X_k) \end{bmatrix} \\ &= \begin{bmatrix} \sigma_1^2 & \sigma_{12}\ldots & \sigma_{1k} \\ & & \\ (\text{대칭}) & \sigma_2^2 \quad \cdots & \sigma_{2k} \\ & & \vdots \\ & \ddots & \sigma_k^2 \end{bmatrix} = \boldsymbol{\Sigma} \end{aligned} \qquad (1.10)$$

$Var(\boldsymbol{x})=\boldsymbol{\Sigma}$를 확률벡터 $\boldsymbol{x}$ 의 분산공분산행렬(variance covariance matrix)이라 한다.

【정리 1.4】 상수 벡터 $\boldsymbol{a}'=(a_1, a_2, \cdots, a_k)$에 대한 확률변수 $X_1, X_2, \cdots, X_k$의 선형결합 $\boldsymbol{a}'\boldsymbol{x}=a_1X_1+a_2X_2+\cdots+a_kX_k$ 의 기대값과 분산은 다음과 같다.

$$E(\boldsymbol{a}'\boldsymbol{x})=\boldsymbol{a}'E(\boldsymbol{x})=\boldsymbol{a}'\boldsymbol{\mu} \tag{1.11}$$

$$Var(\boldsymbol{a}'\boldsymbol{x})=\boldsymbol{a}'\,Var(\boldsymbol{x})\,\boldsymbol{a}=\boldsymbol{a}'\boldsymbol{\sum}\boldsymbol{a}$$

$$=\sum_{i=1}^{k}a_i^2\mu_i^2+2\sum_{i=1<j}^{k}a_ia_j\sigma_{ij} \tag{1.12}$$

만일 X_i들이 독립이면 $\sigma_{ij}=0$이 되어 식(1.12)의 뒷부분은 0이 된다. 또한 X_i들의 두 개의 선형식 $\sum_{i=1}^{k}a_iX_i$ 와 $\sum_{i=1}^{k}b_iX_i$ 에서 X_i들이 독립이면 다음과 같은 공분산 식이 성립한다.

$$Cov\left(\sum_{i=1}^{k}a_iX_i, \sum_{i=1}^{k}b_iX_i\right)=\sum_{i=1}^{k}a_ib_i\sigma_i^2 \tag{1.13}$$

1.5 정규분포와 관련분포

1.5.1 정규분포

확률변수 X의 확률밀도함수가

$$f(x)=\frac{1}{\sqrt{2\pi}\,\sigma}\,e^{-\frac{(x-\mu)^2}{2\sigma^2}}, \qquad -\infty<x<\infty \tag{1.14}$$

와 같이 주어지면 X는 평균 μ, 분산 σ^2인 정규분포(normal distribution)를 따른다고 하며, $X\sim N(\mu,\sigma^2)$ 으로 표기한다. 식(1.14)에서 e는 자연대수의 밑(base)으로 $e=2.718$을 의미한다. 정규분포 $N(\mu,\sigma^2)$의 그래프는 다음과

같이 평균 μ를 중심으로 좌우 대칭인 형태를 갖는다.

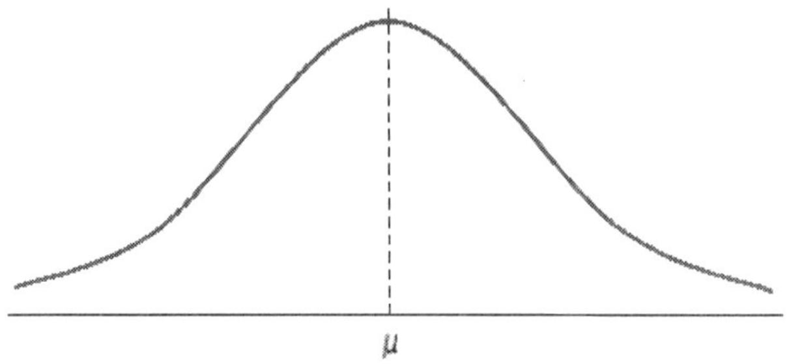

[그림 1.1] 정규분포곡선

- 표준정규분포

표준정규분포(standard normal distribution)는 $\mu=1$, $\sigma^2=1$인 정규분포 즉, $N(0,1)$인 분포이다.

$$f(x)=\frac{1}{\sqrt{2\pi}}e^{-\frac{x^2}{2}}, \quad -\infty < x < \infty \tag{1.15}$$

확률변수 $Z \sim N(0,1)$일 때 누적확률이 $1-\alpha$가 되는 다음과 같은 z_α의 값들이 부록의 <표 1>에 수록되어 있다.

$$1-\alpha = P(Z \leq z_\alpha) = \int_{-\infty}^{z_\alpha} \frac{1}{\sqrt{2\pi}} e^{-\frac{z^2}{2}} dz \tag{1.16}$$

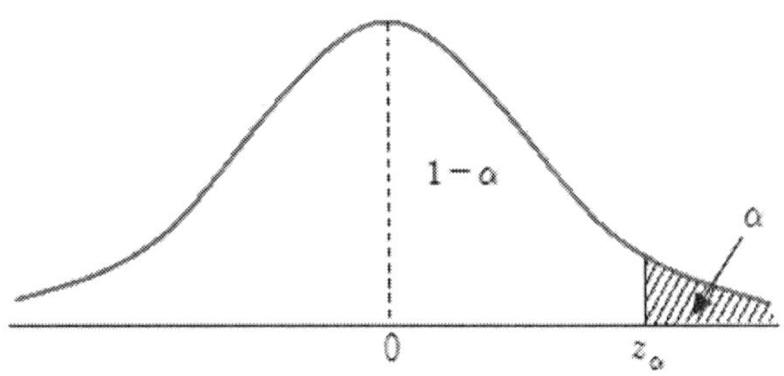

[그림 1.2] 표준정규분포의 z_α 값

다음과 같은 z_α값은 추정과 검정에서 유용하게 쓰이는 값이다.

$$P(Z > 1.282) = 0.10 \Rightarrow z_{0.10} = 1.282$$
$$P(Z > 1.645) = 0.05 \Rightarrow z_{0.05} = 1.645$$
$$P(Z > 1.96) = 0.025 \Rightarrow z_{0.025} = 1.96$$
$$P(Z > 2.576) = 0.005 \Rightarrow z_{0.005} = 2.576$$

【정리 1.5】 $X \sim N(\mu, \sigma^2)$ 일 때 다음이 성립한다.

① $Z = \dfrac{X-\mu}{\sigma} \sim N(0,1)$

② 표본평균 $\overline{X} \sim N\left(\mu, \dfrac{\sigma^2}{n}\right)$이고 $Z = \dfrac{\overline{X}-\mu}{\sigma/\sqrt{n}} \sim N\left(\mu, \dfrac{\sigma^2}{n}\right)$

정리 1.6, 1.7은 정규분포를 하는 확률변수의 선형성에 대한 내용이다.

【정리 1.6】 확률변수 $X \sim N(\mu, \sigma^2)$ 이고 $a, b(b \neq 0)$가 상수이면, 선형함수 $Y = a + bX$는 다음과 같은 정규분포를 따른다.

$$Y = a + bX \sim N(a + b\mu,\ b^2\sigma^2)$$

【정리 1.7】 확률변수 $X_1, X_2, \cdots, X_n$ 이 서로 독립이고 정규분포를 따르는 경우 X_i들의 선형함수 $Y = \sum a_i X_i$ (a_i는 상수)는 다음과 같은 정규분포를 따른다.

$$Y = \sum_{i=1}^{n} a_i X_i \sim N\left(\sum_{i=1}^{n} a_i E(X_i),\ \sum_{i=1}^{n} a_i^2\, Var(X_i)\right)$$

정규분포가 통계 이론과 방법에서 널리 쓰이는 것은 다음과 같은 중심극한정리(central limit theorem)가 성립하기 때문이다.

【정리 1.8】 모평균 μ, 모분산 σ^2인 모집단(임의의 분포)으로부터 크기 n인

표본의 표본평균 $\overline{X}$의 분포는 n이 충분히 크면 근사적으로 정규분포 $N\left(\mu, \frac{\sigma^2}{n}\right)$을 따른다.

따라서 $Z = \frac{\overline{X} - \mu}{\sigma / \sqrt{n}} \approx N(0, 1)$

1.5.2 χ^2 분포(chi square distribution)

표준정규분포로부터 도출되는 분포 중 χ^2분포, t분포, F분포는 통계분석에서 매우 유용하게 쓰이는 표본분포이다.

• χ^2분포

확률변수 $Z \sim N(0,1)$일 때 Z^2은 자유도 1인 χ^2(카이 제곱)분포를 따른다고 하며, $Z_1, Z_2, \cdots, Z_n$이 서로 독립인 $N(0,1)$ 분포를 하면 $\sum_{i=1}^{n} Z_i^2$은 자유도 n인 χ^2분포를 따르는 것으로 알려져 있다. 자유도 n인 χ^2분포를 $\chi^2(n)$으로 표기하며 그 기대값과 분산은 다음과 같다.

$E(\chi^2(n)) = n \quad Var(\chi^2(n)) = 2n$

여기서 자유도(degrees of freedom)란 특정한 변수들의 함수식에서 자유롭게 선택할 수 있는 변수의 개수이다.

예를 들면 3개 변수 X_1, X_2, X_3에 대한 $X_1 + X_2 + X_3 = 8$의 식에서 자유도는 2가 된다. 왜냐하면 3개의 변수 중 2개의 변수 값이 정해지면 나머지 한 변수의 값은 자동적으로 결정되기 때문이다. 일반적으로 여러 통계적 방법에서 자유도를 계산할 때 표본의 수에서 추정되는 모수의 개수를 빼어주면 된다.

$\chi^2(n)$분포에서 오른쪽 꼬리분분의 확률이 α가 되는 점을 $\chi^2_\alpha(n)$으로 표기하며, 자유도 n과 α의 변화에 따른 $\chi^2_\alpha(n)$값이 부록의 <표 2>에 수록되어 있다.

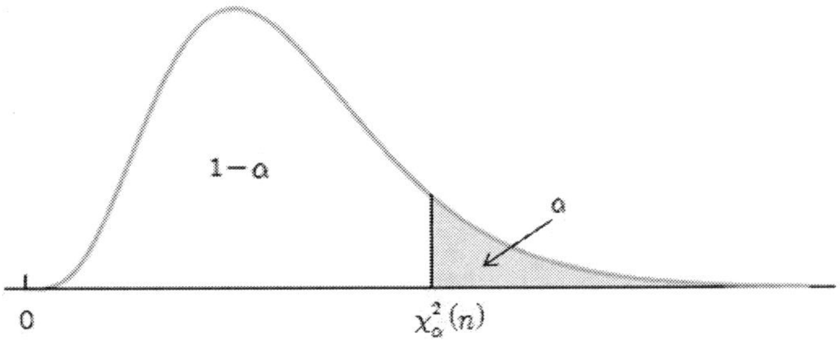

[그림 1.3] $\chi^2(n)$분포의 $\chi^2_\alpha(n)$값

【정리 1.9】 정규모집단 $N(\mu, \sigma^2)$으로부터 크기가 n인 확률표본을 $X_1, X_2, \cdots, X_n$을 이라 하고 표본평균과 표본분산을 각각 $\overline{X} = \frac{1}{n}\sum_{i=1}^{n} X_i$, $S^2 = \frac{1}{n-1}\sum_{i=1}^{n}(X_i - \overline{X})^2$이라고 할 때 다음이 성립한다.

① $Z^2 = \left(\frac{X-\mu}{\sigma}\right)^2 \sim \chi^2(1)$ (1.17)

② $\sum_{i=1}^{n} Z_i^2 = \sum_{i=1}^{n}\left(\frac{X_i-\mu}{\sigma}\right)^2 \sim \chi^2(n)$ (1.18)

③ $\sum_{i=1}^{n}\left(\frac{X_i-\overline{X}}{\sigma}\right)^2 = \frac{(n-1)S^2}{\sigma^2} \sim \chi^2(n-1)$ (1.19)

1.5.3 t 분포(t distribution)

• t 분포

두 확률변수 $Z \sim N(0,1)$, $\chi^2 \sim \chi^2(n)$이고 서로 독립이면 다음의 변수 $T = \frac{Z}{\chi^2/n}$는 자유도 n인 t분포를 따른다고 하며, $T \sim t(n)$으로 표기하며 그 기대값과 분산은 다음과 같다. $E(T) = 0$, $Var(T) = \frac{n}{n-2}$, $n > 2$

$t(n)$분포에서 오른쪽 꼬리분분의 확률이 α가 되는 점을 $t_\alpha(n)$으로 표기하

며, 자유도 n과 α의 변화에 따른 $t_\alpha(n)$값이 부록의 <표 3>에 수록되어 있다.

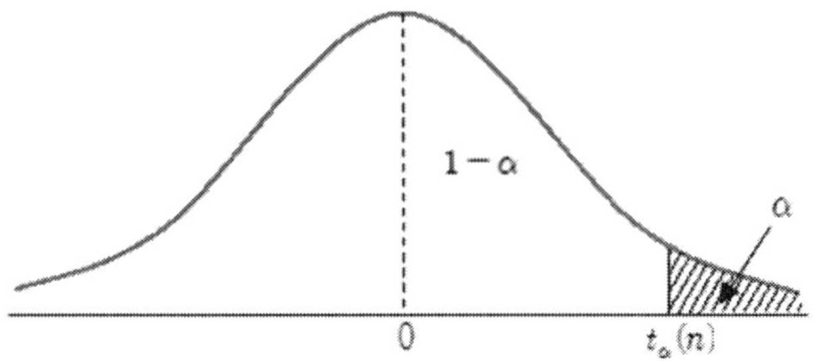

[그림 1.4] $t(n)$분포의 $t_\alpha(n)$값

$t(n)$분포는 평균 0을 중심으로 좌우대칭인 종 모양의 분포이고 n이 충분히 크면 표준정규분포 $N(0,1)$에 근사한다. 그러나 꼬리부분이 조금 더 두텁고 약간 평평한 점이 $N(0,1)$과 다르다.

【정리 1.10】 평균 μ, 분산 σ^2인 정규모집단으로부터 크기가 n인 표본의 표본평균과 표본분산을 각각 $\overline{X}$와 S^2이라고 할 때 $T=\dfrac{\overline{X}-\mu}{S/\sqrt{n}}$는 자유도가 $n-1$인 t분포를 따른다.

1.5.4 F 분포(F distribution)

• F분포

두 확률변수 U와 V의 분포가 각각 $U\sim\chi^2(n_1)$, $V\sim\chi^2(n_2)$이고 서로 독립이면 $F=\dfrac{U/n_1}{V/n_2}$는 분자의 자유도가 n_1, 분모의 자유도가 n_2인 F분포를 따른다고 하며 $F\sim F(n_1,n_2)$로 표기한다.

$F(n_1, n_2)$분포에서 오른쪽 꼬리분분의 확률이 α가 되는 점을 $F_\alpha(n_1, n_2)$로 표기하며, 자유도 n과 α의 변화에 따른 $F_\alpha(n_1, n_2)$값이 부록의 <표 4>에수록되어 있다.

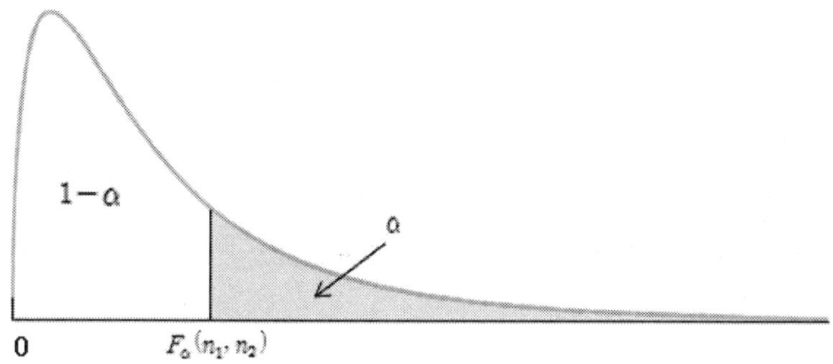

[그림 1.5] 분포의 $F_\alpha(n_1, n_2)$값

• t 분포와 F분포의 관계

F분포에서 분자의 자유도가 1인 경우는 F분포와 t분포 사이에 다음 관계식이 성립한다.

① $F(1, n) = [t(n)]^2$

② $F_\alpha(1, n) = [t_{\alpha/2}(n)]^2$

【정리 1.11】 두 정규모집단 $N(\mu_1, \sigma_1^2)$, $N(\mu_2, \sigma_2^2)$으로부터 크기가 각각 n_1, n_2인 표본을 독립적으로 추출하였을 때 표본평균과 표본분산을 각각 $\overline{X_1}$, S_1^2 그리고 $\overline{X_2}$, S_2^2이라고 한다면, 확률변수 F는 다음과 같은 F분포를 따른다.

$$F = \frac{S_1^2/\sigma_1^2}{S_2^2/\sigma_2^2} = \frac{\sigma_2^2 S_1^2}{\sigma_1^2 S_2^2} \sim F(n_1 - 1, n_2 - 1)$$

1.6 통계적 추정과 검정의 개념

1.6.1 통계적 추정

모집단의 특성을 나타내는 모수에는 모평균, 모분산, 모상관계수 등이 있는데 이들 모수의 정확한 값을 모르는 것이 대부분이다. 모집단 전체를 조사하여 모수의 값을 파악하는 것은 시간, 경비 등의 문제로 바람직하지 않다. 이때 표본을 추출하여 자료를 얻고 이를 토대로 모집단에 관한 정보를 얻으려 하는 것을 통계적 추론(statistical inference)이라 한다. 통계적 추론은 추정(estimation)과 가설검정(testing of hypothesis)의 두 분야로 나누어진다.

알려지지 않은 모수의 참값을 표본정보에 근거하여 하나의 값으로 추정하는 것을 점추정(point estimation)이라 한다. 그러나 모수의 참값과 점추정값이 일치하는 경우는 거의 없으므로 모수가 포함되리라고 생각되는 구간을 추정하는 것을 구간추정(interval estimation)이라 한다.

모수를 θ라 하고, θ를 추정하기 위하여 모집단으로부터 추출된 크기 n인 표본을 $X_1, X_2, \cdots, X_n$이라 하자. 이때 모수 θ를 추정하는데 표본의 함수인 통계량 $U(X_1, X_2, \cdots, X_n)$이 사용되었다면 통계량 $U(X_1, X_2, \cdots, X_n)$을 추정량(estimator)이라 하고 보통 $\hat{\theta}$로 나타낸다. 표본의 관측값을 $x_1, x_2, \cdots, x_n$이라 하면 추정량의 관측값은 $U(x_1, x_2, \cdots, x_n)$이 되고 이 값을 모수 θ의 추정값(estimate)이라 한다.

모수 θ의 추정량은 무수히 존재할 수 있으므로 바람직한 성질을 갖는 추정량을 선택하게 된다. 여기에는 불편성 유효성 등이 있다.

• 불편추정량

모수 θ의 추정량 $\hat{\theta}$에 대하여 $E(\hat{\theta}) = \theta$이면, $\hat{\theta}$를 θ의 불편추정량(unbiased estimator)이라 한다. $E(\hat{\theta}) - \theta$를 편의(偏倚, bias)라 하며, 불편추정량은 편의가 0인 추정량이다.

예제 1.5 모평균 μ, 모분산 σ^2인 임의의 모집단(임의의 분포)으로부터 크기 n인 표본 $X_1, X_2, \cdots, X_n$을 추출하였다.

① 표본평균 $\overline{X} = \frac{1}{n}\sum_{i=1}^{n} X_i$는 모평균 μ의 불편추정량이다.

② 표본분산 $U = \frac{1}{n}\sum_{i=1}^{n}(X_i - \overline{X})^2$은 모분산 σ^2의 편의추정량이다.

③ 표본분산 $S^2 = \frac{1}{n-1}\sum_{i=1}^{n}(X_i - \overline{X})^2$은 모분산 σ^2의 불편추정량이다.

해설 ① $E(\overline{X}) = \mu$

② $E(U) = \frac{n-1}{n}\sigma^2 \neq \sigma^2$

③ $E(S^2) = E\left(\frac{n}{n-1}U\right) = \frac{n}{n-1}E(U) = \sigma^2$

모수 θ의 불편추정량이 여러 개 있다면 어떤 추정량을 선택할 것인가? 불편추정량 중에서 작은 분산을 갖는 선택하는 것이 바람직하다.

• 최소분산불편추정량

모수 θ에 대한 두 불편추정량 $\widehat{\theta}_1$, $\widehat{\theta}_2$의 분산을 각각 $Var(\widehat{\theta}_1)$, $Var(\widehat{\theta}_2)$라고 할 때 $Var(\widehat{\theta}_1) < Var(\widehat{\theta}_2)$이면 $\widehat{\theta}_1$이 $\widehat{\theta}_2$보다 더 유효한 추정량(more efficient estimator)이라 한다.

모수 θ의 가능한 모든 불편추정량 중에서 가장 작은 분산을 갖는 추정량을 최소분산불편추정량(minimum variance unbiased estimator) 또는 최량추정량(best estimator)이라 한다.

일반적으로 모수의 참값과 점추정값이 일치하는 경우는 거의 없다. 모수가 포함되리라고 생각되는 구간을 추정하는 것을 구간추정 또는 신뢰구간추정이라 한다.

• 신뢰구간

모수 θ의 구간 추정을 위해 표본으로부터 계산된 두 통계량의 값을 각각 $\hat{\theta}_L$, $\hat{\theta}_U$라 할 때, 다음을 만족하는 구간($\hat{\theta}_L$, $\hat{\theta}_U$)를 모수 θ의 $100(1-\alpha)\%$ 신뢰구간이라 한다.

$$P(\hat{\theta}_L < \theta < \hat{\theta}_U) = 1-\alpha \qquad (0<\alpha<1)$$

이때 $\hat{\theta}_L$과 $\hat{\theta}_U$를 각각 모수 θ의 신뢰하한(lower confidence limit), 신뢰상한(upper confidence limit)이라 하며, $1-\alpha$를 신뢰수준(confidence level) 또는 신뢰계수(confidence coefficient)라고 한다.

1.6.2 통계적 가설검정

모집단의 모수나 확률분포에 때한 어떤 주장이나 예상을 통계적 가설이라고 한다. 통계적 가설검정(statistical hypothesis test)이란 모집단의 모수값이나 확률분포에 대하여 어떤 가설을 설정하고 그 가설의 진위 여부를 표본정보를 이용하여 판정 하는 것을 말한다. 이러한 검정을 하려면, 우선 모집단에 대한 가설을 세워야 한다.

가설은 H_0으로 표시하는 귀무가설(null hypothesis)과 H_1로 표시하는 대립가설(alternative hypothesis)을 짝지어 세운다. 통상 어떤 새로운 주장이나 생각을 H_1로 설정하고, 이와 대립되는 즉, 기존의 입장이나 변화가 없는 것을 H_0으로 설정한다. 이렇게 설정된 가설은 참이거나 거짓일 수 있으며, 표본정보에 근거하여 가설을 부정할 때 그 가설을 기각(reject)한다고 하며, 부정하지 못할 때 그 가설을 채택(accept)한다고 말한다. 귀무가설과 대립가설은 서로 상반되는 것이므로 둘 중 어느 하나만 검정하면 된다. 즉 검정의 대상이 되는 것은 귀무가설이다.

가설이 세워지면 표본을 추출하고 관찰하여 가설을 기각할지, 채택할지를 결정해야 한다. 이와 같이 귀무가설과 대립가설 중 어느 하나를 택하는데 사용되는 통계량을 검정통계량(test statistic)이라고 한다. 검정통계량의 값에 따라 귀무가설 H_0을 기각하든지 또는 채택하든지 결정하게 되므로, H_0을 기각하게 되는 검정통계량 값의 영역을 기각역(rejection region or critical region)이라 한다. 반대로 채택하게 되는 검정통계량 값의 영역을 채택역(acceptance region)이라 하며, 기각역과 채택역의 경계가 되는 값을 임계값(critical value)라고 한다.

가설검정의 결과를 나누어 보면 귀무가설이 참인 경우에 이를 채택하거나 기각하는 두 가지의 결정이 있고, 귀무가설이 거짓인 경우에 이를 채택하거나 기각하는 두 가지 결정이 있다. 따라서 가설검정에는 2개의 오류가 있게 되는데, 귀무가설이 참임에도 불구하고 귀무가설을 기각함으로써 발생되는 오류를 제1종 오류(type I error)라 하고, 제1종 오류를 범할 확률을 유의수준(significance level)이라 하며 α로 표시한다.

또한, 귀무가설이 거짓임에도 불구하고 귀무가설을 채택함으로써 발생되는 오류를 제2종 오류(type II error)라 한다. 제2종 오류를 범할 확률을 β로 나타내며 $(1-\beta)$를 검정력(power)이라 하는데 이것은 귀무가설이 틀린 경우에 이를 기각하는 확률이므로 귀무가설의 잘못을 검출해내는 확률이 된다.

[표 1.1] 제1종 및 제2종 오류

검정의 결과 / 실제의 현상	H_0를 채택	H_0 기각
H_0가 사실	옳은 결정	제1종오류
H_0가 거짓	제2종 오류	옳은 결정

α와 β를 동시에 줄이는 검정이 바람직한 검정방법이지만 표본의 크기가 고정되어 있을 때 제1종 오류를 줄이면 제2종 오류가 커지게 되므로 두 가지 오류를 줄이는 것은 불가능 하다. 일반적으로 통계적 가설검정에서는 유의수준 α를 적당히 작은 값으로 고정시키고, 제2종 오류의 확률 β를 최소가 되도록 즉, 검정력 $(1-\beta)$를 크게 되도록 하는 최량검정(best test)를 사용한다.

일반적으로 미지의 관심 모수 θ에 대한 가설은 θ_0을 θ의 특정한 값이라

할 때, 다음과 같이 설정할 수 있다.

(1) $H_0 : \theta = \theta_0$,　$H_1 : \theta > \theta_0$　(우측검정)

(2) $H_0 : \theta = \theta_0$,　$H_1 : \theta < \theta_0$　(좌측검정)

(3) $H_0 : \theta = \theta_0$,　$H_1 : \theta \neq \theta_0$　(양측검정)

(1), (2)와 같이 대립가설이 단측으로 주어질 때의 검정을 단측검정(one-tailed test)이라 하며 (3)과 같이 양측으로 주어질 때는 양측검정(two-tailed test)이라 한다. 보통 검정의 기각역은 대립가설의 형태에 따라 결정된다.

(1) $H_0 : \theta = \theta_0$,　$H_1 : \theta > \theta_0$　(우측검정의 기각역)

대립가설의 형태에 따라 기각역도 비슷한 형태를 취하게 되는데 우측검정일 때는 검정통계량 분포의 우측에 기각역이 설정되어진다.
즉, 유의수준을 α라 하고, $\hat{\theta}$를 가설의 검정통계량이라 하면, 우측검정일 때의 기각역은 $\{\hat{\theta} > c_1\}$이며, 이 때 c_1은 검정통계량 $\hat{\theta}$가 귀무가설 하에서 우측확률이 α가 되는 임계값이다.

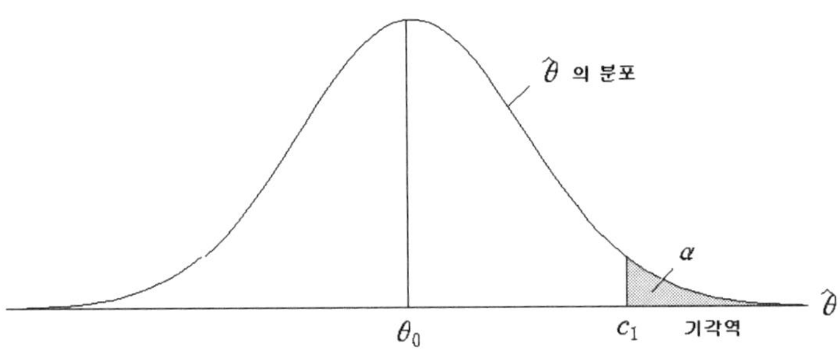

[그림 1.6] 우측검정의 기각역

(2) $H_0 : \theta = \theta_0$,　$H_1 : \theta < \theta_0$　(좌측검정의 기각역)

좌측검정일 때의 기각역은 $\hat{\theta} < c_2$ 이며, 이 때 c_2 는 검정통계량 $\hat{\theta}$ 가 귀무가설 하에서 좌측확률이 α 가 되는 임계값이다.

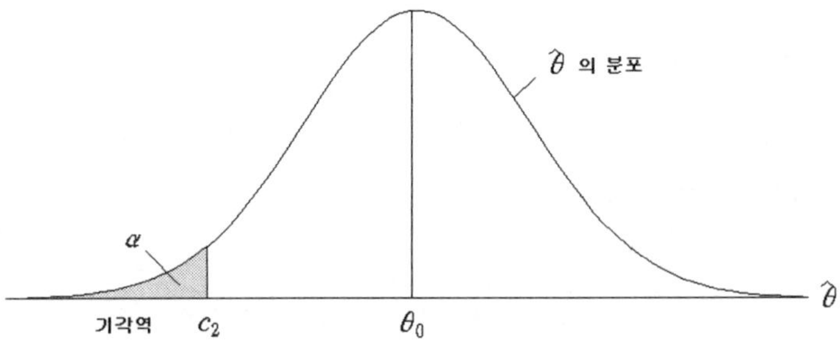

[그림 1.7] 좌측검정의 기각역

(3) $H_0 : \theta = \theta_0$,　$H_1 : \theta \neq \theta_0$　(양측검정의 기각역)

양측검정일 때의 기각역은 $\hat{\theta} > c_3$ 또는 $\hat{\theta} < c_4$ 이며, 이 때 c_3 는 우측확률이 $\alpha/2$ 가 되는 임계값이며, c_4 는 좌측확률이 $\alpha/2$ 가 되는 임계값이다.

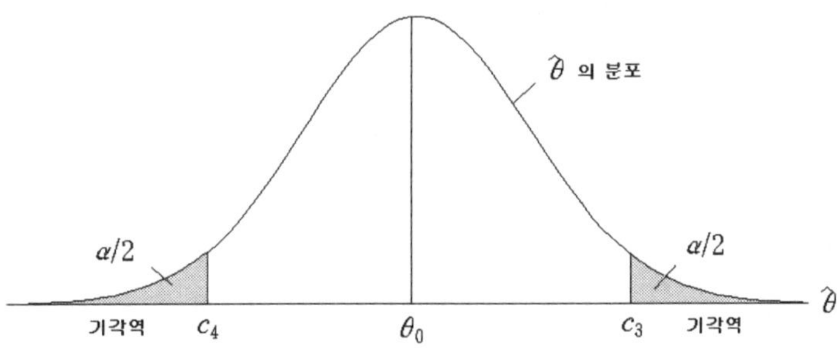

[그림 1.8] 양측검정의 기각역

가설검정을 수행하는 절차는 다음과 같다.

• 가설검정의 순서

(1) 귀무가설(H_0)과 대립가설(H_1)을 세운다.
(2) 유의수준 α를 결정한다.
(3) 적절한 검정통계량을 결정하고 그 값을 계산한다.
(4) 기각역을 구한다.
(5) 검정통계량 값이 기각역 안에 포함되면 H_0을 기각하고, 그렇지 않으면 H_0을 채택한다.

검정 수행 결과 유의수준 하에서 귀무가설이 기각될 때 그 검정결과는 "통계적으로 유의하다(statistical significant)"라고도 하는데 이는 가설을 검정하기 위해 모집단으로부터 얻은 표본정보가 귀무가설을 받아들일 만한 뚜렷한 증거를 갖고 있지 않아서 "귀무가설이 참이 아닐 것"이라는 것을 의미한다.

가설의 기각역 또는 채택역은 유의수준을 어떻게 취하느냐에 따라서 다르게 된다. 일반적으로 유의수준은 0.05, 0.01, 0.1 등으로 놓지만, 검정하는 사람에 따라 다르게 놓을 수 있으며 이에 따라 같은 표본결과를 갖고서도 다른 검정 결과를 얻을 수 있다.

이와 같이 유의수준 선택에 대한 다양성 때문에, 각종 통계소프트웨어에서는 유의확률(significance probability)을 출력 제공하여 의사결정자에게 검정의 결과를 판정하도록 하고 있다.

유의확률은 귀무가설 H_0가 참일 때, 표본으로부터 구한 검정통계량 값을 이용하여 H_0을 기각시킬 수 있는 가장 작은 크기의 유의수준이다. 보통 유의확률을 $p-$값(p-value)이라고 부르며 이 값을 유의수준 α와 비교하여 귀무가설의 기각 여부를 판정한다. 일반적으로 $p-$값 $< \alpha$ 이면 귀무가설 H_0을 기각한다.

각종 통계소프트웨어에서는 디폴트로 양측검정의 $p-$값을 제공한다. 따라서 각종 통계소프트웨어에서 제공하는 $p-$값을 사용하여 검정을 수행하는 경우,

양측검정에서는 $p-$값 $< \alpha$ 이면 귀무가설 H_0을 기각한다.
단측검정에서는 $(p-$값$)/2 < \alpha$ 이면 귀무가설을 기각한다.

1.7 모평균에 관한 추론

모평균 μ의 신뢰구간과 검정은 모분산 σ^2을 아는 경우와 모르는 경우로 크게 나눌 수 있다. (1) 모분산 σ^2을 아는 경우, 모집단이 정규분포이거나 또는 정규분포가 아닌 임의의 모집단이더라도 표본의 크기가 대표본이면 정규분포에 의한 Z-통계량을 이용하여 모평균의 추론을 한다. (2) 한편, 모분산 σ^2을 모르는 경우에는 σ^2 대신에 표본분산 S^2을 이용하게 되는 데, 표본의 크기가 대표본일 때는 정규분포에 의한 Z-통계량을 이용하고, 표본의 크기가 소표본일 때는 t분포에 의한 T-통계량을 이용하여 모평균의 추론을 한다.

1.7.1 모평균의 신뢰구간

정규모집단 $N(\mu, \sigma^2)$에서 모분산 σ^2을 알고 있을 때 모평균 μ의 신뢰구간을 구해 보자.

정규모집단으로부터 추출한 크기가 n인 임의표본의 표본평균 $\overline{X}$는 정규분포 $N\left(\mu, \dfrac{\sigma^2}{n}\right)$을 따르므로 이것을 표준화한 Z-통계량

$$Z = \frac{\overline{X} - \mu}{\sigma/\sqrt{n}} \tag{1.20}$$

는 표준정규분포 $N(0,1)$을 따른다. 따라서 표준정규분포의 성질로부터 임의의 양수 $\alpha\ (0 < \alpha < 1)$에 대하여

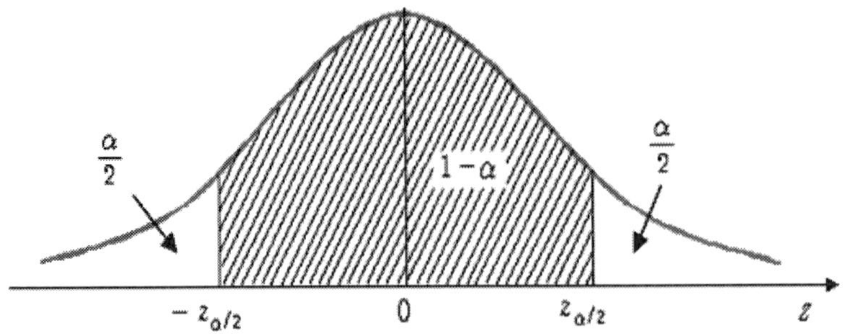

[그림 1.9] 모평균의 신뢰구간

$$P\left(-z_{\alpha/2} < \frac{\overline{X}-\mu}{\sigma/\sqrt{n}} < z_{\alpha/2}\right) = 1-\alpha \tag{1.21}$$

이므로, 좌변 항의 괄호 속의 부등식을 μ에 관해 풀어서 정리하면 다음과 같이 쓸 수 있다.

$$P\left(\overline{X} - z_{\alpha/2}\frac{\sigma}{\sqrt{n}} < \mu < \overline{X} + z_{\alpha/2}\frac{\sigma}{\sqrt{n}}\right) = 1-\alpha \tag{1.22}$$

따라서 확률구간(random interval)

$$\left(\overline{X} - z_{\alpha/2}\frac{\sigma}{\sqrt{n}},\ \overline{X} + z_{\alpha/2}\frac{\sigma}{\sqrt{n}}\right) \tag{1.23}$$

가 모평균 μ를 포함할 확률은 $100(1-\alpha)\%$이다.
이제 표본 $X_1, X_2, \cdots, X_n$을 관찰하여 실제 측정값 $x_1, x_2, \cdots, x_n$을 얻어 계산한 표본평균이 $\overline{x}$이면 구간

$$\left(\overline{x} - z_{\alpha/2}\frac{\sigma}{\sqrt{n}},\ \overline{x} + z_{\alpha/2}\frac{\sigma}{\sqrt{n}}\right) \tag{1.24}$$

은 이미 알려진 값이다. 이 구간은 계산된 값으로 더 이상 확률구간이 아니므로 $100(1-\alpha)\%$ 신뢰구간이라고 부른다.

모집단의 분포가 정규분포가 아니더라도 n이 대표본일 경우에는 Z-통계량이 중심극한정리에 의해 표준정규분포 $N(0,1)$을 따르게 되므로 식(1.24)를 그대로 모평균 μ의 신뢰구간으로 사용한다. 만약 모분산 σ^2을 모르더라도 n이 대표본이면 Z-통계량에 모표준편차 σ 대신 표본표준편차 S를 대입여도

$$Z = \frac{\overline{X}-\mu}{S/\sqrt{n}} \tag{1.25}$$

는 표준정규분포 $N(0,1)$을 따르므로 모평균 μ에 대한 $100(1-\alpha)\%$ 신뢰구간은 다음과 같이 구할 수 있다.

$$\left(\overline{x}-z_{\alpha/2}\frac{s}{\sqrt{n}},\ \overline{x}+z_{\alpha/2}\frac{s}{\sqrt{n}}\right) \tag{1.26}$$

• 대표본에서 모평균 μ의 $100(1-\alpha)\%$ 신뢰구간

$\left(\overline{x}-z_{\alpha/2}\frac{\sigma}{\sqrt{n}},\ \overline{x}+z_{\alpha/2}\frac{\sigma}{\sqrt{n}}\right)$: 모분산 σ^2을 아는 경우

$\left(\overline{x}-z_{\alpha/2}\frac{s}{\sqrt{n}},\ \overline{x}+z_{\alpha/2}\frac{s}{\sqrt{n}}\right)$: 모분산 σ^2을 모르는 경우

한편, 모분산 σ^2을 모르고 소표본인 경우에는 더 이상 중심극한정리가 적용되지 않으므로 Z-통계량 $Z = \frac{\overline{X}-\mu}{S/\sqrt{n}}$가 정규분포에 근사한다고 볼 수 없다. 이러한 경우에는 1.5절 에서 다룬 t분포를 이용하여 모평균 μ의 신뢰구간을 다음과 같이 구한다. 앞으로 n이 소표본인 경우에 Z-통계량을 편의상 T-통계량이라 부르겠다.

T-통계량

$$T = \frac{\overline{X} - \mu}{S/\sqrt{n}} \tag{1.27}$$

은 자유도 $n-1$인 t분포를 따른다. 그러므로

$$P\left(-t_{\alpha/2}(n-1) < \frac{\overline{X} - \mu}{S/\sqrt{n}} < t_{\alpha/2}(n-1)\right) = 1-\alpha \tag{1.28}$$

가 성립한다. 여기서, $t_{\alpha/2}(n-1)$는 자유도 $n-1$인 t분포의 오른쪽 꼬리의 면적이 $(\alpha/2)$인 점을 나타낸다. 위 식의 좌변 항의 괄호 속의 부등식을 μ에 관해 풀어서 정리하면 다음과 같이 쓸 수 있다.

$$P\left(\overline{X} - t_{\alpha/2}(n-1)\frac{S}{\sqrt{n}} < \mu < \overline{X} + t_{\alpha/2}(n-1)\frac{S}{\sqrt{n}}\right) = 1-\alpha \tag{1.29}$$

따라서 모평균 μ에 대한 $100(1-\alpha)\%$ 신뢰구간은 다음과 같다.

$$\left(\overline{x} - t_{\alpha/2}(n-1)\frac{s}{\sqrt{n}},\ \overline{x} + t_{\alpha/2}(n-1)\frac{s}{\sqrt{n}}\right) \tag{1.30}$$

• 소표본에서 모평균 μ의 $100(1-\alpha)\%$ 신뢰구간

모분산 σ^2을 모르는 경우

$$\left(\overline{x} - t_{\alpha/2}(n-1)\frac{s}{\sqrt{n}},\ \overline{x} + t_{\alpha/2}(n-1)\frac{s}{\sqrt{n}}\right)$$

1.7.2 모평균의 가설검정

모평균의 가설검정은 신뢰구간 추정과 마찬가지로 n이 대표본인 경우와 소표본인 경우로 나누어 생각할 수 있다.

정규모집단으로부터 추출한 크기가 n인 표본을 $X_1, X_2, \cdots, X_n$이라 하고 귀무가설이

H_0: $\mu = \mu_0$ (μ_0는 어떤 정해진 값)

이라 하자. 검정통계량으로 μ의 추정량인 표본평균 $\overline{X}$를 생각할 수 있는데 $\overline{X}$는 정규분포 $N\left(\mu, \frac{\sigma^2}{n}\right)$을 따르므로 H_0이 참일 때 이것을 표준화한 Z-통계량

$$Z_0 = \frac{\overline{X} - \mu_0}{\sigma / \sqrt{n}} \sim N(0,1) \quad \text{(모분산 } \sigma^2\text{을 아는 경우)}$$

$$Z_0 = \frac{\overline{X} - \mu_0}{S / \sqrt{n}} \sim N(0,1) \quad \text{(모분산 } \sigma^2\text{을 모르는 경우)}$$

을 검정통계량으로 사용한다. 따라서 검정통계량과 기각역은 다음과 같이 요약할 수 있다.

• 대표본에서 모평균 μ의 가설검정

귀무가설 $H_0 : \mu = \mu_o$

검정통계량 값 $z_0 = \frac{(\overline{x} - \mu_0)}{\sigma / \sqrt{n}}$ 또는 $z_0 = \frac{(\overline{x} - \mu_0)}{s / \sqrt{n}}$

대립가설의 형태에 따른 기각역(유의수준 α)

$H_1 : \mu > \mu_0$ 인 경우 $z_0 > z_\alpha$

$H_1 : \mu < \mu_0$ 인 경우 $z_0 < -z_\alpha$

$H_1 : \mu \neq \mu_0$ 인 경우 $|z_0| > z_{\alpha/2}$

모분산 σ^2을 모르고 표본의 크기 n이 작은 경우에 모평균의 검정은 t분포를 사용하며 검정통계량과 기각역은 다음과 같다.

• 소표본에서 모평균 μ의 가설검정

귀무가설 $H_0: \mu = \mu_o$

검정통계량 값 $t_0 = \dfrac{(\overline{x} - \mu_0)}{s/\sqrt{n}}$

대립가설의 형태에 따른 기각역(유의수준 α)

$H_1: \mu > \mu_0$ 인 경우 $t_0 > t_\alpha(n-1)$

$H_1: \mu < \mu_0$ 인 경우 $t_0 < -t_\alpha(n-1)$

$H_1: \mu \neq \mu_0$ 인 경우 $|t_0| > t_{\alpha/2}(n-1)$

1.8 모분산에 관한 추론

정규모집단 $N(\mu, \sigma^2)$에서 추출한 크기 n의 표본 $X_1, X_2, \cdots, X_n$의 표본분산을 $S^2 = \dfrac{1}{n-1}\sum_{i=1}^{n}(X_i - \overline{X})^2$이라 하면 $\dfrac{(n-1)S^2}{\sigma^2}$의 분포는 $\chi^2(n-1)$을 따른다는 것을 [정리 1.8]에서 다루었다. 이를 이용하여 다음의 식을 얻을 수 있다.

$$
\begin{aligned}
1-\alpha &= P\left(\chi^2_{1-\alpha/2}(n-1) \le \frac{(n-1)S^2}{\sigma^2} \le \chi^2_{\alpha/2}(n-1)\right) \\
&= P\left(\frac{(n-1)S^2}{\chi_{\alpha/2}(n-1)} \le \sigma^2 \le \frac{(n-1)S^2}{\chi^2_{1-\alpha/2}(n-1)}\right) \qquad (1.31)
\end{aligned}
$$

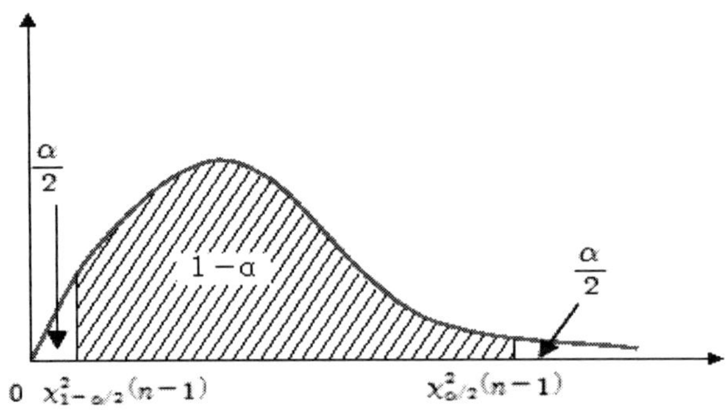

[그림 1.10] 모분산의 신뢰구간

• 모분산 σ^2의 $100(1-\alpha)\%$ 신뢰구간

$$\left(\frac{(n-1)S^2}{\chi_{\alpha/2}(n-1)},\ \frac{(n-1)S^2}{\chi^2_{1-\alpha/2}(n-1)}\right)$$

모분산 σ^2의 검정통계량과 기각역은 다음과 같이 요약할 수 있다.

• 모분산 σ^2의 가설검정

귀무가설 $H_0: \sigma^2 = \sigma_0^2$

검정통계량 값 $\chi_0^2 = \dfrac{(n-1)s^2}{\sigma_0^2}$

대립가설의 형태에 따른 기각역(유의수준 α)

$H_1: \sigma^2 > \sigma_0^2$ 인 경우 $\chi_0^2 > \chi_\alpha^2(n-1)$

$H_1: \sigma^2 < \sigma_0^2$ 인 경우 $\chi_0^2 < \chi_{(1-\alpha)}^2(n-1)$

$H_1: \sigma^2 \neq \sigma_0^2$ 인 경우 $\chi_0^2 > \chi_{\alpha/2}^2(n-1)$ 또는 $\chi_0^2 < \chi_{(1-\alpha/2)}^2(n-1)$

연습문제

【1.1】 2일 동안 어느 주가의 상승(U)과 하락(D)을 관찰하는 실험에서

① 표본공간을 구하라.

② 2일 동안 주가의 상승횟수를 X라 하고 X의 확률분포를 구하라.

③ $E(X)$, $Var(X)$를 구하라.

【1.2】 확률변수 X와 Y의 분산은 각각 375, 250이고 공분산은 125이다.

① $Var(0.8X+0.9Y)$를 구하라.

② $Var(X-Y)$를 구하라.

【1.3】 어느 회사 직장인들의 연간 출장횟수(X)와 기차 이용횟수(Y)가 다음과 같다고 한다.

출장횟수(X) \ 기차이용 수(Y)	0	1	2
0	0.30	0.10	0.00
1	0.10	0.20	0.05
2	0.00	0.10	0.15

① X의 분산과 Y의 분산을 각각 구하라.

② X와 Y의 공분산을 구하라.

③ X와 Y의 상관계수를 구하라.

【1.4】 어떤 자동차 보험회사의 보험 지급액이 평균 40만원, 표준편차 10만원인 정규분포를 따른다고 할 때, 다음 각 확률을 구하라.

① $X \geq 60$ ② $X \leq 30$ ③ $20 \leq X \leq 50$

【1.5】 어느 건전지 회사의 A제품은 표준편차가 4.26(시간)으로 알려져 있다. 이 회사 A제품의 평균 수명을 추정하기 위하여 40개의 표본을 임의로 추출하여 $\bar{x}=58.29$(시간)을 얻었다. 이 회사 A제품의 평균수명 시간에 대한 95%의 신뢰구간을 구하라.

【1.6】 어느 상품의 표지에 내용물의 무게가 200g이라고 표시되어 있다. 이를 확인하기 위하여 임의로 49개의 상품을 추출하여 그 내용물의 무게를 측정해 본 결과 평균 무게는 195g, 분산은 9g이었다. 이 상품의 표지에 적혀 있는 내용물의 무게가 정확한 것인지를 유의수준 5%에서 검정하여라.

【1.7】 A은행은 주식시장에서 운용되고 있는 펀드들의 평균수익 μ를 파악하기 위하여 4개의 펀드를 랜덤하게 뽑아 다음의 수익자료를 얻었다.

64 , 66 , 89 , 77 (단위: 달러)

① μ의 95% 신뢰구간을 구하라.
② A은행은 펀드들의 평균수익이 70달러 이상일 것이라고 주장한다. A은행의 주장이 맞는지를 유의수준 5%에서 검정하라.

【1.8】 투자신탁에서 운영하고 있는 펀드의 지난 8년간 수익률이 다음과 같다. 펀드 수익률에 대한 모분산의 90% 신뢰구간을 구하라.

연도별	1	2	3	4	5	6	7	8
수익률	7.6	8.5	3.4	4.9	9.8	8.5	−2.5	12.0

【1.9】 자동화 공장의 생산라인에서 생산되는 실린더의 지름은 약간의 기술적인 오차는 허용하지만, 지름의 표준편차가 1.2mm를 상회하면 생산공정에 이상이 있는 것으로 판정된다. 어느 날 생산라인에서 생산된 16개의 실린더를 임의로 추출하여 분석한 결과는 다음과 같다. 이 생산공정에 이상이 있는지 여부를 유의수준 $\alpha = 0.05$ 에서 검정하라.

2장 상관분석

2.1 산점도

상관분석(correlation analysis)이란 변수들 사이에 존재하는 선형관계의 강도를 분석하는 통계적 기법으로 이를 통하여 두 변수 사이에 선형적(직선적)인 관계가 없는지 있는지, 또 있으면 직선적인 관계가 얼마나 강한지 등을 알 수 있다.

다음 장에서 다루게 되는 회귀분석에서는 변수들을 종속변수와 독립변수로 구분하여 종속변수는 확률변수로, 독립변수는 고정된 값으로 취급하지만 상관분석에서는 이러한 구분 없이 두 변수를 모두 확률변수로 취급하여 두 변수들 간의 선형성의 정도를 추론한다. 앞으로 변수를 나타내는데 편의상 알파벳의 소문자로 표시하기로 하겠다.

두 변수 간의 관계를 알아보기 위해서는 먼저 두 변수 x, y의 n개 관측값 $(x_1, y_1), (x_2, y_2), \cdots, (x_n, y_n)$을 직교좌표의 평면위에 점으로 그려보는 것이다. 이러한 그림을 산점도(scatter diagram)라고 하며 작성한 산점도로부터 두 변수간의 관계를 대략적으로 짐작할 수 있다.

어떤 은행에서는 직원들의 월간 초과근무시간(x : 시간)과 그에 따른 초과수당(y : 십만원) 간의 상관관계를 알아보기 위해 임의로 6명을 뽑아 다음의 자료를 얻었다.

[표 2.1] 초과근무시간과 초과수당

직원	초과근무시간(x)	초과수당(y)
1	12	18
2	10	17
3	14	23
4	11	19
5	12	20
6	9	15

이 자료에 대한 산점도를 그려 보면 다음과 같다.

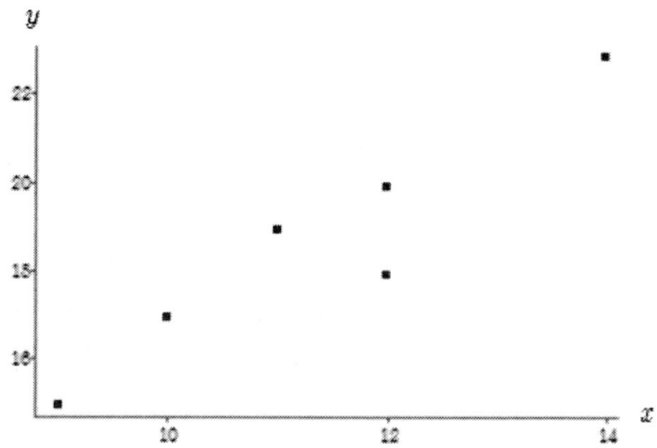

[그림 2.1] 초과근무시간과 초과수당의 산점도

[그림 2.1]의 산점도로부터 x가 증가하면 y도 증가한다는 것을 알 수 있으며 그 증가의 형태가 대략 직선적인 것도 짐작할 수 있다. [그림 2.1]의 산점도에 가상의 직선을 그어보면 다음과 같다.

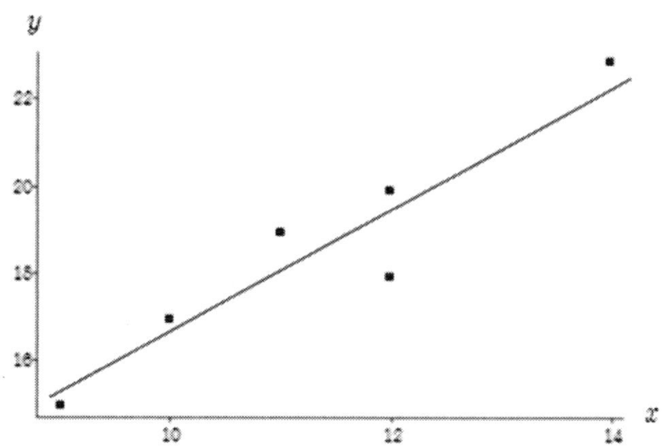

[그림 2.2] 초과근무시간과 초과수당의 산점도 및 직선

[그림 2.1]과 [그림 2.2]로부터 다음과 같은 문제에 관심을 가질 수 있다.

① 초과근무시간(x)과 그에 따른 초과수당(y) 간에 선형적인 관계가 어느 정도 있는가? ⇒ 상관분석(상관계수)
② 두 변수 x와 y간의 선형관계를 함수식으로 나타낼 수 있는가? ⇒ 회귀분석(회귀식)

상관분석에서는 두 변수 사이에 선형관계가 있는지 없는지, 그 관계가 얼마나 강한지 등을 알 수 있으며 상관계수를 구하고, 선형관계의 유무를 검정하는 것이 주요 관건이다. 회귀분석에서는 두 변수 간의 선형관계를 함수식으로 구하여 한 변수의 값으로부터 다른 변수의 값을 예측하는 것이 주요 목적이라고 할 수 있다.

2.2 상관계수

두 확률변수 x와 y의 모상관계수(population correlation coefficient)는 식(1.7)에서 다룬 바와 같이 다음과 같이 정의한다.

$$\rho = \frac{Cov(x,y)}{\sqrt{Var(x)}\sqrt{Var(y)}} = \frac{\sigma_{xy}}{\sigma_x \sigma_y} \tag{2.1}$$

식(2.1)에서 $Cov(x,y)$는 x와 y의 공분산, $Var(x), Var(y)$는 각각 x와 y의 분산이다. 그러나 일반적으로 이러한 모수 값들은 알 수 없으므로 표본으로부터 추정해야 한다.

x와 y의 n쌍의 표본 $(x_1, y_1), (x_2, y_2), \cdots, (x_n, y_n)$이 주어졌을 때 Pearson은 다음과 같이 모상관계수 ρ의 추정값으로 표본상관계수(sample correlation coefficient) r을 제시하였다.

- **표본상관계수**

$$r = \frac{S_{xy}}{S_x S_y} = \frac{\sum(x_i - \bar{x})(y_i - \bar{y})}{\sqrt{\sum(x_i - \bar{x})^2}\sqrt{\sum(y_i - \bar{y})^2}} \quad (2.2)$$

$$S_{xy} = \frac{1}{n-1}\sum(x_i - \bar{x})(y_i - \bar{y}): \text{ } x\text{와 } y\text{의 표본공분산} \quad (2.3)$$

$$S_x^2 = \frac{1}{n-1}\sum(x_i - \bar{x})^2: \text{ } x\text{의 표본분산}$$

$$S_y^2 = \frac{1}{n-1}\sum(y_i - \bar{y})^2: \text{ } y\text{의 표본분산}$$

위의 식에서 S_x^2, S_y^2, S_{xy}의 간편 계산식은 다음과 같다.

$$S_x^2 = \frac{1}{n-1}\sum(x_i - \bar{x})^2 = \frac{1}{n-1}\left[\sum x_i^2 - (\sum x_i)^2/n\right]$$

$$= \frac{1}{n-1}\left[\sum x_i^2 - n\bar{x}^2\right]$$

$$S_y^2 = \frac{1}{n-1}\sum(y_i - \bar{y})^2 = \frac{1}{n-1}\left[\sum y_i^2 - (\sum y_i)^2/n\right]$$

$$= \frac{1}{n-1}\left[\sum y_i^2 - n\bar{y}^2\right]$$

$$S_{xy} = \frac{1}{n-1}\sum(x_i - \bar{x})(y_i - \bar{y})$$

$$= \frac{1}{n-1}\left[\sum x_i y_i - (\sum x_i)(\sum y_i)/n\right]$$

$$= \frac{1}{n-1}\left[\sum x_i y_i - n\bar{x}\,\bar{y}\right]$$

표본상관계수 r을 흔히 Pearson의 상관계수라고 부르며 r은 다음의 성질을 갖는다.

① $-1 \le r \le 1$

② $0 < r \le 1$ 경우에는 양의 상관관계가 있다고 하며 이때는 x가 증가(또는 감소)하면 y도 같이 증가(또는 감소)한다.

 $r=1$이면 완전 양의 상관.

③ $-1 \le r < 0$ 경우에는 음의 상관관계가 있다고 하며 이때는 x가 증가(또는 감소)하면 y는 감소(또는 증가)한다.

 $r=-1$ 이면 완전 음의 상관.

④ r 값이 1에 가까우면 강한 양의 상관, -1에 가까우면 강한 음(역)의 상관이 있다고 말한다.

⑤ r 값이 0에 가까우면 상관이 약한 경우이며 $r=0$이면 무상관이라고 한다.

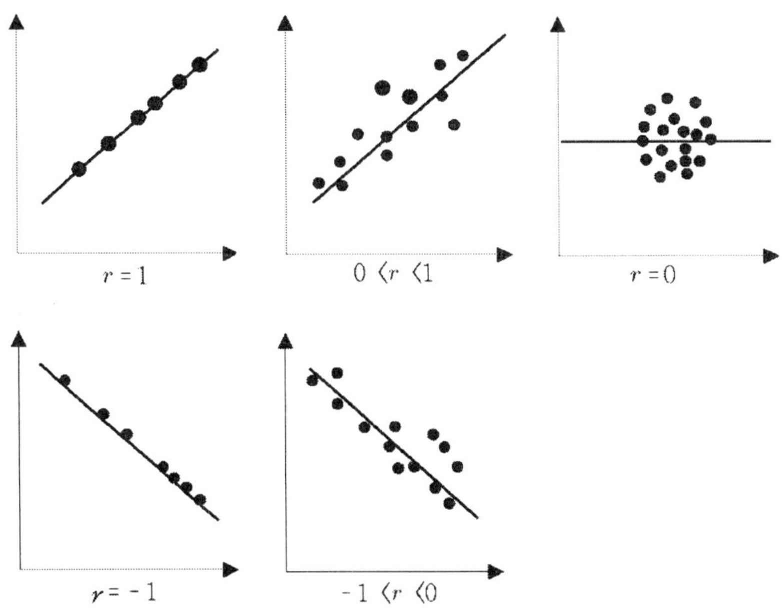

[그림 2.3] 산점도 및 상관계수

예제 2.1 [표 2.1]의 초과근무시간(x)과 그에 따른 초과수당(y) 자료에 대하여 표본공분산과 상관계수를 구하라.

해설 $\sum x_i = 68,\ \sum x_i^2 = 786,\ \bar{x} = 11.3333$

$$S_x^2 = \frac{1}{n-1}\left[\sum x_i^2 - n\bar{x}^2\right] = \frac{1}{5}\left[786 - 6(11.3333)^2\right] = 3.0667$$

$\sum y_i = 112,\ \sum y_i^2 = 2128,\ \bar{y} = 18.6667$

$$S_y^2 = \frac{1}{n-1}\left[\sum y_i^2 - n\bar{y}^2\right] = \frac{1}{5}\left[2128 - 6(18.6667)^2\right] = 7.4667$$

$\sum x_i y_i = 1292$

$$S_{xy} = \frac{1}{n-1}\left[\sum x_i y_i - n\bar{x}\,\bar{y}\right]$$

$$= \frac{1}{5}\left[1292 - 6(11.3333)(18.6667)\right] = 4.5333$$

$$r = \frac{4.5333}{\sqrt{3.0667}\ \sqrt{7.4667}} = 0.9474$$

초과근무시간과 초과수당 사이에 94.74%의 선형관계가 있다고 볼 수 있다.(초과근무시간이 증가함에 따라 초과수당이 선형적으로 증가하는 관계가 94.74%)

k개 확률변수 $x_1, x_2, \cdots, x_k$에 대한 표본분산을 각각 $s_1^2,\ s_2^2,\ \cdots,\ s_k^2$이라 하고 x_i와 x_j의 표본공분산을 s_{ij}, 표본상관계수를 r_{ij}라고 하자.

$$\text{표본분산공분산행렬} = \begin{bmatrix} s_1^2 & s_{12} \cdots & s_{1k} \\ & & \\ (\text{대칭}) & s_2^2 \ \cdots & s_{2k} \\ & & \vdots \\ & \ddots & s_k^2 \end{bmatrix} \tag{2.4}$$

$$\text{표본상관행렬} = \begin{bmatrix} 1 & r_{12} \cdots & r_{1k} \\ & & \\ (\text{대칭}) & 1 \quad \cdots & r_{2k} \\ & & \vdots \\ & \ddots & 1 \end{bmatrix} \tag{2.5}$$

표본분산공분산행렬을 식(2.4)와 같이 나타내며 이는 식(1.10)의 확률벡터 $\boldsymbol{x}$의 분산공분산행렬의 추정값이 된다. 또한 식(2.5)를 표본상관행렬(sample correlation matrix)이라 부르며 이는 모상관계수들의 추정값이 된다.

2.3 상관계수의 검정

표본상관계수 r은 모상관계수 ρ의 추론에 사용될 수 있다. ρ의 검정에서 관심 사항은 두 변수 사이의 선형 상관관계의 존재 여부이다. 두 확률변수 x와 y가 이변량 정규분포를 따른다는 전제하에서 검정하려고 하는 모상관계수 ρ의 가설은 다음과 같다.

H_0 : $\rho = 0$ (선형 상관관계가 없다)
H_1 : $\rho \neq 0$ (선형 상관관계가 있다)

귀무가설 H_0하에서 검정통계량은

$$T = r\sqrt{\frac{n-2}{1-r^2}} \tag{2.6}$$

이며, 자유도가 $(n-2)$인 t분포를 따른다. 그러므로 유의수준이 α일 때 $|T| > t_{\alpha/2}(n-2)$ 이면 H_0을 기각한다. [표 2.2]는 모상관계수 ρ의 대립가설의 형태에 따른 기각역을 나타낸 것이다.

[표 2.2] 모상관계수 ρ의 검정

귀무가설	검정통계량	대립가설	기각역(유의수준 α)
$H_0 : \rho = 0$	$T = r\sqrt{\frac{n-2}{1-r^2}}$	$H_1 : \rho \neq 0$	$\lvert T \rvert > t_{\alpha/2}(n-2)$
		$H_1 : \rho > 0$	$T > t_{\alpha}(n-2)$
		$H_1 : \rho < 0$	$T < -t_{\alpha}(n-2)$

예제 2.2 [표 2.1]의 초과근무시간(x)과 그에 따른 초과수당(y) 자료에 대하여 모상관계수 ρ가 0인지를 유의수준 5%에서 검정하라.

해설 $H_0 : \rho = 0 \qquad H_1 : \rho \neq 0$

$$T = r\sqrt{\frac{n-2}{1-r^2}} = 0.9474\sqrt{\frac{6-2}{1-0.9474^2}} = 5.9203$$

$\lvert T \rvert > t_{0.025}(4) = 2.776$ 이므로 모상관계수 ρ가 0이라는 귀무가설 H_0를 기각한다. 따라서, 근무시간과 초과수당 사이에는 상관관계가 존재한다고 할 수 있다.

예제 2.3 [다음은 어느 대학 7명 학생의 연간 결석일 수(x)와 기말고사 성적(y) 자료다.

x (결석일수)	2	8	5	8	4	6	2
y (기말성적)	23	12	16	18	21	15	21

① 산점도를 그려라

② 공분산과 상관계수를 구하라

③ 유의수준 5%에서 $H_0 : \rho = 0$, $H_1 : \rho \neq 0$ 을 검정하라.

해설 ① 산점도로부터 음의 상관관계가 있음을 알 수 있다. 즉 x가 증가할 때 y는 감소한다.

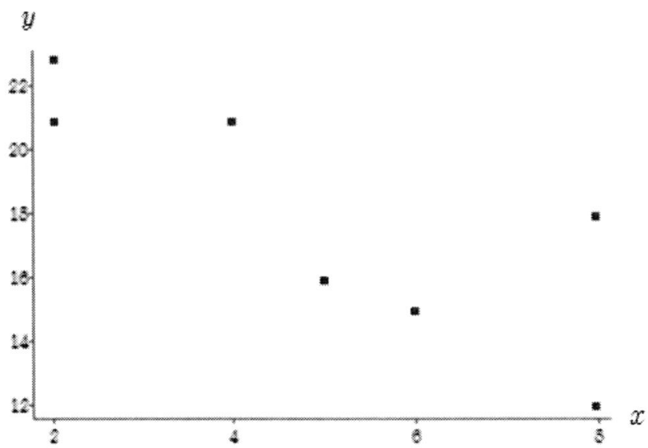

② $\sum x_i = 35,\ \sum x_i^2 = 213,\ \bar{x} = 5$

$$S_x^2 = \frac{1}{n-1}\left[\sum x_i^2 - n\bar{x}^2\right] = 6.3333$$

$\sum y_i = 126,\ \sum y_i^2 = 2360,\ \bar{y} = 18$

$$S_y^2 = \frac{1}{n-1}\left[\sum y_i^2 - n\bar{y}^2\right] = 15.3333$$

$\sum x_i y_i = 582$

공분산 $S_{xy} = \frac{1}{n-1}\left[\sum x_i y_i - n\bar{x}\,\bar{y}\right] = \frac{1}{6}[582 - 7(5)(18)] = -8$

상관계수 $r = \frac{-8}{\sqrt{6.3333}\ \sqrt{15.3333}} = -0.8118$

③ $T = r\sqrt{\frac{n-2}{1-r^2}} = -0.8118\sqrt{\frac{7-2}{1-(-0.8118)^2}} = -3.1086$

$|T| > t_{0.025}(5) = 2.571$ 이므로 귀무가설 H_0을 기각한다.

2.4 SAS 분석

이제 SAS를 사용해서 상관분석을 하는 방법을 살펴보기로 하자. SAS 프로그램을 작성하여 [표 2.1]의 초과근무시간(x)과 초과수당(y) 자료에 대하여 다음의 문제를 해결하여보자.

① x와 y의 산점도

② x와 y의 공분산과 상관계수

③ x와 y의 모상관계수 ρ가 0인지를 유의수준 5%에서 검정하라.

먼저 확장편집기 창에서 다음과 같은 프로그램을 입력한다. 이것은 주어진 x와 y의 자료를 ex 라는 이름의 SAS 자료를 생성하는 프로그램이다.

```
DATA ex;
INPUT x y @@;
CARDS;
12 18 10 17 14 23
11 19 12 20  9 15
RUN;
```

① x와 y의 산점도

```
PROC PLOT DATA=ex;
PLOT y*x='*'
RUN;
```

*모양의 산점도를 만드는 프로그램이며 출력결과는 아래와 같다.

[출력결과]

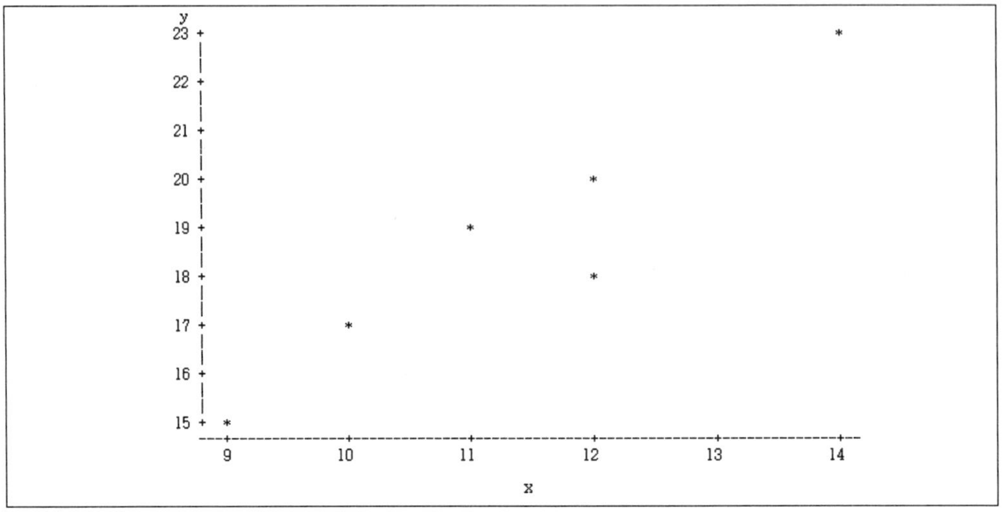

② x와 y의 공분산과 상관계수

PROC CORR에 의한 상관계수와 공분산을 출력하는 프로그램(공분산을 출력하지 않으려면 COV를 생략).

```
PROC CORR DATA=ex COV;
VAR x y;
RUN;
```

출력결과의 공분산행렬에서 대각선 원소의 값들은 각 변수의 분산이며, 대각선 원소의 위 또는 아래에 있는 값들은 공분산을 나타낸다(식(2.4) 분산공분산 행렬 참조). 즉, x와 y의 분산은 각각 $S_x^2 = 3.0667$, $S_y^2 = 7.4667$이며, x와 y의 공분산은 $S_{xy} = 4.5333$이다.

표본상관계수는 $r = 0.94737$(식(2.5) 상관행렬 참조)이며, 이 값 밑에 $p-$값 $= 0.0041$이 출력되어 있다.

③ x와 y의 모상관계수 ρ가 0인지를 유의수준 5%에서 검정

$p-$값 $= 0.0041$로 유의수준 0.05보다 작으므로 귀무가설 $H_0 : \rho = 0$ 을 기각한다.

[출력결과]

```
                         CORR 프로시저

                  2 개의 변수:    x        y

                      공분산행렬, DF = 5

                              x                 y

                 x       3.066666667       4.533333333
                 y       4.533333333       7.466666667

                          단순 통계량

변수          N        평균     표준편차          합       최솟값       최댓값

x             6    11.33333      1.75119    68.00000     9.00000    14.00000
y             6    18.66667      2.73252   112.00000    15.00000    23.00000

                    피어슨 상관 계수, N = 6
                 H0: Rho=0 가정하에서 Prob > |r|

                              x             y

                  x       1.00000      0.94737
                                        0.0041

                  y       0.94737      1.00000
                           0.0041
```

2.5 SAS/INSIGHT에 의한 상관분석

이번에는 대화식 데이터 분석(SAS/INSIGHT)에 의한 상관분석으로 앞의 ①, ②, ③의 문제를 해결하는 방법에 대해 살펴보자. 먼저 확장편집기 창에서 다음과 같은 프로그램만 입력한 후 수행시킨다.

```
DATA ex;
INPUT x y @@;
CARDS;
12 18 10 17 14 23
11 19 12 20  9 15
RUN;
```

그리고 메뉴 툴 바(Menu Tool Bar)에서 솔루션 ➡ 분석 ➡ 대화식 데이터 분석을 선택한다.

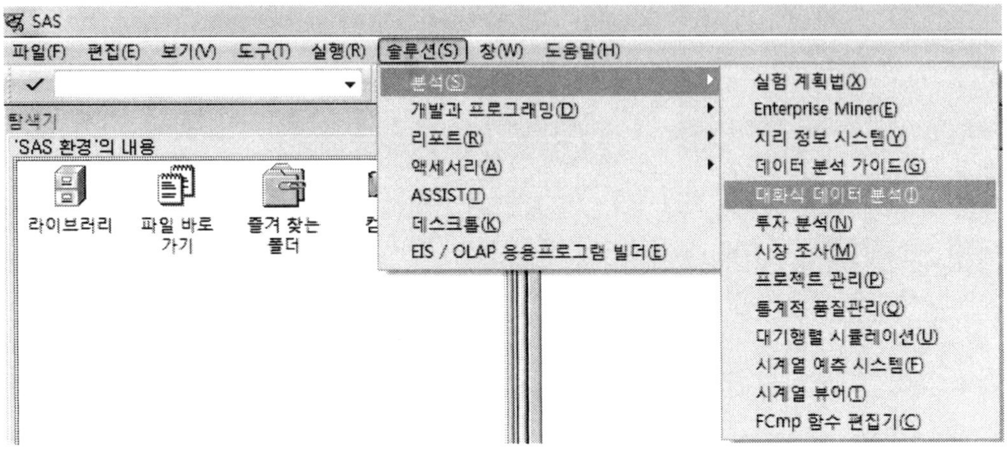

[그림 2.4] 대화식 데이터 분석 창열기

WORK 라이브러리에 ex라는 이름의 SAS 자료가 생성되어 있고 [그림 2.5]와 같이 열기를 클릭하면 [그림 2.6]의 초과근무시간과 초과수당의 자료가 나타난다.

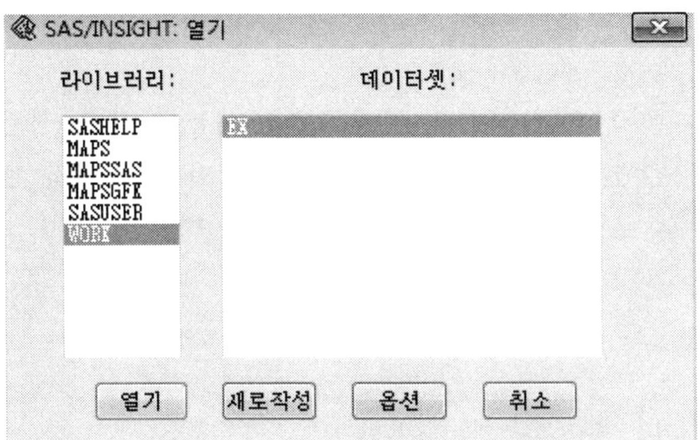

[그림 2.5] 분석할 SAS자료 창열기

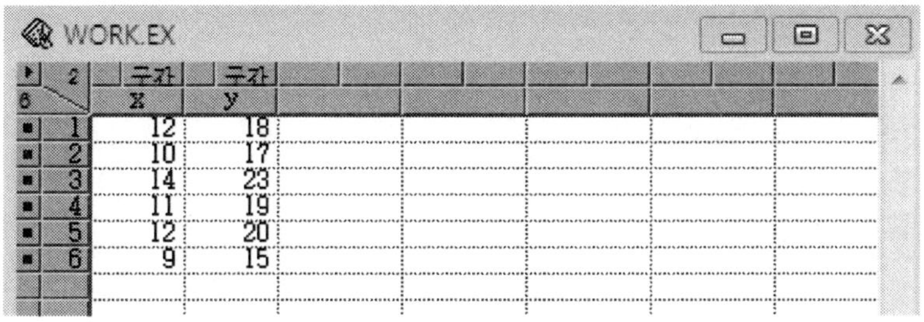

	x	y
1	12	18
2	10	17
3	14	23
4	11	19
5	12	20
6	9	15

[그림 2.6] 초과근무시간과 초과수당의 자료

① x와 y의 산점도

분석 ➡ 산점도를 클릭한다.

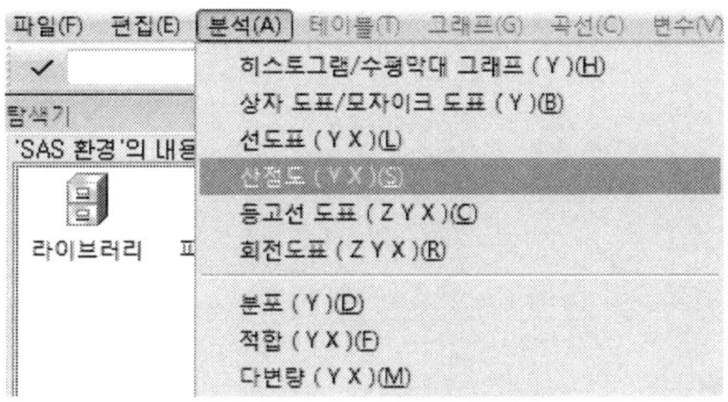

[그림 2.7] 산점도 메뉴 선택 화면

[그림 2.8]과 같이 **EX** 상자 안에 있는 변수목록에서 x를 선택한 후 **X** 단추를 누르면 변수 x가 x역할에 할당된다. 같은 방법으로 **EX** 상자 안에 있는 y를 선택한 후 **Y** 단추를 누르면 변수 y가 y역할에 할당될 것이며, 이때 확인 단추를 누르면 [그림 2.9]와 같은 결과를 얻는다.

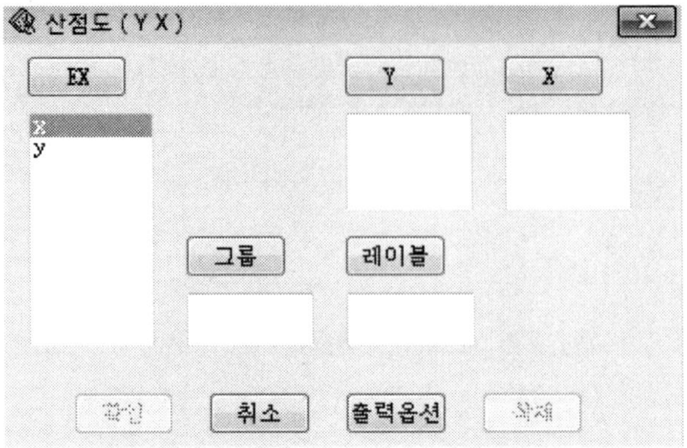

[그림 2.8] 산점도 작성을 위한 변수 할당

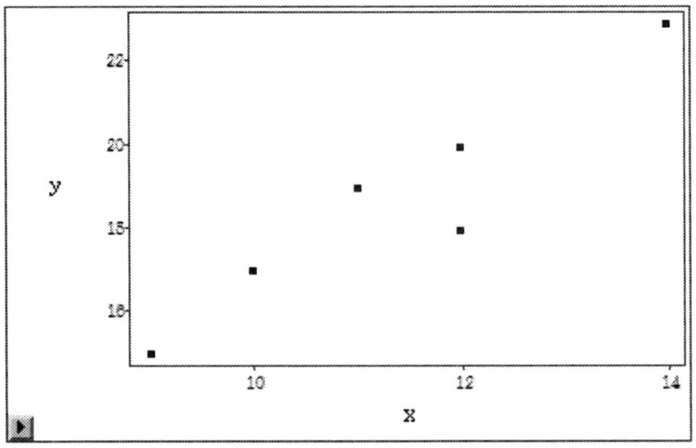

[그림 2.9] 초과근무시간과 초과수당의 산점도

② x와 y의 공분산과 상관계수

분석 ➡ 다변량(YX)를 클릭한다.

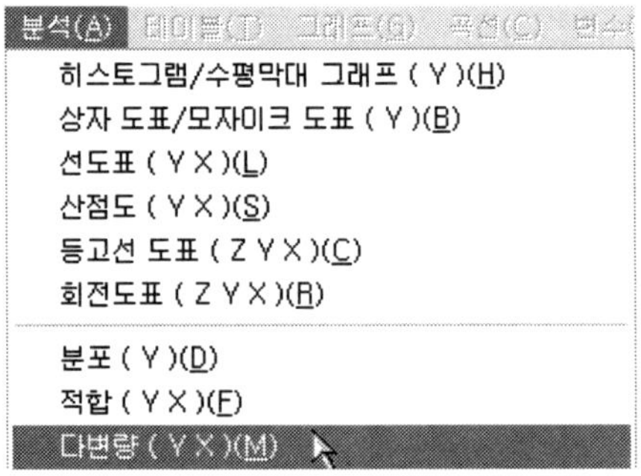

[그림 2.10] 분석 ➡ 다변량(YX) 선택 화면

[그림 2.11]과 같이 **EX** 상자 안에 있는 x와 y를 선택한 후 **Y** 단추를 누르면 x와 y가 **Y** 상자 안에 할당되며 이때 확인 단추를 누르면 [그림 2.12]와 같은 결과를 얻는다.

[그림 2.11] 상관계수를 구하기 위한 변수 할당

단변량 통계					
변수	N	평균	표준 편차	최솟값	최댓값
x	6	11.3333	1.7512	9.0000	14.0000
y	6	18.6667	2.7325	15.0000	23.0000

상관행렬		
	x	y
x	1.0000	0.9474
y	0.9474	1.0000

[그림 2.12] 초과근무시간과 초과수당의 상관계수

x와 y의 공분산을 구하기 위해 메뉴에서 [그림 2.13]과 같이 테이블 ➡ 공분산행렬을 클릭하면 [그림 2.14]의 공분산을 얻을 수 있다.

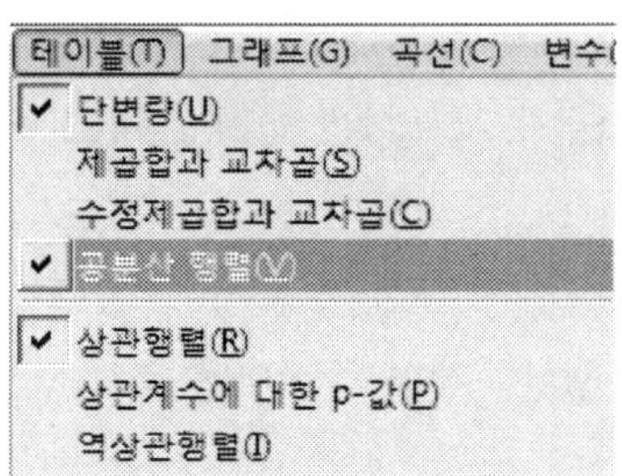

[그림 2.13] 공분산을 구하기 위한 메뉴 선택

▶	공분산행렬, 자유도= 5	
	x	y
x	3.0667	4.5333
y	4.5333	7.4667

[그림 2.14] 초과근무시간과 초과수당의 공분산

③ x와 y의 모상관계수 ρ가 0인지를 유의수준 5%에서 검정 테이블 ➡ 상관계수에 대한 $p-$값을 클릭한다.

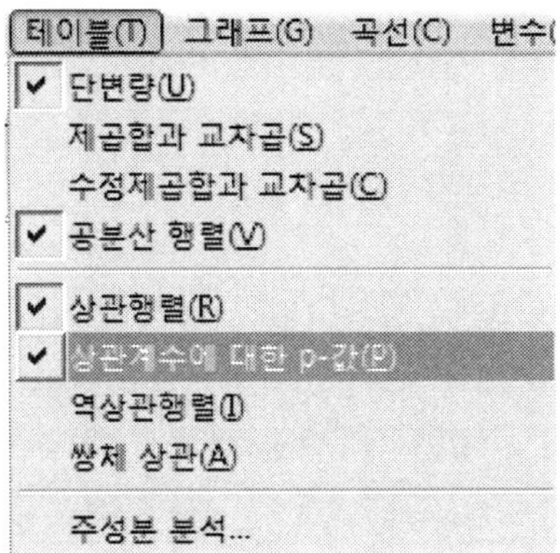

[그림 2.15] 상관계수에 대한 $p-$값을 구하기 메뉴 선택

[그림 2.16]과 같은 $p-$값을 얻는다.

▶	상관계수의 p-값	
	x	y
x		0.0041
y	0.0041	

[그림 2.16] 상관계수에 대한 $p-$값

$p-$값$=0.0041$로 유의수준 0.05보다 작으므로 귀무가설 $H_0 : \rho = 0$ 을 기각한다.

2.6 PROC CORR의 사용 형식

SAS 프로그램에서는 상관분석을 위해 CORR 프로시저를 제공하고 있으며 이에 대한 일반적인 형식은 다음과 같다. 괄호 항목은 생략 가능한 내용이다.

〔상관분석을 위한 PROC CORR의 사용 형식〕

```
PROC CORR (DATA=SAS 자료명) (선택사항) (통계량);
(VAR 변수이름);
(PARTIAL 변수이름);
(WEIGHT 변수이름);
(WITH 변수이름);
RUN;
```

(1) 상관계수에 대한 선택사항

- PEARSON

피어슨의 상관계수로, 디폴트로 출력된다.

- SPEARMAN

스피어만의 순위상관계수를 출력한다.

- KENDALL

켄달의 τ-통계량을 출력한다.

- HOEFFDING

호프딩의 D-통계량을 출력한다.

(2) 통계량에 대한 선택사항

- COV

공분산행렬

- CSSCP

수정제곱합

- SSCP

비수정제곱합

- NOSIMPLE

단순통계량을 출력하지 않는다.

- NOPROB

유의확률값을 출력하지 않는다.

- NOCORR

상관계수를 출력하지 않는다.

- ALPHA : 크론바흐 알파 계수.

Cronbach의 알파계수를 구하여 출력한다. 이 계수는 사회과학 분야에서 설문문항의 내적 일치도를 나타내는 계수로서 설문문항의 신뢰도를 측정하는 도구로 이용된다. 해당 문항의 알파계수 값이 작으면 신뢰도는 떨어지며, 반대로 1에 가까운 값일수록 해당문항의 신뢰도는 높다고 할 수 있다. 즉, 크론바흐 알파계수 값이 0에 가까운 값을 갖는 문항은 제거되어야 하며, 반대로 1에 가까운 값을 갖는 문항은 설문조사에서 의미 있는 문항이 된다.

- NOPRINT

CORR 프로시저의 결과를 출력하지 않는다.

(3) SAS dataset에 대한 선택사항

- OUTP= 새로운 SAS dataset

피어슨의 상관계수를 포함하는 새로운 SAS dataset 생성을 지시한다.

- OUTS= 새로운 SAS dataset

스피어만의 순위상관계수를 포함하는 새로운 SAS dataset 생성을 지시한다.

- OUTK= 새로운 SAS dataset

켄달의 상관계수를 포함하는 새로운 SAS dataset 생성을 지시한다.

- OUTH= 새로운 SAS dataset

호프딩 통계량을 포함하는 새로운 SAS dataset 생성을 지시한다.

(4) CORR 프로시저의 문장

- VAR variables;

상관계수를 계산할 변수명을 지정한다. 변수들을 열거하면 행렬 형태로 상관계수를 출력하는데 이를 상관행렬이라 부른다.

- PARTIAL variables;

상관계수를 계산할 변수명을 지정한다. 변수들을 열거하면 행렬 형태로 상관계수를 출력하는데 이를 상관행렬이라 부른다. 피어슨, 스피어만, 켄달 등의 부분상관계수를 계산하여 출력한다.

- WITH variables;

VAR 다음에 지정한 변수와 WITH 다음에 지정한 변수 쌍에 대한 상관계수를 출력한다.

연습문제

【2.1】 어떤 생산업체에서 제품의 판매액(y)과 광고비(x) 간의 관계를 알아보기 위해 10개의 대리점을 조사하여 다음과 같은 자료를 얻었다.

광고비	13	10	9	15	11	14	12	7	8	6
판매액	30	23	23	35	29	31	27	18	19	19

① 산점도를 그려라.
② x와 y의 공분산을 구하라.
③ x와 y의 상관계수를 구하라.

【2.2】 다음과 같은 자료가 있다.

x	2	4	6	8
y	2	3	3	4

① 두 변수의 분산과 공분산을 구하라.
② 상관계수를 구하라.

【2.3】 다음은 대기오염도에 영향을 주는 자동차 배기가스(x)와 연비간(y)의 관계를 알아보기 위해 8대의 자동차를 조사하여 얻은 자료이다.

x	121	120	97	98	122	97	85	122
y	30	31	34	27	29	34	38	32

① 두 변수의 분산공분산행렬을 구하라.
② 상관행렬과 $p-$값을 구하라.

【2.4】 다음은 다섯 쌍의 어머니와 딸의 키 자료이다.

딸의 키	168	166	172	173	166
어머니의 키	164	166	171	170	169

① 두 변수의 분산과 공분산을 구하라.
② 유의수준 5%에서 $H_0: \rho = 0$, $H_1: \rho \neq 0$ 을 검정하라.

【2.5】 다음은 어떤 고등학교 학생들의 국어(x_1), 수학(x_2), 영어(x_3), 과학(x_4) 성적이다.

번호	국어	수학	영어	과학
1	85	80	94	96
2	78	65	91	84
3	84	67	95	88
4	85	61	97	82
5	88	72	94	90
6	79	73	88	90
7	75	63	86	78
8	88	58	96	74
9	76	57	87	75
10	78	73	90	83

① 상관행렬과 $p-$값을 구하라.
② 유의수준 5%에서 각 과목 간에 상관이 있는지 검정하라.

3장

단순회귀분석

3.1 회귀분석의 개념

상관분석에서는 상관계수를 구하여 두 변수간의 선형관계의 유무 및 그 강도를 파악하는 것이 주요 관건이었으나 변수간의 관계를 구체적인 함수식으로 나타낼 수는 없었다. 즉 상관계수는 두 변수간의 선형관계가 어느 정도인지를 알아보는 측도이지 함수관계를 알아보는 측도는 아니다. 회귀분석에서는 두 변수 간의 관계를 $y = b_0 + bx$와 같은 함수식으로 구하여 한 변수의 값으로부터 다른 변수의 값을 예측하는 것이 주요 목적이라고 할 수 있다.

사회현상, 경제현상, 자연현상과 같은 일상생활에서 통계를 다루다 보면 둘 또는 그 이상의 변수들 간에 존재하는 관계를 규명하고 분석해야 할 경우가 많다. 예를 들면 자동차의 무게와 연료 소비량 간의 관계, 아파트의 평수와 가격간의 관계를 분석한다든가 또는 백화점의 판매액이 광고비 및 직원들의 근무시간량과 어떤 관계를 갖고 있는지를 분석하는 등의 문제들을 자주 접할 수 있다.

회귀분석(regression analysis)은 변수들 간의 관계를 규명하고 모형화하기 위한 통계적 기법이다. 서로 관계를 갖고 있는 변수들 사이에는 영향을 주는 변수도 있고 다른 변수에 의해 영향을 받는 변수도 있다. 이때 영향을 주는 변수를 독립변수(independent variable) 또는 설명변수(explanatory variable)라 하고 x로 나타내며, 독립변수에 의해 영향을 받는 변수를 종속변수(dependent variable) 또는 반응변수(response variable)라 하고 y로 표현한다.

자동차의 무게와 연료 소비량간의 관계에서 자동차의 무게가 연료 소비량에 영향을 미치므로 자동차의 무게는 독립변수이고 연료 소비량은 종속변수가 된다. 마찬가지로 백화점의 경우에서는 광고비와 직원들의 작업시간량은 독립변수, 판매액은 종속변수가 된다.

이와 같이 두 개 이상의 변수들이 서로 관계를 갖고 있을 때 회귀분석에서 우리의 관심사는 변수들 간의 관계를 함수를 이용하여 어떤 형태의 모형으로 나타냄으로써 종속변수가 독립변수들에 의하여 어떻게 반응 또는 예측되는지를 분석하는 것 등이다. 즉, 회귀분석은 독립변수와 종속변수간의 관련성을 함수식을 이용하여 모형화시키고 변수들의 관측값으로부터 이 모형을 추정하고 분석하는 것이 주요 내용으로 다음과 같은 목적을 갖는다.

첫째, 자료의 기술적인(data description) 목적을 갖는다. 자동차의 무게 x와 연료 소비량 y에 대한 데이터들이 얻어졌을 때 이 자료들의 관계를 표나 그래프보다 더 간략하게 $y = b_0 + b_1 x$와 같은 모형 등으로 요약하고 설명할 수 있다.

둘째, 통제(control) 또는 관리의 목적을 갖는다. 예를 들면 자동차의 무게와 연료 소비량 사이의 관계를 앞에서와 같이 모형화 시켜서 이 모형에 자동차의 무게를 다양하게 대입함으로써 연료 소비량을 적절하게 조절할 수 있다. 또한 비용과 생산량 간의 관계 혹은 결근율과 생산량 간의 관계를 모형화 하여 생산 및 운영관리의 효율적인 통제에 회귀분석을 이용할 수 있다.

셋째, 예측(prediction)의 목적을 갖는다. 변수들 간의 관계를 모형으로 나타내어 독립변수의 특정한 값에 대응하는 종속변수의 값을 예측할 수 있다. 즉, 자동차의 특정한 무게에 대응되는 연료 소비량을 예측할 수 있으며, 백화점에서 광고 지출비와 직원의 작업시간량에 따른 판매액을 예측할 수 있는 것이다.

회귀분석에는 독립변수와 종속변수의 관계를 직선으로 모형화 하는 선형회귀분석(linear regression analysis)과 곡선 관계를 모형화 하는 다항회귀분석(polynomial regression analysis)이 있다. 그리고 선형회귀분석은 독립변수의 수가 하나인 단순선형회귀분석(simple linear regression analysis)과 독립변수의 수가 두 개 이상인 다중선형회귀분석(multiple linear regression analysis)으로 구분된다. 다항회귀분석이나 다중선형회귀분석은 단순선형회귀분석 보다 분석이 다소 복잡하지만 근본은 단순선형회귀분석의 경우와 동일하다. 여기서는 먼저 단순선형회귀분석을 다루기로 한다.

3.2 회귀모형의 설정

회귀분석에서 가장 간단한 형태는 종속변수 y에 영향을 미치는 독립변수 x가 한 개인 단순선형회귀분석이다. 두 변수 간의 관계를 알아보는 첫 번째 단계는 두 변수 x, y의 n개 관측값 (x_i, y_i) , $i = 1,2,\cdots,n$을 산점도로 그려보는 것이다. 작성한 산점도로부터 두 변수간의 관계를 대략적으로 짐작할 수 있다.

[표 3.1]은 어떤 백화점에서 광고비(x:백만 원)가 판매액(y:천만 원)에 미치는 영향을 알아보기 위해 5개의 지점을 표본으로 추출하여 연간 광고비와 판매액을 조사하여 정리한 자료이다.

[표 3.1] 백화점의 광고비와 판매액

지점번호	광고비	판매액
1	3	2
2	5	4
3	1	1
4	4	2
5	2	1

광고비를 독립변수 x로, 판매액을 종속변수 y로 하여 산점도를 그려보면 [그림 3.1]과 같다. 이 그림으로부터 x가 증가하면 y도 증가한다는 것을 알 수 있으며 그 증가의 형태가 대략 직선적(linear)인 것도 짐작할 수 있다.

물론 어떤 경우에는 [그림 3.2]와 같이 x와 y의 산점도가 곡선적인 관계로 나타나는 경우도 있으며 그런 경우에는 곡선회귀 또는 다항회귀를 사용해야 하며 여기서는 직선적인 관계만을 나타내는 경우에 대하여 살펴보기로 한다.

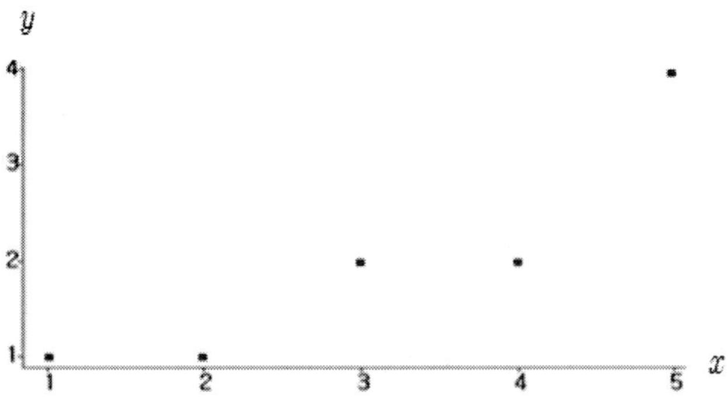

[그림 3.1] 광고비와 판매액의 산점도

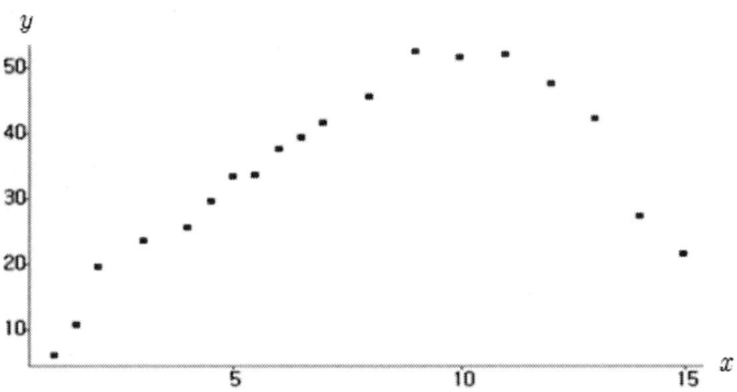

[그림 3.2] 곡선 관계의 산점도

[그림 3.1]은 직선적인 경향이 짙다고 가정하여 산점도 위에 가상의 직선식

$$y = \beta_0 + \beta_1 x \tag{3.1}$$

을 <그림 3.3>과 같이 적합시켜 보자.

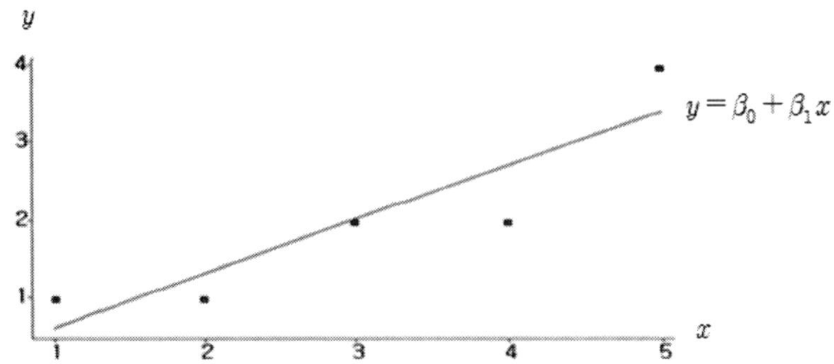

[그림 3.3] 광고비와 판매액의 산점도 및 모집단 회귀식

식(3.1)은 x와 y의 미지의(unknown) 직선관계를 나타내므로 이를 모집단 회귀식이라 부른다. 그리고 β_0, β_1은 각각 모집단 회귀식의 절편(intercept)과 기울기(slope)를 나타내는 것으로 β_0, β_1을 회귀계수(regression coefficients)라고 한다.

[그림 3.3]을 살펴보면 관측값들은 식(3.1)의 직선 위에 정확하게 위치하지 않는다. 이것은 i번째 독립변수 x_i에 대응하는 종속변수의 실제 관측값 y_i와, 함수로 주어진 모집단 회귀식 (3.1)에 x_i를 대입하여 얻은 종속변수의 값 $\beta_0+\beta_1 x_i$ 간에 차이가 있기 때문이다. 이 차이를 오차(error)라고 하며 다음과 같이 ε_i로 나타낸다.

$$\varepsilon_i = y_i - (\beta_0 + \beta_1 x_i) \tag{3.2}$$

오차 ε_i는 통계적인 오차로 광고비 지출 이외의 직원의 수나 직원의 작업시간량과 같은 다른 변수들의 영향 또는 측정오차 등에 의해서 발생될 수 있다. 따라서 판매액 y를 설명할 수 있는 모형은 식(3.1)보다는 식(3.3)과 같이 오차항을 포함한 모형이 적절할 것이다.

$$y = \beta_0 + \beta_1 x + \varepsilon \tag{3.3}$$

식(3.3)을 단순선형회귀모형(simple linear regression model) 또는 간단하게 단순회귀모형이라고 부른다. 여기서 '단순'은 독립변수가 1개임을 의미하며 '선형'은 모형식이 회귀계수로 볼 때도 선형이고, 독립변수로 볼 때도 선형임을 의미한다. 식(3.3)을 분석하기 위하여 회귀분석에서는 다음과 같은 가정을 한다.

• 회귀분석에서 기본 가정

(1) 오차 ε은 정규분포를 따른다(오차의 정규성).
(2) 오차 ε의 평균 $E(\varepsilon)=0$ 이다.
(3) 오차 ε_i들은 서로 독립이다(오차의 독립성).
(4) 오차 ε_i들은 동일한 분산 σ^2을 갖는다(오차의 등분산성).
(5) 독립변수 x는 오차없이 측정할 수 있는 이미 알려진 고정된 값으로 확률변수가 아니다.

이와 같은 가정 하에서 n개 관측값에 대한 단순회귀모형을 다음과 같이 설정할 수 있다.

• 단순회귀모형

$$y_i = \beta_0 + \beta_1 x_i + \varepsilon_i\,,\ i = 1, 2, \cdots, n \tag{3.4}$$

- y_i는 i번째 측정된 y의 값.
- x_i는 i번째 주어진 고정된 x의 값.
- 모집단 회귀계수 β_0, β_1은 각각 절편과 기울기로서 추정해야 할 모수임.
- ε_i는 i번째 측정된 y_i의 오차항으로 정규분포 $N(0, \sigma^2)$을 따르며 서로 독립이다.

식(3.4)의 단순회귀모형에서 y_i는 상수항 $\beta_0+\beta_1 x_i$와 확률변수항 ε_i의 합으로 구성되므로 y_i도 확률변수가 되며 $x=x_i$에서 y_i의 평균과 분산은 식(3.5), 식(3.6)과 같다.

$$\begin{aligned} E(y_i) &= E(\beta_0+\beta_1 x_i+\varepsilon_i) \\ &= \beta_0+\beta_1 x_i+E(\varepsilon_i) \\ &= \beta_0+\beta x_i \\ &= \mu_{y,x} \end{aligned} \tag{3.5}$$

$$\begin{aligned} Var(y_i) &= E(\beta_0+\beta_1 x_i+\varepsilon_i) \\ &= Var(\varepsilon_i) \\ &= \sigma^2 \end{aligned} \tag{3.6}$$

위 식으로부터 오차 ε_i가 정규분포 $N(0,\sigma^2)$을 따르면 종속변수 y_i도 다음과 같은 정규분포를 따르게 된다.

$$y_i \sim N(\beta_0+\beta_1 x_i,\ \sigma^2) \tag{3.7}$$

또 오차 ε_i의 평균이 0이라는 가정에 의하여 식(3.1)의 모집단 회귀식은

$$E(y_i)=\beta_0+\beta x_i \tag{3.8}$$

와 같이 표현됨을 알 수 있다.

회귀계수 β_0와 β_1을 추정하기 전에 식(3.8)의 모집단 회귀식 $E(y)=\beta_0+\beta_1 x$의 의미를 먼저 살펴보면 다음과 같다. 기울기 β_1의 의미는 독립변수 x가 한 단위 증가함에 따른 종속변수 y의 평균 변화량을 의미한다. 즉, $\beta_1>0$이면 종속변수 y의 평균 증가량, $\beta_1<0$이면 평균 감소량을 의미한다. 절편 β_0은 $x=0$에서 y의 평균으로 특별한 해석적 의미를 갖지 않

는다.

3.3 회귀선의 추정

표본자료로부터 회귀계수 β_0, β_1을 추정하는 방법 중 가장 많이 사용되는 최소제곱법(least squares method)에 대하여 살펴보기로 하자.

이 방법은 관측값 y_i와 모집단 회귀식 $E(y_i)=\beta_0+\beta_1 x_i$ 간의 차이인 오차 $\varepsilon_i = y_i - (\beta_0+\beta_1 x_i)$ 의 제곱합

$$Q=\sum \varepsilon_i^2 = \sum [y_i - (\beta_0 + \beta_1 x_i)]^2 \tag{3.9}$$

을 최소로 하는 β_0과 β_1의 값을 추정치로 택하는 방법이다. 오차제곱합 Q를 최소로 하는 β_0과 β_1의 값을 구하기 위해 Q를 β_0과 β_1에 대하여 각각 편미분하면 다음과 같다.

$$\frac{\partial Q}{\partial \beta_0} = -2\sum (y_i - \beta_0 - \beta_1 x_i)$$

$$\frac{\partial Q}{\partial \beta_1} = -2\sum X_i (y_i - \beta_0 - \beta_1 x_i) \tag{3.10}$$

편미분한 식(3.10)을 0으로 만드는 β_0과 β_1의 값을 각각 b_0, b_1이라 하고 이 값을 식(3.10)에 대입하여 정리하면 다음과 같은 식을 얻는다.

$$nb_0 + b_1 \sum x_i = \sum y_i$$

$$b_0 \sum x_i + b_1 \sum x_i^2 = \sum x_i y_i \tag{3.11}$$

식(3.11)을 정규방정식(normal equation)이라 하고 이 식을 b_0, b_1에 대하여 풀면 모집단 회귀계수 β_0과 β_1의 최소제곱추정량(least squares estimator) b_0, b_1을 얻는다.

• 회귀계수 β_0과 β_1의 최소제곱추정량 : b_0, b_1

$$b_1 = \frac{\sum(x_i - \overline{x})(y_i - \overline{y})}{\sum(x_i - \overline{x})^2} = \frac{S_{xy}}{S_{xx}} \tag{3.12}$$

$$b_0 = \overline{y} - b_1\overline{x} \tag{3.13}$$

위의 식에서 S_{xx} , S_{xy}의 간편 계산식은 다음과 같다.

$$S_{xx} = \sum(x_i - \overline{x})^2 = \sum x_i^2 - n\overline{x}^2 \tag{3.14}$$

$$S_{xy} = \sum(x_i - \overline{x})(y_i - \overline{y}) = \sum x_i y_i - n\overline{x}\,\overline{y} \tag{3.15}$$

최소제곱추정량 b_0, b_1은 β_0과 β_1의 최량선형불편추정량(best linear unbiased estimator: BLUE)이 되는데 이는 b_0, b_1이 관측값 y_i들의 선형함수로 주어지는 불편추정량이고, 최소분산을 갖는 가장 바람직한 추정량임을 의미한다.

식(3.12), 식(3.13)으로부터 모집단 회귀선 $E(y_i) = \beta_0 + \beta_1 x_i$의 추정된 회귀선(estimated regression line) $\hat{y}_i$는

$$\hat{y}_i = b_0 + b_1 x_i \tag{3.16}$$

이 되며, 이 식을 표본 회귀식 또는 적합된 회귀직선(fitted regression line)

이라고도 한다.

예제 3.1 [표 3.1]에 있는 백화점의 광고비(x:백만 원)와 판매액(y:천만 원) 자료를 이용하여 적합된 회귀직선 $\hat{y}= b_0+b_1x$을 구하고 기울기 b_1의 의미를 설명하라.

해설 $\sum x_i = 15,\ \sum y_i = 10,\ \sum x_i^2 = 55,\ \sum x_i y_i = 37$

$\bar{x}= 15/5 = 3,\ \bar{y}= 10/5 = 2$

$$S_{xx} = \sum x_i^2 - n\bar{x}^2 = 55 - 5(9) = 10$$

$$S_{xy} = \sum x_i y_i - n\bar{x}\,\bar{y}= 37 - 5(3)(2) = 7$$

$$b_1 = \frac{S_{xy}}{S_{xx}} = \frac{7}{10} = 0.7$$

$$b_0 = \bar{y} - b_1\bar{x} = 2 - 0.7(3) = -0.1$$

따라서 적합된 회귀직선은 다음과 같다.

$\hat{y} = -0.1 + 0.7x$

여기서 기울기 0.7은 광고비 지출이 한 단위(백만 원) 증가하면 판매액은 평균적으로 0.7천만원(즉, 700만원) 증가함을 의미한다. 그리고 광고비 지출이 4.5인 경우에는 위의 추정된 회귀선에 의하여

$$\hat{y}= -0.1 + 0.7(4.5) = 3.05$$

를 얻는다. 이 3,050만원의 의미는 두 가지로 해석할 수 있다.

첫째, $x = x_0 = 4.5$ 일 때 모집단 회귀선(종속변수의 평균)

$$E(y_0) = \beta_0 + \beta_1 x_0$$

의 추정값은 $\hat{y}_0 = b_0 + b_1 x_0 = 3.05$ 이다. 따라서 광고비로 450만원을 지출하게 되면 평균 판매액은 3,050만원으로 추정된다.

둘째, $x = x_0 = 4.5$ 일 때 (하나의) 종속변수의 값은

$$y_0 = \beta_0 + \beta_1 x_0 + \varepsilon_0$$

이므로 이것의 예측값은 $\hat{y}_0 = b_0 + b_1 x_0 = 3.05$ 가 된다. 따라서 광고비로 450만원을 지출할 때 판매액은 3,050만으로 예측할 수 있다.

3.4 최소제곱추정량과 추정된 회귀선의 특성

식(3.12)와 (3.13)으로 추정된 최소제곱추정량 b_0, b_1은 β_0과 β_1의 최량선형불편추정량(best linear unbiased estimator: BLUE)이 되는데 이는 b_0, b_1이 y_i들의 선형함수로 주어지는 불편추정량이고, 최소분산을 갖는 가장 바람직한 추정량임을 의미한다. 이러한 성질을 Gauss-Markov 정리라고 한다.

(1) b_0과 b_1의 선형성

먼저 w_i를

$$w_i = \frac{(x_i - \bar{x})}{\sum (x_i - \bar{x})^2} \tag{3.17}$$

라고 놓으면 독립변수 x_i의 값들은 고정된 값이므로 하나의 상수가 되고 b_0과 b_1은 다음과 같이 y_i들의 선형함수가 된다.

- $b_1 = \frac{\sum(x_i - \bar{x})(y_i - \bar{y})}{\sum(x_i - \bar{x})^2}$

$$= \frac{\sum(x_i - \bar{x})y_i}{\sum(x_i - \bar{x})^2} - \frac{\sum(x_i - \bar{x})\bar{y}}{\sum(x_i - \bar{x})^2} \quad \text{(두 번째 항은 0)}$$

$$= \sum w_i y_i \tag{3.18}$$

- $b_0 = \bar{y} - b_1\bar{x}$

$$= \frac{1}{n}\sum y_i - \left(\sum w_i y_i\right)\bar{x}$$

$$= \sum\left(\frac{1}{n} - w_i\bar{x}\right)y_i \tag{3.19}$$

(2) b_0과 b_1의 불편성

$$E(b_1) = E(\sum w_i y_i) = \sum w_i E(y_i)$$

$$= \sum w_i(\beta_0 + \beta_1 x_i)$$

$$= \beta_0\sum w_i + \beta_1\sum w_i x_i = \beta_1 \tag{3.20}$$

$(\because \quad \sum w_i = 0, \quad \sum w_i(x_i - \bar{x}) = 1)$

$$E(b_0) = E(\bar{y} - b_1\bar{x}) = E(\bar{y}) - \bar{x}E(b_1)$$

$$= \frac{1}{n}\sum E(y) - \bar{x}\beta_1$$

$$= (\beta_0 + \beta_1\bar{x}) - \bar{x}\beta_1 = \beta_0 \tag{3.21}$$

(3) b_0과 b_1의 최소분산성

$Var(b_1) = Var\left(\sum w_i y_i\right)$

$$= \sum w_i^2 \, Var(y_i)$$

$$= \frac{\sum(x_i - \bar{x})^2}{\left[\sum(x_i - \bar{x})^2\right]^2} \sigma^2$$

$$= \frac{\sigma^2}{\left[\sum(x_i - \bar{x})^2\right]} \tag{3.22}$$

$$Var(b_0) = Var(\bar{y} - b_1 \bar{x})$$

$$= Var(\bar{y}) + \bar{x}^2 \, Var(b_1) - 2\bar{x} \, Cov(\bar{y}, b_1)$$

$$= \frac{\sigma^2}{n} + \bar{x}^2 \frac{\sigma^2}{\sum(x - \bar{x})^2}$$

$$= \sigma^2 \left(\frac{1}{n} + \frac{\bar{x}^2}{\sum(x_i - \bar{x})^2} \right) \tag{3.23}$$

∵ 식(1.13)을 이용하면

$$Cov(\bar{y}, b_1) = Cov\left(\sum \frac{1}{n} y_i \, , \, \sum w_i y_i \right)$$

$$= \frac{1}{n} \sum w_i \, Var(y_i)$$

$$= \frac{\sigma^2}{n} \sum w_i = 0$$

식(3.22)와 식(3.23)에 주어진 b_0과 b_1의 분산은 Gauss-Markov 정리에 의하여 최소분산이 되며 증명은 생략한다.

그림 [3.4]는 [예제 3.1]에서 추정된 회귀선 $\hat{y} = -0.1 + 0.7x$ 을 실제 관측값 y_i에 나타낸 것으로 차이가 난다.

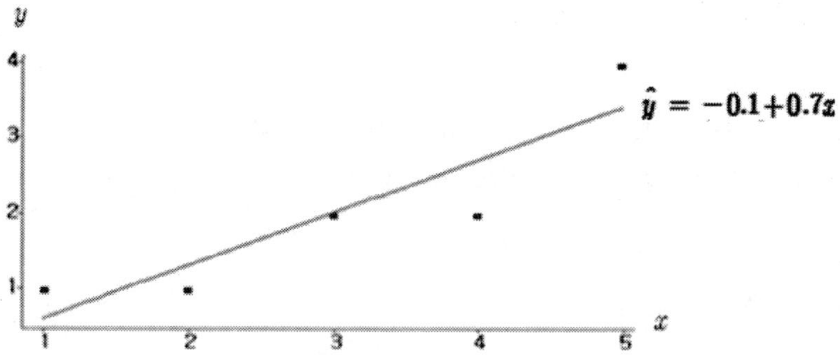

[그림 3.4] 광고비와 판매액의 추정된 회귀선

즉 $x = x_i$에서 y의 실제 관측값 y_i들과 추정된 회귀선에 의해 계산된 값 $\hat{y_i} = (b_0 + b_1 x_i)$은 항상 차이가 난다. 이 차이를 잔차라고 한다.

• 잔차(residual)와 오차(error)

잔차 $e_i = y_i - \hat{y}_i \ = y_i - (b_0 + b_1 x_i)$

오차 $\varepsilon_i = y_i - E(y_i) = y_i - (\beta_0 + \beta_1 x_i)$

잔차는 추정된 회귀선의 적합성을 조사하고 회귀분석의 기본 가정(회귀모형의 선형성, 오차항의 독립성, 등분산성, 정규성 등)을 탐색하는데 매우 중요한 역할을 한다. 최소제곱법에 의해서 추정된 회귀선에서 잔차 e_i와 관련된 다음과 같은 사실들을 유도할 수 있다.

(1) 잔차들의 합은 0이다.

즉, $\sum e_i = \sum (y_i - \hat{y}_i) = 0$ (3.24)

⇒ 식(3.11)의 첫 번째 정규방정식에 의하여 성립

따라서 관측값 y_i들의 합은 추정치 $\hat{y}_i$들의 합과 같다.

즉, $\sum y_i = \sum \hat{y}_i$ (3.25)

(2) 잔차들의 x_i에 대한 가중합은 0이다.

즉, $\sum x_i e_i = 0$ (3.26)

$\Rightarrow$ 식(3.11)의 두 번째 정규방정식에 의하여 성립

(4) 잔차들의 $\hat{y}_i$에 대한 가중합은 0이다.

즉, $\sum \hat{y}_i e_i = 0$ (3.27)

$$\Rightarrow \sum \hat{y}_i e_i = \sum (b_0 + b_1 x_i) e_i$$
$$= b_0 \sum e_i + b_1 \sum x_i e_i = 0$$

(5) 잔차제곱합 $\sum e_i^2$은 최소가 된다.

$\Rightarrow$ 최소제곱법에 의해서 b_0, b_1을 구할 때 요구되는 성질이므로 명백하다

(6) 추정된 회귀선은 항상 평균점$(\bar{x}, \bar{y})$를 지난다.

$$\Rightarrow \hat{y} = b_0 + b_1 x$$
$$= (\bar{y} - b_1 \bar{x}) + b_1 \bar{x}$$
$$= \bar{y} + b_1 (x - \bar{x})$$

예제 3.2 [표 3.1]에 있는 백화점의 광고비(x:백만 원)와 판매액(y:천만 원) 자료를 이용하여 다음을 풀어라.

① 예측값 $\hat{y}_i$, 잔차 e_i를 구하라.

② $\sum y_i = \sum \hat{y}_i$와 $\sum e_i = 0$이 됨을 보여라.

③ $\sum e_i^2$을 구하라.

해설 $\hat{y}_i = -0.1 + 0.7 x_i$

지점	x_i	y_i	$\hat{y}_i$	e_i	e_i^2
1	3	2	2.0	0	0
2	5	4	3.4	0.6	0.36
3	1	1	0.6	0.4	0.16
4	4	2	2.7	-0.7	0.49
5	2	1	1.3	-0.3	0.09
합	15	10	10	0.0	1.10

3.5 오차항의 추정

단순회귀모형 $y=\beta_0+\beta_1 x+\varepsilon$을 설정할 때 오차항 ε은 서로 독립이며 평균이 0, 분산 σ^2인 정규분포가 성립한다고 가정하였다. 또한 단순회귀모형에서 오차 ε의 분산 σ^2은 y_i의 분산이 된다는 것을 식(3.6)에서 다루었다. 따라서 관측값 y_i들이 추정된 회귀선 주위에 밀집하여 있으면 σ^2의 추정값이 작을 것이고, 이와 반대로 y_i들이 회귀선으로부터 멀리 떨어져 있으면 σ^2의 추정값이 크다는 것을 짐작할 수 있다.

이를 바탕으로 회귀계수 β_0과 β_1의 신뢰구간 추정, 가설검정, 회귀모형의 적합성 등에 오차 ε의 분산 σ^2은 중요한 역할을 하지만 알려져 있지 않은 값이므로 σ^2을 추정해야 한다.

오차 ε_i는 관측할 수 없는 값이므로 대신 비슷한 역할을 하는 잔차 $e_i=y_i-\hat{y}_i=y_i-(b_0+b_1x_i)$ 의 값을 이용하여 오차의 분산 σ^2을 추정한다. 식(3.28)의 SSE를 잔차제곱합(residual sum of squares) 혹은 오차제곱합(error sum of squares)이라고 한다.

$$SSE=\sum(y_i-\hat{y}_i)^2=\sum(y_i-b_0-b_1x_i)^2 \tag{3.28}$$

SSE의 자유도는 $n-2$가 된다. 왜냐하면 식(3.28)에서 b_0, b_1을 추정하므로 자유도가 각각 하나씩 줄어들기 때문이다. 따라서 잔차의 분산을 MSE로 표시하여 다음과 같이 정의한다.

$$\widehat{\sigma^2}=MSE=\frac{SSE}{n-2} \tag{3.29}$$

식(3.29)의 MSE를 잔차평균제곱(residual mean squares) 혹은 오차평균제곱(error mean squares)이라 한다. MSE는 오차의 분산 σ^2의 불편추정량이 된다. 또한 $\sqrt{MSE}$를 추정의 표준오차(standard error of estimate)라고 부

르는데 이 값이 클수록 회귀모형이 자료를 잘 적합하지 못하는 경우이고 예측의 신뢰성은 떨어지게 된다. SSE를 다음 식으로 계산하면 간편하다.

• SSE의 간편 계산식

$$SSE = \sum(y_i - \hat{y}_i)^2 \quad (3.30)$$
$$= S_{yy} - b_1 S_{xy}$$
$$= S_{yy} - b_1^2 S_{xx} \qquad \text{단, } S_{yy} = \sum(y_i - \bar{y})^2$$

예제 3.3 [표 3.1]에 있는 백화점의 광고비(x:백만 원)와 판매액(y:천만 원) 자료를 이용하여 SSE와 MSE를 구하라.

해설 [예제 3.2]의 표로부터 $SSE = 1.1$, $MSE = \dfrac{1.1}{3} = 0.3667$

식(3.30)을 이용하면

$$\sum x_i = 15,\ \sum x_i^2 = 55 \Rightarrow S_{xx} = \sum(x_i - \bar{x})^2 = 10$$

$$\sum y_i = 10,\ \sum y_i^2 = 26 \Rightarrow S_{yy} = \sum(y_i - \bar{y})^2 = 6$$

$$SSE = S_{yy} - b_1^2 S_{xx}$$
$$= 6 - 0.7^2(10) = 1.1 \quad \therefore\ MSE = 0.3667$$

[표 3.2]는 어느 은행에서 펀드상품의 계약 체결건수(x)가 펀드상품 판매액(y:천만 원)에 미치는 영향을 알아보기 위하여 10명의 직원을 조사하여 얻은 자료이다.

[표 3.2] 은행의 펀드상품 계약 체결건수와 펀드상품 판매액

직원	계약 체결건수(x)	펀드상품 판매액(y)
1	30	73
2	20	50
3	60	128
4	80	170
5	40	87
6	50	108
7	60	135
8	30	69
9	70	148
10	60	132

예제 3.4 [표 3.2]의 자료를 이용하여 다음을 구하라.

① 산점도를 그려라.

② 단순회귀모형을 가정하고, 회귀선을 추정하여라.

③ σ^2 의 추정치 MSE를 구하라.

해설 ① 산점도

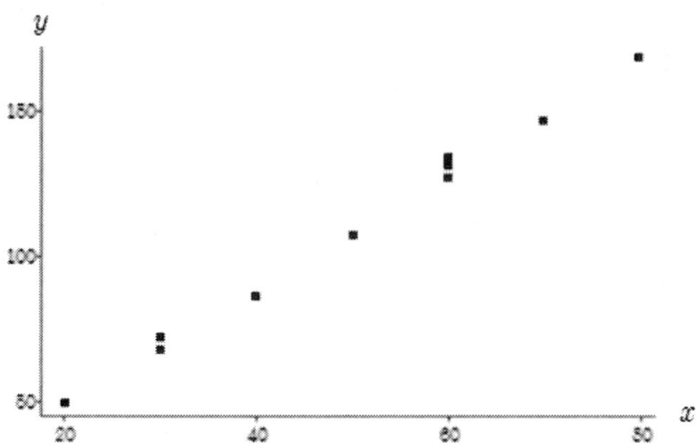

② 회귀선의 추정

$\sum x_i = 500,\ \sum x_i^2 = 28400,\quad \bar{x} = 50$

$\sum y_i = 1110,\ \sum y_i^2 = 134660,\quad \bar{y} = 110$

$\sum x_i y_i = 61800$

$S_{xx} = \sum x_i^2 - n\bar{x}^2 = 28400 - 10(50)^2 = 3400$

$S_{yy} = \sum y_i^2 - n\bar{y}^2 = 134660 - 10(110)^2 = 13660$

$S_{xy} = \sum x_i y_i - n\bar{x}\,\bar{y} = 61800 - 10(50)(110) = 6800$

$$b_1 = \frac{S_{xy}}{S_{xx}} = \frac{6800}{3400} = 2$$

$$b_0 = \bar{y} - b_1\bar{x} = 110 - 2(50) = 10$$

∴ 적합된 회귀직선은 $\hat{y} = 10 + 2x$

③ MSE

$SSE = S_{yy} - b_1 S_{xy} = 13660 - 2(6800) = 60$

$$MSE = \frac{60}{10-2} = 7.5$$

3.6 SAS 분석

SAS는 회귀분석을 위해 PROC REG를 제공한다. SAS 프로그램을 작성하여 [표 3.1]의 백화점 광고비(x)와 판매액(y) 자료에 대하여 다음의 문제를 해결 해보기로 한다.

(1) 회귀선을 추정하라.

(2) SSE와 MSE를 구하라.

(3) 예측값 $\hat{y}_i$와 잔차 $e_i = y_i - \hat{y}_i$ 를 구하라.

(4) 산점도에 추정된 회귀선을 겹쳐 그려라.

먼저 확장편집기 창에서 다음과 같은 프로그램을 입력한다. 이것은 주어진 x와 y의 자료를 ex3_6 이라는 이름의 SAS 자료를 생성하는 프로그램이다.

[프로그램 3.1]

```
DATA ex3_6;
INPUT x y;
CARDS;
 3  2
 5  4
 1  1
 4  2
 2  1
RUN;
```

(1) 회귀선의 추정

[프로그램 3.2]

```
PROC REG DATA=ex3_6;
MODEL y=x;
RUN;
```

MODEL y=x; 는 생성된 SAS 자료 ex3_6에 대하여 판매액 y를 종속변수로 하고 광고비 x를 독립변수로 하는 단순회귀분석을 수행하라는 명령문이다. 출력결과는 다음과 같다.

[출력결과 3.1]

```
                          The REG Procedure
                            Model: MODEL1
                       Dependent Variable: y

              Number of Observations Read           5
              Number of Observations Used           5

                         Analysis of Variance

                                Sum of           Mean
Source              DF         Squares         Square    F Value    Pr > F

Model                1         4.90000        4.90000      13.36    0.0354
Error                3         1.10000 ①      0.36667 ②
Corrected Total      4         6.00000

          Root MSE              0.60553    R-Square     0.8167
          Dependent Mean        2.00000    Adj R-Sq     0.7556
          Coeff Var            30.27650

                         Parameter Estimates

                        Parameter       Standard
     Variable     DF     Estimate          Error    t Value    Pr > |t|

     Intercept     1     -0.10000③       0.63509      -0.16      0.8849
     x             1      0.70000④       0.19149       3.66      0.0354
```

[출력결과 3.1]로부터

③ $= b_0 = -0.1$, ④ $= b_1 = 0.7$

따라서 추정된 회귀직선 $\hat{y} = -0.1 + 0.7x$

(2) SSE와 MSE를 구하라.

[출력결과 3.1]로부터

① $= SSE = 1.1$, ② $= MSE = 0.36667$

(3) 예측값 $\hat{y}_i$와 잔차 $e_i = y_i - \hat{y}_i$

앞의 [프로그램 3.2]는 PROC REG에서 모든 선택사항들이 없는 가장 간단한 프로그램이다. [프로그램 3.2]의 MODEL y=x;를 다음과 같이 바꿔 수행시켜 보자.

[프로그램 3.3] MODEL 문장에서 예측값과 잔차를 구하는 선택사항

```
MODEL y=x/P ; ⇒ 종속변수의 예측값을 구하는 선택사항
또는
MODEL y=x/R ; ⇒ 잔차를 구하는 선택사항
```

[출력결과 3.2] MODEL y=x/P ;를 수행한 출력결과

```
                    Output Statistics

              Dependent    Predicted
     Obs      Variable        Value      Residual

       1        2.0000       2.0000             0
       2        4.0000       3.4000        0.6000
       3        1.0000  ①   0.6000        0.4000  ②
       4        2.0000       2.7000       -0.7000
       5        1.0000       1.3000       -0.3000

     Sum of Residuals                             0
     Sum of Squared Residuals               1.10000
     Predicted Residual SS (PRESS)          4.43367
```

[출력결과 3.2]에서 ①은 예측값 $\hat{y}_i$ ②는 잔차 $e_i = y_i - \hat{y}_i$

[출력결과 3.3] MODEL y=x/R ;을 수행한 출력결과

```
                               Output Statistics

     Dependent Predicted    Std Error             Std Error  Student                        Cook's
Obs   Variable     Value Mean Predict   Residual   Residual Residual      -2-1 0 1 2            D

  1     2.0000    2.0000       0.2708          0      0.542        0 |         |       |    0.000
  2     4.0000    3.4000       0.4690     0.6000      0.383    1.567 |         |***    |    1.841
  3     1.0000    0.6000       0.4690     0.4000      0.383    1.044 |         |**     |    0.818
  4     2.0000    2.7000       0.3317    -0.7000      0.507   -1.382 |       **|       |    0.409
  5     1.0000    1.3000       0.3317    -0.3000      0.507   -0.592 |        *|       |    0.075
                    ①                       ②
                  Sum of Residuals                            0
                  Sum of Squared Residuals              1.10000
                  Predicted Residual SS (PRESS)         4.43367
```

[출력결과 3.3]에서 ①은 예측값 $\hat{y}_i$ ②는 잔차 $e_i = y_i - \hat{y}_i$

(4) 산점도에 추정된 회귀선을 겹쳐 그리기.

[프로그램 3.2]의 MODEL 문장 밑에 다음과 같이 PLOT명령문을 삽입한 후 수행시켜보면 [출력결과 3.3]을 얻을 수 있다.

[프로그램 3.3] PROC REG에서 PLOT 문장

```
MODEL y=x;
PLOT y*x;
```

[출력결과 3.3] PLOT y*x;를 수행한 출력결과

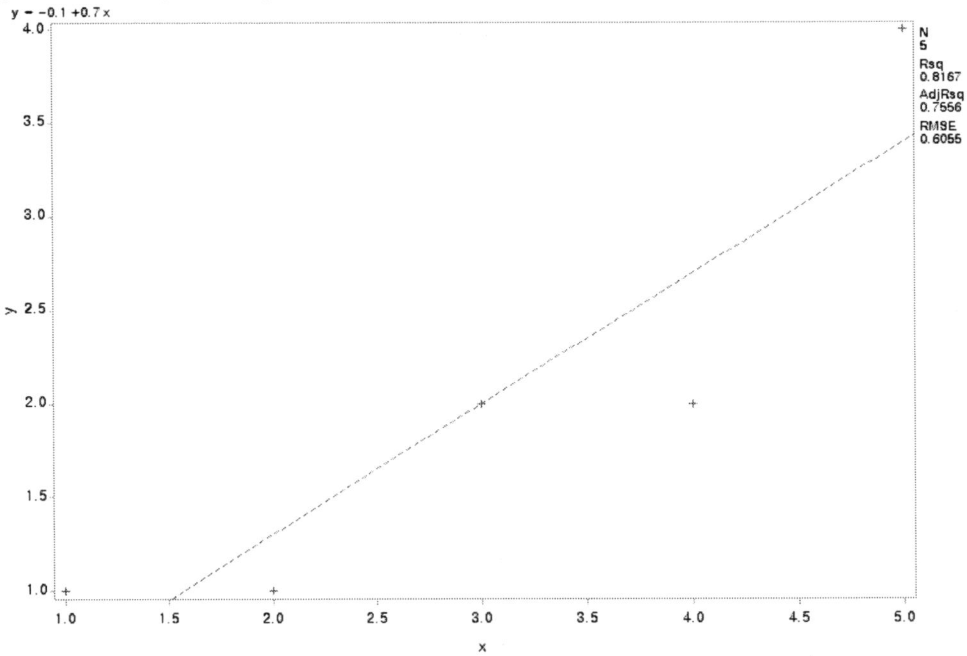

3.7 SAS/INSIGHT에 의한 회귀분석

대화식 데이터 분석(SAS/INSIGHT)에 의한 회귀분석을 이용하여 앞의 (1), (2), (3), (4)의 문제를 해결하는 방법에 대해 살펴보자. 먼저 확장편집기 창에서 3.6절의 [프로그램 3.1]만 입력한 후 수행시킨다.

[프로그램 3.1]

```
DATA ex3_6;
INPUT x y;
CARDS;
 3  2
 5  4
 1  1
 4  2
 2  1
RUN;
```

▣ 메뉴 툴 바(Menu Tool Bar)에서 솔루션 ➡ 분석 ➡ 대화식 데이터 분석을 선택한다.

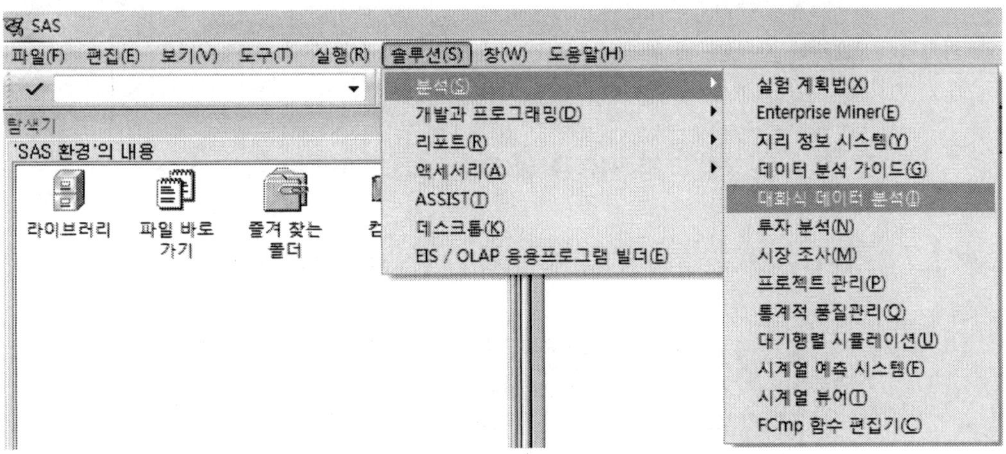

[그림 3.5] 대화식 데이터 분석 창열기

▣ WORK 라이브러리에 ex3_6 이라는 이름의 SAS 자료가 생성되어 있고 [그림 3.6]과 같이 열기를 클릭하면 [표 3.1]의 백화점 광고비(x)와 판매액(y) 자료가 나타난다.

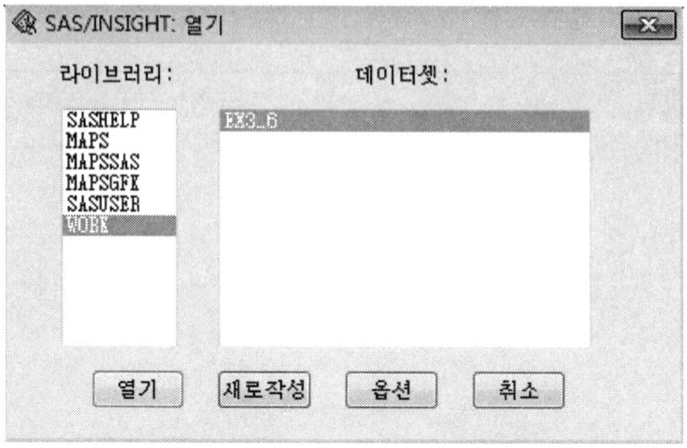

[그림 3.6] 분석할 SAS자료 창열기

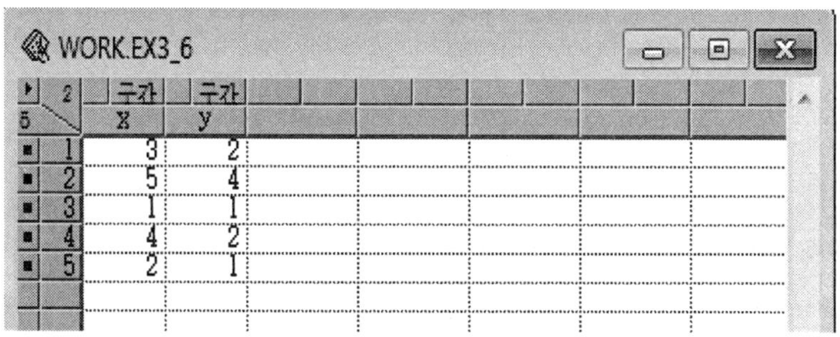

[그림 3.7] 백화점 광고비(x)와 판매액(y) 자료

■ [그림 3.8]과 같이 분석 메뉴에서 적합(YX)를 선택한다.

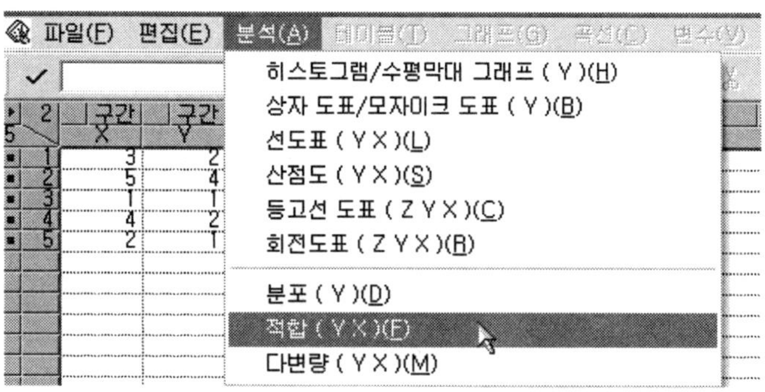

[그림 3.8] 적합분석 메뉴 선택 화면

[그림 3.8]과 같이 분석 ➡ 적합(YX)를 선택하면 [그림 3.9]와 같은 적합분석 대화상자의 초기화면이 나타난다.

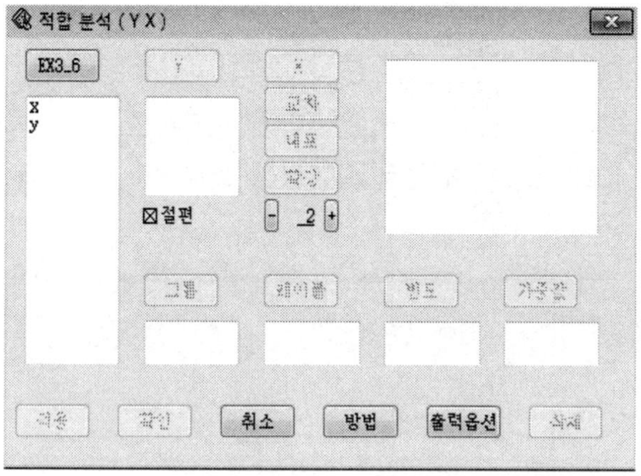

[그림 3.9] 적합분석 상자의 초기 화면

▣ [그림 3.10]과 같이 **EX3_6** 상자에 있는 변수 목록에서 x를 선택한 후 **X** 단추를 누르면 변수 x가 독립변수 x역할에 할당된다. 같은 방법으로 **EX3_6** 상자 안에 있는 y를 선택한 후 **Y** 단추를 누르면 변수 y가 종속변수 y역할에 할당될 것이며, 이때 확인 단추를 누르면 적합분석을 통한 회귀분석 출력결과를 [그림 3.11]부터 [그림 3.19]와 같이 얻는다.

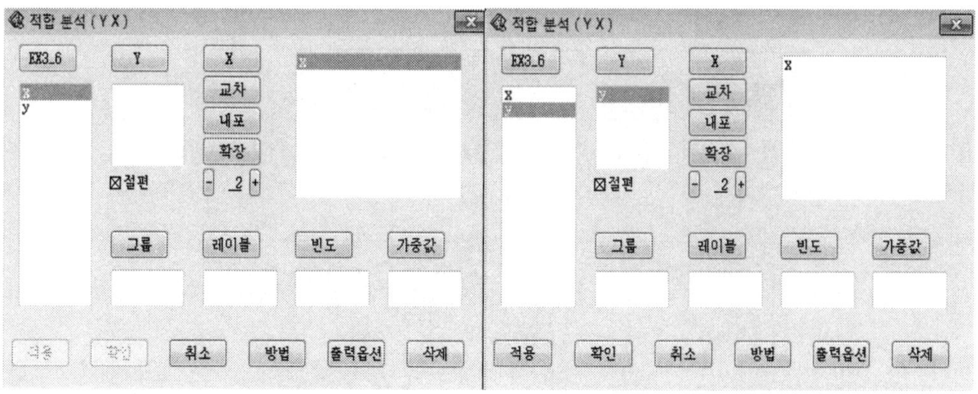

[그림 3.10] 적합분석 상자에서 독립변수, 종속변수 역할 할당하기

■ 적합분석을 통한 회귀분석 출력결과

Y	=	X
반응분포의 선택:		정규분포
연결함수:		항등함수

모형의 식						
Y	=	-	0.1000	+	0.7000	X

[그림 3.11] 추정된 회귀직선 $\hat{y}_i = -0.1 + 0.7x_i$

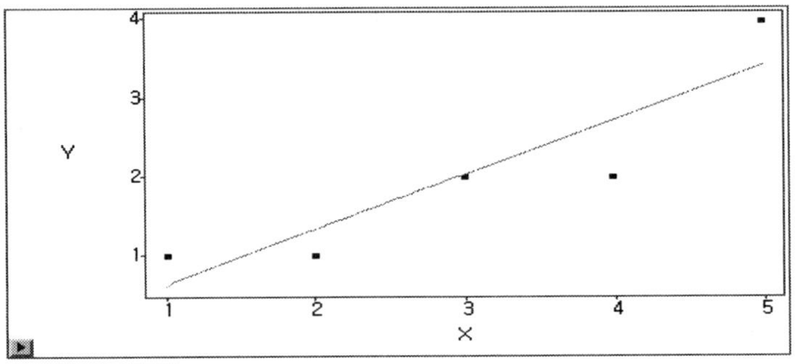

[그림 3.12] 산점도에 추정된 회귀선 겹쳐 그리기

모수적 회귀적합								
		모형		오차				
곡선	차수 (다항식)	자유도	평균제곱	자유도	평균제곱	결정계수(R-Sq)	F 통계량	Pr > F
————	1	1	4.9000	3	0.3667	0.8167	13.36	0.0354

[그림 3.13] 결정계수 등의 통계량

적합분석의 요약			
반응변수의 평균	2.0000	결정계수(R-Sq)	0.8167
평균제곱오차의 제곱근	0.6055	수정결정계수(Adj R-Sq)	0.7556

[그림 3.14] $\bar{y} = 2$, $\hat{\sigma} = \sqrt{MSE} = 0.6055$ 등의 통계량

분산분석					
요인	자유도	제곱합	평균제곱	F 통계량	Pr > F
모형	1	4.9000	4.9000	13.36	0.0354
오차	3	1.1000	0.3667		
수정합	4	6.0000			

[그림 3.15] $SSE = 1.1$, $\widehat{\sigma^2} = MSE = \dfrac{SSE}{n-2} = 0.3667$ 등의 통계량

Type III 검정					
요인	자유도	제곱합	평균제곱	F 통계량	Pr > F
X	1	4.9000	4.9000	13.36	0.0354

[그림 3.16] $SSR = \sum(\hat{y}_i - \overline{y})^2 = b_1^2 S_{xx} = 4.9$ 등의 통계량

모수 추정값							
변수	자유도	추정값	표준 오차	t 통계량	Pr > |t|	허용도(TOL)	분산팽창계수(VIF)
절편	1	-0.1000	0.6351	-0.16	0.8849	.	0
X	1	0.7000	0.1915	3.66	0.0354	1.0000	1.0000

[그림 3.17] $b_0 = -0.1$, $b_1 = 0.7$ 등의 통계량

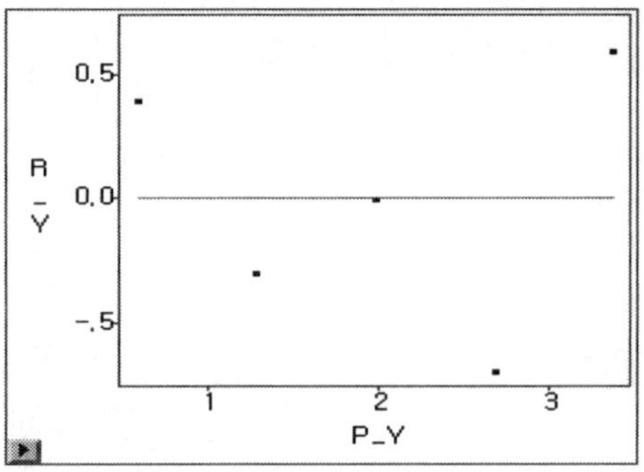

[그림 3.18] 잔차그림(수평축은 예측값 $\hat{y}_i$, 수직축은 잔차 e_i)

적합분석을 한 후 마우스를 data 창으로 옮기면 [그림 3.19]와 같이 새로운 변수 R_y, P_y 가 만들어졌음을 확인할 수 있을 것이다.

WORK.EX3_6

4 / 5	구간 x	구간 y	구간 R_y	구간 P_y
1	3	2	0.0	2.0
2	5	4	0.6	3.4
3	1	1	0.4	0.6
4	4	2	-0.7	2.7
5	2	1	-0.3	1.3

[그림 3.19] 예측값 $\hat{y}_i$, 잔차 e_i

SAS/INSIGHT에서는 적합분석을 하면 잔차 e_i는 R_y로, 예측값 $\hat{y}_i$은 P_y라는 이름으로 자동적으로 생성하여 준다. [그림 3.18]은 예측값을 수평축으

로, 잔차를 수직축으로 하여 그린 잔차의 산점도이며 이 그림의 설명은 6장의 잔차분석에서 다루기로 한다.

[그림 3.11]부터 [그림 3.19]의 내용은 SAS/INSIGHT에서 디폴트로 제공하는 단순회귀분석 결과의 출력 화면이며, 3장에서 다루지 않은 내용에 대한 해석은 5장에서 설명할 것이다.

참고로 [그림 3.20]의 왼쪽 그림과 같이 테이블 메뉴, 오른쪽 그림의 그래프 메뉴를 클릭해보면 디폴트로 제시된 내용들이 체크(☑)되어 있음을 알 수 있을 것이다.

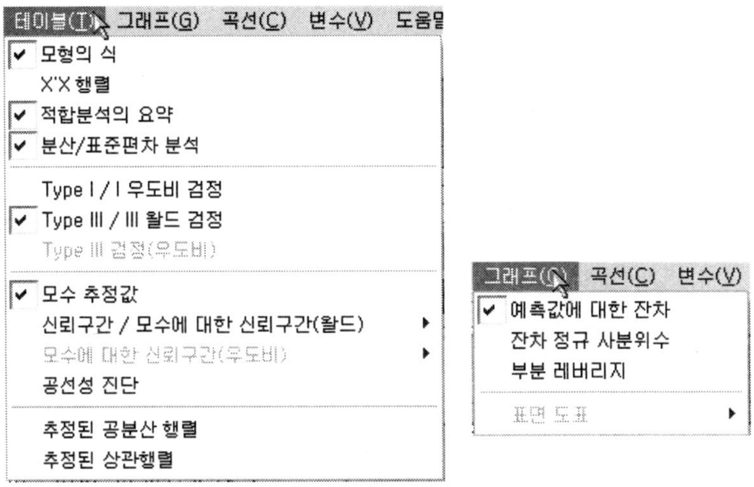

[그림 3.20] 회귀분석에서 디폴트로 제시되는 내용(☑ 표시)〉

디폴트로 제공되는 분석 정보 이외에 더 많은 정보를 얻으려면 테이블, 그래프, 곡선, 변수 메뉴를 선택하여 원하는 옵션을 클릭하면 된다.

3.8 PROC REG의 사용 형식

SAS에서 단순회귀분석과 다중회귀분석에 필요한 프로시저로서 REG 프로시저를 제공한다. 이에 대한 일반적인 형식은 다음과 같으며 괄호 항목은 생략 가능한 내용이다.

〔회귀분석을 위한 PROC REG의 사용 형식〕

```
PROC REG (DATA=SAS 자료명) (선택사항); * (1);
MODEL 종속변수 = 독립변수(/선택사항); * (2)
OUTPUT OUT=SAS 자료명 (선택사항); * (3);
PLOT 변수명1*변수명2 [키워드1.*키워드2.] /선택사항; * (4);
WEIGHT 변수이름; * (5);
TEST 가설1 가설2 … ; * (6);
RUN;
```

(1) REG 선택사항

- CORR : MODEL 문장에 지정된 모든 변수에 대한 상관계수를 출력한다.

- NOPRINT : 회귀분석 수행결과를 출력하지 않는다.

- SIMPLE : 회귀분석에 사용된 변수에 대하여 간단한 기술통계량을 출력한다.

(2) MODEL 문장의 선택사항

- XPX : $(X'X)$, $(X'Y)$, $(Y'Y)$를 출력한다.

- I : $(X'X)^{-1}$을 출력한다.

- SS1 : 제1종 제곱합(축차제곱합)을 출력한다.

- SS2 : 제2종 제곱합(부분제곱합)을 출력한다.

- STB : 표준화 회귀계수를 출력한다.

- CLB : 회귀계수들의 95% 신뢰구간을 출력한다. 만약 99% 또는 90% 신뢰구간을 구하려면 ALPHA=0.01 또는 ALPHA=0.1의 옵션을 추가한다.

- CLM : 평균반응의 95% 신뢰구간을 출력한다.

- CLI : 새로운 관측값의 95% 예측구간을 출력한다.

- COVB : 추정된 회귀계수들의 공분산행렬을 출력한다.

- CORR : 추정된 회귀계수들의 상관행렬을 출력한다.

- P : 종속변수 y의 실제 관측값과 추정된 회귀식으로부터 예측값, 잔차를 출력한다.

- R : 잔차분석을 수행하고, 위의 P 선택사항에 의해 요구되는 모든 결과를 출력한다. 또한 예측값과 잔차의 표준오차, 표준화된 잔차, Cook의 D 통계량 등도 함께 출력한다.

- COLLIN : 다중공선성 분석에 필요한 고유치, 조건지표(condition index), 분산비율(variance proportion)을 출력한다.

- VIF : 분산팽창계수를 출력한다.

- DW : Durbin-Watson 통계량 값을 출력한다.

- INFLUENCE : 영향력 관찰치 분석결과를 출력한다.

• NOINT : 절편항이 없는 회귀모형으로 분석을 수행한다.

• COLLINOINT : COLLIN과 비슷하지만 절편항이 없는 회귀모에서 다중 공선성 분석을 수행한다.

(3) OUTPUT 문장

PROC REG를 수행할 때 얻을 수 있는 여러 통계량들을 OUT= SAS자료명에 저장한다. 이때 많이 사용되는 선택사항은 다음과 같은 것들이 있다.

• P(또는 PREDICT)= 이름 : 종속변수의 예측값

• R(또는 RESIDUAL)= 이름 : 잔차

• STUDENT= 이름 : 스튜던트화 잔차

• RSTUDENT= 이름 : r−스튜던트화 잔차(제외 잔차)

• COOKED= 이름 : Cook의 D 통계량

• L95M= 이름 : 평균반응에 대한 95% 신뢰하한

• U95M= 이름 : 평균반응에 대한 95% 신뢰상한

• L95= 이름 : 하나의 예측값에 대한 95% 신뢰하한

• U95= 이름 : 하나의 예측값에 대한 95% 신뢰상한

(4) PLOT 문장

SAS는 PROC PLOT 절차를 제공하고 있지만 회귀분석에서 데이터 탐색을 위한 산점도에 추정된 회귀선을 겹쳐 그리기 위하여 PROC REG에서도 간단히 사용할 수 있도록 편의를 제공하고 있다. 사용형식은 PROC PLOT 절차와 거의 비슷하다.

- OVERLAY : 지정한 여러 개의 산점도를 겹쳐서 그려준다.

- SYMBOL='character' : 산점도에 사용할 문자를 지정할 수 있다.

(5) WEIGHT 문장

가중치로 사용할 변수명을 지정한다.

(6) TEST 문장

부분 F 검정에서 검정할 가설을 수행한다.

연 습 문 제

【3.1】 어느 증권사에서 주가와 이것에 영향을 미치는 금리와의 관계를 파악하려고 한다. 다음은 과거 8일간의 자료로 y는 어떤 기업의 주가이고, x는 금리이다.

일	1	2	3	4	5	6	7	8
x	12.4	11.7	12.4	10.8	9.4	9.5	8.0	7.5
y	28.0	28.0	32.5	39.5	45.9	57.8	58.1	62.5

① x와 y의 상관계수를 구하라. 그리고 모상관계수가 0인지를 유의수준 0.05에서 검정하라.

② 단순회귀모형 $y = \beta_0 + \beta_1 x + \varepsilon$을 가정하여 최소제곱법에 의한 회귀선을 추정하라.

③ $x = 10$일 때 이 기업의 주가를 추정하라.

④ x와 y의 산점도 위에 추정된 회귀직선을 겹쳐 그려라.

⑤ 예측값 $\hat{y}_i$와 잔차 e_i를 구하라.

⑥ 잔차제곱합 SSE와 추정의 표준오차 $\hat{\sigma}$를 구하라.

【3.2】 어떤 보험사는 13개의 지점을 표본 추출하여 다음과 같이 이 회사 특정 보험상품에 대한 각 지점의 표적인구의 한 달 판매액(y)과 재량소득(x) 자료를 얻었다.

① 단순회귀모형을 가정하고 회귀선을 추정하라.

② 예측값 $\hat{y}_i$와 잔차 e_i를 구하라.

③ 오차항 ε의 분산 σ^2의 추정치를 구하라.

④ 상관계수를 구하라. 그리고 모상관계수가 0인지를 유의수준 0.05에서 검정하라.

지점	판매액(y)	재량소득(x)
1	566.52	472.92
2	696.82	1339.75
3	1033.15	620.25
4	1603.62	568.33
5	1611.37	1497.60
6	1613.27	1365.83
7	1854.17	1687.00
8	2160.55	1639.92
9	2305.58	2872.33
10	3503.93	3655.08
11	3571.89	2912.00
12	3741.40	3921.00
13	4026.52	3865.67

【3.3】 다음은 어떤 은행 11명 직원들의 금융상품 상담횟수(x)와 금융상품 판매실적(y) 자료이다.

x	6	7	8	9	10	11	12	13	14	15	16
y	0.029	0.052	0.079	0.125	0.181	0.261	0.425	0.738	1.130	1.882	2.812

① x에 대한 y의 산점도를 그려라.

② x와 y의 상관계수 r_{xy}를 구하라.

③ 단순회귀모형 $y = \beta_0 + \beta_1 x + \varepsilon$을 가정하여 최소제곱법에 의한 회귀선을 추정하고 그것을 산점도 위에 겹쳐 그려라.

④ $z_i = \ln y_i$를 계산하고 x에 대한 z_i의 산점도를 그리고, ①의 결과와 비교하라. 어느 것이 선형에 더 가까운가?

⑤ x와 z의 상관계수 r_{xz}를 구하고 r_{xy}와 크기를 비교하라.

【3.4】 연습문제 [2.3]의 자료를 이용하여 다음을 구하라.

① 자동차 배기가스(x)와 연비 간(y)의 단순회귀모형 $y=\beta_0+\beta_1 x+\varepsilon$을 가정하여 최소제곱법에 의한 회귀선을 추정하라.

② SSE와 MSE를 구하라.

【3.5】 다음 식이 성립함을 증명하라.

$$\begin{aligned} SSE &= \sum(y_i-\hat{y}_i)^2 \\ &= S_{yy}-b_1 S_{xy} \\ &= S_{yy}-b_1^2 S_{xx} \end{aligned}$$

4장 자본자산가격결정모형과 베타의 계산

4.1 자본시장선과 증권시장선

이 장에서는 회귀분석의 한 응용사례로 금융 및 재무론에서 널리 사용되는 자본자산가격결정모형을 간략하게 살펴보기로 한다. 각종 수식이나 기호는 이 분야에서 쓰이는 것을 그대로 표기할 것이다.

자본자산가격결정모형(CAPM : capital asset pricing model)은 자본시장이 균형상태를 이룰 때 자본자산의 기대수익과 위험과의 관계를 나타내는 모형이다. 여기서 자본자산이란 투자자가 미래의 수익을 얻을 수 있는 권리를 갖는 자산을 말하며 주로 주식, 채권 등의 유가증권을 가리킨다. 균형상태라는 것은 거래되는 모든 자본자산이 자본시장에서 수요와 공급이 일치되도록 가격이 형성된 상태를 말한다.

따라서 자본자산가격결정모형은 마코위츠(H. M. Markowitz)의 포트폴리오 선택 이론대로 투자자들이 투자활동을 하여 시장전체가 균형상태에 있을 때, 주식을 비롯한 자본자산의 균형가격이 어떻게 결정되는가를 설명하는 모형이라고 할 수 있다.

자본시장선(CML : capital market line)은 균형시장에서 무위험자산과 위험자산(시장포트폴리오)이 결합된 효율적 포트폴리오(M)의 기대수익률과 위험(표준편차)과의 관계를 직선으로 나타낸 것이다. 한편 증권시장선(SML : security market line)은 모든 위험자산의 기대수익률과 위험(베타)와의 관계를 나타내는 직선이다. 보통 CAPM이라 하면 증권시장선을 의미하는 경우가 많다. CAPM 또는 증권시장선은 식(4.1)과 같다.

• CAPM 또는 증권시장선

$$E(R_i) = R_f + \beta_i [E(R_m) - R_f] \tag{4.1}$$

$E(R_i)$: 자산(주식) i의 기대수익률
R_f : 무위험자산 수익률
R_m : 시장지표(종합주가지수) 수익률
β_i : 자산(주식) i의 민감도(베타)

식(4.1)의 증권시장선은 다음과 같은 관계로부터 도출할 수 있다.

$$\frac{E(R_m)-R_f}{1}=\frac{E(R_i)-R_f}{\beta_i} \tag{4.2}$$

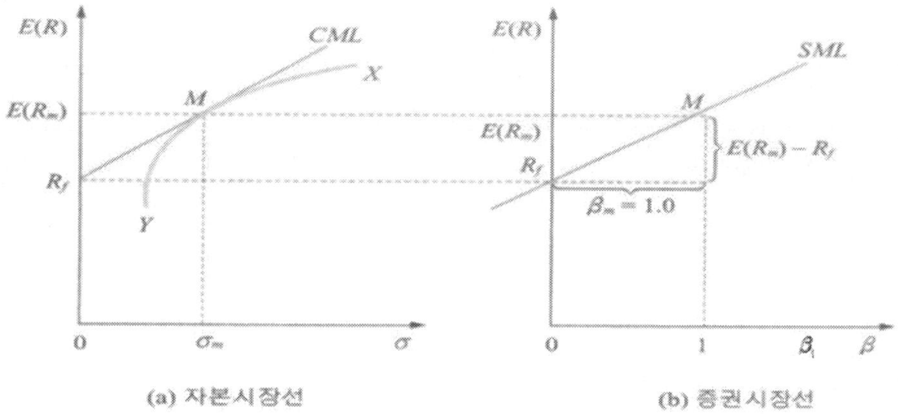

[그림 4.1] 자본시장선과 증권시장선

CAPM 또는 증권시장선은 다음과 같은 특징을 갖는다.

(1) CAPM에 따르면 투자자의 기대수익률은 무위험이자율과 위험프리미엄으로 구성.

(2) 특정만기의 위험이 있는 투자자산에 대한 요구(기대)수익률과 동일만기의 무위험 자산에 대한 요구수익률의 차이

⇒ (자산 i의) 위험프리미엄=$\beta_i[E(R_m)-R_f]$

(3) 시장위험프리미엄 : $[E(R_m)-R_f]$

(4) 시장위험프리미엄은 평균적 투자위험도에 대한 프리미엄으로 각 주식에 대해 동일한 크기.

⇒ 주식별로 위험프리미엄의 크기를 결정하는 요인은 해당 주식의 베타임.

(5) 어떤 주식의 수익률과 그 주식의 위험과는 상충관계에 있기 때문에 위험이 클수록 동 자산의 요구수익률은 더 높아지게 됨. 이런 의미에서 리스크 프리미엄은 투자자의 추가 위험부담에 대한 보상이라고 할 수 있음.

4.2 단일지수모형과 체계적위험

식(4.1)의 i주식의 민감도 β_i는 i주식의 수익률 R_i와 종합주가지수의 수익률 R_m과의 관계를 식(4.3)과 같은 단순회귀모형을 설정하여 추정한다. 이 모형을 단일지수모형(single-index model) 또는 시장모형이라고 부른다.

• 단일지수모형

$$R_i = \alpha_i + \beta_i R_m + \varepsilon_i \tag{4.3}$$

여기서,

$E(\varepsilon_i) = 0$

$E(\varepsilon_i R_m) = 0$

$Cov(\varepsilon_i \varepsilon_j) = E(\varepsilon_i \varepsilon_j) = 0$

$Var(\varepsilon_i) = E(\varepsilon_i^2) = \sigma_{\varepsilon_i}^2$

단일지수모형에서 R_i를 y로, α_i를 β_0, β_i를 β_1, R_m을 x로 바꿔 표기하면 단순회귀모형 $y = \beta_0 + \beta_1 x + \varepsilon$과 같음을 알 수 있다. 단, 단순회귀모형에서 x는 고정된 값으로 상수처럼 취급했지만 R_m은 변수로 취급한다.

i주식의 수익률을 R_i, j주식의 수익률 R_j라 놓으면 분산과 공분산은 각각 다음과 같다.

$$Var(R_i) = \beta_i^2 \sigma_m^2 + \sigma_{\varepsilon_i}^2 \tag{4.4}$$

$$Cov(R_i, R_j) = \sigma_{ij} = \beta_i \beta_j \sigma_m^2 \tag{4.5}$$

식(4.4)에서 첫 번째 항 $\beta_i^2 \sigma_m^2$은 체계적위험, 두 번째 항 $\sigma_{\varepsilon_i}^2$은 비체계적위험을 의미한다. 체계적위험이란 분산투자에 의해 제거될 수 없는 위험으로 인플레이션, 경기침체 등과 같이 시장 전체의 변동에 의한 위험을 말한다. 반면에 분산투자를 통해 제거되는 위험을 비체계적위험이라고 한다. 비체계적 위험은 시장 전체의 변동과 관계없이 경영진의 변동, 파업, 법적소송, 새로운 해외진출계획 등과 같이 어느 특정기업만이 가지는 사건이나 상황의 변동 등에서 발생되는 위험이다. 투자자는 여러 개의 주식으로 포트폴리오를 구성함으로써 비체계적 위험을 축소시키거나 제거시킬 수 있다.

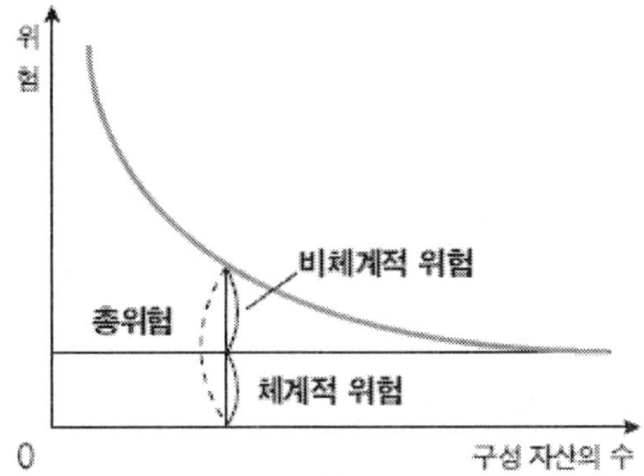

[그림 4.2] 체계적 위험과 비체계적 위험

식(4.4)와 식(4.5)는 다음과 같이 도출할 수 있다.

- $Var(R_i) = \sigma_i^2 = E[R_i - E(R_i)]^2$

$$= E\left\{\alpha_i + \beta_i R_m + \varepsilon_i - [\alpha_i + \beta_i E(R_m)]\right\}^2$$

$$= E\left\{\beta_i [R_m - E(R_m)] + \varepsilon_i\right\}^2$$

$$= \beta_i^2 E[R_m - E(R_m)]^2 + E(\varepsilon_i^2) + 2E\left\{\beta_i [R_m - E(R_m)]\varepsilon_i\right\}$$

$$= \beta_i^2 \sigma_m^2 + \sigma_{\varepsilon_i}^2$$

$$\because\ E\left\{\beta_i [R_m - E(R_m)]\varepsilon_i\right\} = \beta_i E\left\{(R_m \varepsilon_i) - E(R_m)E(\varepsilon_i)\right\} = 0$$

- $Cov(R_i, R_j) = E[R_i - E(R_i)][R_j - E(R_j)]$

$$= E\Big\{\beta_i[R_m - E(R_m)] + \varepsilon_i\Big\}\Big\{\beta_j[R_m - E(R_m)] + \varepsilon_j\Big\}$$
$$= \beta_i\beta_j E\Big\{[R_m - E(R_m)]\Big\}^2 + \beta_i E\Big\{[R_m - E(R_m)]\varepsilon_j\Big\}$$
$$+ \beta_j E\Big\{[R_m - E(R_m)]\varepsilon_i\Big\} + E(\varepsilon_i\varepsilon_j)$$
$$= \beta_i\beta_j\sigma_m^2 + 0 + 0 + 0$$

4.3 베타와 체계적위험의 추정

i주식의 민감도 β_i는 i주식의 수익률 R_i와 종합지수의 수익률 R_m의 자료를 회귀분석의 최소제곱법으로 추정하면 된다. 앞에서 언급한 바와 같이 단일지수모형에서 R_i를 y로, α_i를 β_0, β_i를 β_1, R_m을 x로 바꿔 표기하면 단순회귀모형 $y = \beta_0 + \beta_1 x + \varepsilon$과 같다. 따라서 β_i와 관련된 모수들의 추정치는 이와 같이 바꾸면 단순회귀분석의 결과와 같으며 이를 [표 4.1]로 정리하였다. 단, 금융 및 재무 분야에서와 같이 단일지수모형에 의한 추정치들은 모수와 표본 특성값들의 기호를 거의 구분하지 않았다.

또한 식(4.4)의 체계적위험, 비체계적위험의 추정치는 다음과 같은 관계식으로부터 도출할 수 있다(5.1절의 $SST = SSR + SSE$ 참조).

$$\sum(R_i - \overline{R_i})^2 = \sum(\hat{R_i} - \overline{R_i})^2 + \sum(R_i - \hat{R_i})^2 \qquad (4.6)$$

$$\frac{1}{n-1}\sum(R_i - \overline{R_i})^2 = \frac{1}{n-1}\sum(\hat{R_i} - \overline{R_i})^2 + \frac{1}{n-1}\sum(R_i - \hat{R_i})^2 \qquad (4.7)$$

총위험의 추정치   체계적위험의 추정치   비체계적위험의 추정치

식(4.6)의 간편 계산식은 다음과 같다.

$$\sum(R_i - \overline{R_i})^2 = \sum R_i^2 - n\overline{R_i}^2 \qquad (4.8)$$

$$\sum(\hat{R_i} - \overline{R_i})^2 \;=\; \beta_i^2 \sum(R_m - \overline{R_m})^2 \tag{4.9}$$

$$\sum(R_i - \hat{R_i})^2 \;=\; \sum(R_i - \overline{R_i})^2 \;-\; \beta_i^2 \sum(R_m - \overline{R_m})^2 \tag{4.10}$$

[표 4.1] 단일지수모형에서 베타 및 관련 추정치

단순회귀모형 : $y_i = \beta_0 + \beta_1 x + \varepsilon$	단일지수모형 : $R_i = \alpha_i + \beta_i R_m + \varepsilon_i$
변수: x, y	변수: R_m, R_i
모집단 상관계수 $\rho = \dfrac{Cov(x,y)}{\sigma_x\ \sigma_y}$	모집단 상관계수 $\rho = \dfrac{Cov(R_m, R_i)}{\sigma(R_m)\ \sigma(R_i)}$
표본공분산 $S_{xy} = \dfrac{1}{n-1}\sum(x_i - \bar{x})(y_i - \bar{y})$	표본공분산 $Cov(R_m, R_i) = \dfrac{1}{n-1}\sum(R_m - \overline{R_m})(R_i - \overline{R_i})$
x의 표본분산 $S_x^2 = \dfrac{1}{n-1}\sum(x_i - \bar{x})^2$ y의 표본분산 $S_y^2 = \dfrac{1}{n-1}\sum(y_i - \bar{y})^2$	표본분산 $\sigma^2(R_m) = \dfrac{1}{n-1}\sum_{i=1}^{n}(R_m - \overline{R_m})^2$ 표본분산 $\sigma^2(R_i) = \dfrac{1}{n-1}\sum(R_i - \overline{R_i})^2$
표본상관계수 $r = \dfrac{S_{xy}}{S_x S_y} = \dfrac{\sum(x_i - \bar{x})(y_i - \bar{y})}{\sqrt{\sum(x_i - \bar{x})^2}\sqrt{\sum(y_i - \bar{y})^2}}$	표본상관계수 $\rho = \dfrac{Cov(R_m, R_i)}{\sigma(R_m)\sigma(R_i)}$
$b_1 = \dfrac{\sum(x_i - \bar{x})(y_i - \bar{y})}{\sum(x_i - \bar{x})^2} = \dfrac{S_{xy}}{S_x^2}$ $= \dfrac{r S_x S_y}{S_x^2} = r\dfrac{S_y}{S_x}$	β_i의 추정치 $\beta_i = \dfrac{Cov(R_m, R_i)}{\sigma^2(R_m)} = \rho\dfrac{\sigma(R_i)}{\sigma(R_m)}$
$b_0 = \bar{y} - b_1\bar{x}$	$\alpha_i = \overline{R_i} - \beta_i\overline{R_m}$
σ^2의 추정치 $\hat{\sigma^2} = \dfrac{\sum(y_i - \hat{y_i})^2}{n-2}$	$\sigma_{\varepsilon_i}^2$의 추정치 $\sigma_{\varepsilon_i}^2 = \dfrac{\sum(R_i - \hat{R_i})^2}{n-1}$

i주식의 베타 β_i는 종합주가지수의 변화율에 대한 i주식 수익률의 변화율 즉 기울기로서 증권시장 전체의 변동에 대한 개별자산 수익률의 민감도(sensitivity)를 나타낸다. 즉, 베타는 증권시장 전체의 수익률의 변동이 발생했을 때 이에 대해 개별기업 주가수익률이 얼마나 민감하게 반응하는가를 측정하는 계수이다.

예를 들어, 증권시장 전체의 움직임을 나타내는 종합주가지수의 수익률이 1% 증가하거나 감소할 때에 어떤 주식 A의 수익률이 0.5% 증가하거나 감소한다면, 주식 A의 베타는 0.5가 된다. 이에 반해, 주식 B의 수익률은 2% 증가하거나 감소한다면 주식 B의 베타계수는 2가 된다. 주식 A와 주식 B를 비교할 때, 시장 전체의 움직임에 더욱 민감하게 반응하는 것은 주식 B의 수익률이며, 이에 따라 주식 B의 베타가 주식 A의 베타보다 크게 된다.

예제 4.1 어떤 주식의 변동성이 시장지표 변동성의 1.5배 이며, 시장지표와 이 주식 간의 상관계수가 0.4라고 한다.

① 이 주식의 베타는?

② 시장지표 수익이 10%이면 이 주식의 수익률은?

해설 ① 시장지표 변동성을 σ라고 하면 이 주식의 변동성은 1.5σ

$$\therefore\ \beta = \rho \frac{\sigma(R_i)}{\sigma(R_m)}$$

$$= 0.4 \frac{1.5\sigma}{\sigma} = 0.6$$

② 시장지표 수익이 10%이면 투자자산 수익률은 6%이다

예제 4.2 A주식과 종합주가지수 수익률(R_m)의 확률분포가 다음과 같다.

경제 상황	확률	수익률(%)	
		A	R_m
불황	0.2	-5	0
보통	0.5	15	14
호황	0.3	25	20

① 증권시장선(CAPM)을 도출하라. 단, 무위험 이자율은 6%이다.

② A주식의 베타를 구하라.

해설 ① $\mu_r = E(R_m) = 0(0.2) + 14(0.5) + 20(0.3) = 13$

$$\therefore \ E(R_i) = R_f + \beta_i [E(R_m) - R_f]$$
$$= 0.05 + \beta_A [0.13 - 0.05] = 0.05 + 0.08\beta_A$$

②

A \ R_m	0	14	20	합
-5	0.2	0	0	0.2
15	0	0.5	0	0.5
25	0	0	0.3	0.3
합	0.2	0.5	0.3	1.0

$$\mu_1 = E(A) = -5(0.2) + 15(0.5) + 25(0.3) = 14$$
$$E(R_m^2) = 0^2(0.2) + 14^2(0.5) + 20^2(0.3) = 218$$
$$\sigma_2(R_m) = E(R_m^2) - \mu_r^2 = 218 - 13^2 = 49$$
$$E(A\,R_m) = 15(14)(0.5) + 25(20)(0.3) = 255$$
$$Cov(A, R_m) = E(A\,r_m) - \mu_1\mu_r = 255 - 14(13) = 73$$
$$\therefore \ \beta_A = \frac{Cov(A, R_m)}{\sigma^2(R_m)} = \frac{73}{49} = 1.4898$$

예제 4.3 종합주가지수 수익률(R_m)과 주식 1의 수익률(R_1)에 대한 6일간 자료가 다음과 같다.

일	1	2	3	4	5	6
R_m	5	5	6	7	9	6
R_1	3	3	5	5	5	10

① 단일지수모형 $R_1 = \alpha_1 + \beta_1 R_m + \varepsilon_1$을 추정하라.

② 총위험, 체계적위험, 비체계적위험은?

해설 ① $\sum R_m = 38,\ \overline{R_m} = 6.333$

$\sum R_m^2 = 252,\ \sum(R_m - \overline{R_m})^2 = 11.333,\ \sigma^2(R_m) = 2.2667$

$\sum R_1 = 31,\ \overline{R_1} = 5.1667$

$\sum R_1^2 = 193,\ \sum(R_1 - \overline{R_1})^2 = 32.8333,\ \sigma^2(R_1) = 6.5667$

$\sum R_m R_1 = 200$

$$\therefore\ \beta_1 = \frac{Cov(R_m, R_i)}{\sigma^2(R_m)}$$

$$= \frac{200 - 6(6.333)(5.1667)}{11.333} = 0.3235$$

$$\alpha_1 = \overline{R_1} - \beta_1 \overline{R_m}$$

$$= 5.1667 - 0.3235(6.333) = 3.118$$

따라서 $\widehat{R_1} = 3.118 + 0.3235 R_m$

② 총위험 $\frac{1}{n-1}\sum(R_1 - \overline{R_1})^2 = \frac{32.8333}{5} = 6.5667$

체계적위험 $\beta_1^2 \sigma_m^2 = (0.3235^2)\frac{11.333}{5} = 0.2373$

식(4.10)으로부터 $\sum(R_i - \widehat{R_i})^2 = 31.6471$ 이므로

비체계적위험 $\sigma_{\varepsilon_i}^2 = \frac{31.6471}{5} = 6.3294$

예제 4.4 다음은 종합주가지수(x)와 어떤 기업의 주가(y)에 대한 4일간 자료다. 단일지수모형 $R_i = \alpha_i + \beta_i R_m + \varepsilon_i$을 추정하라.

일	1	2	3	4
x	1000	1200	1050	1155
y	10	20	5	7

해설 먼저 다음과 같이 자료를 수익률로 변환해야 한다.

x의 수익률 자료 : 수익률 $= \dfrac{\text{기말가격} - \text{기초가격}}{\text{기초가격}}$

$$R_{m1} = \frac{1200-1000}{1000} = 0.2 \qquad R_{m2} = \frac{1050-1200}{1200} = -0.125$$

$$R_{m3} = \frac{1155-1050}{1050} = 0.1$$

y의 수익률 자료 :

$$R_{i1} = \frac{20-10}{10} = 1.0 \qquad R_{i2} = \frac{5-20}{20} = -0.75$$

$$R_{i3} = \frac{7-5}{5} = 0.4$$

변환된 수익률자료에 대하여

$$\sum R_m = 0.175,\ \overline{R_m} = 0.0583$$

$$\sum R_m^2 = 0.0656,\ \sum (R_m - \overline{R_m})^2 = 0.0554,\ \sigma^2(R_m) = 0.0277$$

$$\sum R_i = 0.65,\ \overline{R_i} = 0.2167$$

$$\sum R_i^2 = 1.7225,\ \sum (R_i - \overline{R_i})^2 = 1.5817,\ \sigma^2(R_i) = 0.7908$$

$$\sum R_m R_i = 0.3338$$

$$\therefore\ \beta_i = \frac{Cov(R_m, R_i)}{\sigma^2(R_m)}$$

$$= \frac{0.3338 - 3(0.0583)(0.2167)}{0.0554} = 5.34$$

$$\alpha_i = \overline{R_i} - \beta_i \overline{R_m} = 0.2167 - 5.34(0.0583) = -0.094$$

따라서 $\widehat{R_i} = -0.094 + 5.34 R_m$

4.4 SAS 분석

단일지수모형 $R_i = \alpha_i + \beta_i R_m + \varepsilon_i$에서 절편, 민감도 베타, 총위험, 체계적위험, 비체계적위험의 추정 및 증권시장선의 추정 절차는 단순회귀모형 $y = \beta_0 + \beta_1 x + \varepsilon$ 추정과 동일하게 진행하면 된다. 단, 세 가지만 유의하면 된다.

① 단순회귀모형 추정결과에서 y는 R_i로, β_0은 α_i, β_1은 β_i, x는 R_m으로 바꾼다.

② R_i와 R_m은 가격자료가 아니고 수익률 또는 변화율 자료이다.

③ 자료의 수가 n개이면 총위험, 체계적위험, 비체계적위험의 추정치는 제곱합을 모두 $n-1$로 나눈다.

$$\frac{1}{n-1}\sum(R_i - \overline{R_i})^2 = \frac{1}{n-1}\sum(\widehat{R_i} - \overline{R_i})^2 + \frac{1}{n-1}\sum(R_i - \widehat{R_i})^2 \qquad (4.11)$$

총위험의 추정치 　　　체계적위험의 추정치 　　　비체계적위험의 추정치

예제 4.5 [예제 4.3]의 종합주가지수 수익률(R_m)과 주식 1의 수익률(R_1)에 대한 6일간 자료에 대하여 다음을 SAS를 이용하여 구하라.

① 단일지수모형 $R_1 = \alpha_1 + \beta_1 R_m + \varepsilon_1$을 추정하라.

② 총위험, 체계적위험, 비체계적위험의 추정치를 구하라.

해설 [프로그램 4.1] SAS자료 ex4_5를 생성하는 프로그램의 작성

```
data ex4_5;
INPUT Rm R1 @@;
cards;
5 3  5 3  6 5
7 5  9 5  6 10
RUN;
```

[프로그램 4.2] 단순회귀분석을 수행하는 프로그램의 작성

```
PROC  REG  DATA=ex4_5;
MODEL  R1=Rm;
RUN;
```

이 프로그램은 종합주가지수 수익률(R_m)을 독립변수로, 주식 1의 수익률(R_1)을 종속변수로 하여 단순회귀분석을 수행하는 프로그램으로 출력결과는 다음과 같다.

The REG Procedure
Model: MODEL1
Dependent Variable: R1

Number of Observations Read	6
Number of Observations Used	6

Analysis of Variance

Source	DF	Sum of Squares	Mean Square	F Value	Pr > F
Model	1	1.18627 (3)	1.18627	0.15	0.7183
Error	4	31.64706 (4)	7.91176		
Corrected Total	5	32.83333 (5)			

Root MSE	2.81279	R-Square	0.0361
Dependent Mean	5.16667	Adj R-Sq	-0.2048
Coeff Var	54.44102		

Parameter Estimates

Variable	DF	Parameter Estimate	Standard Error	t Value	Pr > |t|
Intercept	1	3.11765 (1)	5.41480	0.58	0.5956
Rm	1	0.32353 (2)	0.83552	0.39	0.7183

① 출력결과로부터

(1)= $\alpha_1 = 3.1176$ (2)= $\beta_1 = 0.3235$

따라서 $\widehat{R_1} = 3.1176 + 0.3235\,R_m$

② 총위험, 체계적위험, 비체계적위험의 추정치

총위험= $\dfrac{(5)}{6-1} = \dfrac{1}{n-1}\sum(R_1 - \overline{R_1})^2 = \dfrac{32.8333}{5} = 6.5667$

$$체계적위험=\frac{(3)}{6-1}=\frac{1}{n-1}\sum(\widehat{R_1}-\overline{R_1})^2=\frac{1.18627}{5}=0.2373$$

$$비체계적위험=\frac{(4)}{6-1}=\frac{1}{n-1}\sum(R_1-\widehat{R_1})^2=\frac{31.6471}{5}=6.3294$$

▣ 이제 3.7 절의 SAS/INSIGHT에 의한 회귀분석을 이용하여 [예제 4.5]를 다음과 같은 순서로 해결하여 보자.

• SAS/INSIGHT에 의한 회귀분석 수행 절차

(1) SAS자료 ex4_5를 생성하는 [프로그램 4.1]만 수행한다.

(2) SAS/INSIGHT를 구동하기 위하여 메뉴 툴 바(Menu Tool Bar)에서 솔루션 ➡ 분석 ➡ 대화식 데이터 분석을 선택한다.

(3) WORK 라이브러리에서 ex4_5 라는 이름의 SAS 자료를 클릭하여 데이터 창을 연다.

(4) 회귀분석을 수행하기 위하여 분석 메뉴에서 적합(YX)를 선택한다.

(5) 적합분석 대화상자의 변수목록에서 독립변수와 종속변수의 역할을 할 변수를 지정하고 확인 단추를 누른다.

즉, [그림 4.3]과 같이 **EX4_5** 상자에 있는 변수 목록에서 R_m을 선택한 후 **X** 단추를 누르면 변수 R_m이 독립변수 x역할에 할당된다. 같은 방법으로 **EX4_5** 상자 안에 있는 R_1을 선택한 후 **Y** 단추를 누르면 변수 R_1이 종속변수 y역할에 할당될 것이며, 이때 확인 단추를 누르면 적합분석을 통한 회귀분석 출력결과를 얻게 된다.

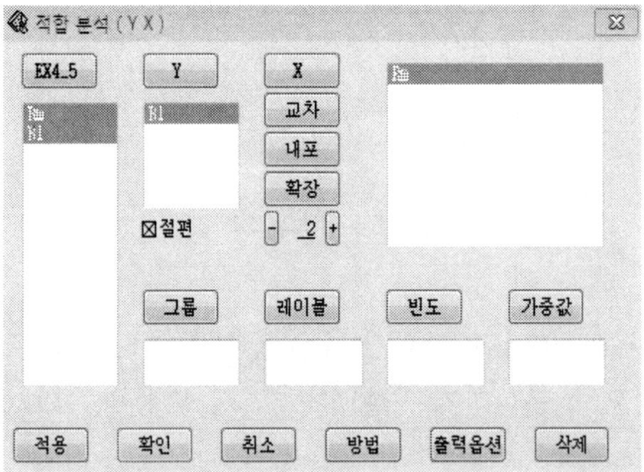

[그림 4.3] 적합분석 상자에서 독립변수, 종속변수 역할 할당하기

적합분석 결과는 3.7절의 [그림 3.11]부터 [그림 3.19]와 같이 많은 결과들이 출력되나 여기서는 [예제 4.5]와 관련된 결과들만 다음과 같이 요약하였다.

모형의 식 (1)					
R1	=	3.1176	+	0.3235	Rm

모수 추정값							
변수	자유도	추정값	표준 오차	t 통계량	Pr >|t|	허용도(TOL)	분산팽창계수(VIF)
절편	1	(2) 3.1176	5.4148	0.58	0.5956	.	0
Rm	1	(3) 0.3235	0.8355	0.39	0.7183	1.0000	1.0000

분산분석					
요인	자유도	제곱합	평균제곱	F 통계량	Pr > F
모형	1	(4) 1.1863	1.1863	0.15	0.7183
오차	4	(5) 31.6471	7.9118		
수정합	5	(6) 32.8333			

[그림 4.4] [예제 4.5]와 관련된 적합분석 결과의 요약

[그림 4.4]의 출력결과로부터

(1)= $\widehat{R_1} = 3.1176 + 0.3235\, R_m$

(2)= $\alpha_1 = 3.1176$

(3)= $\beta_1 = 0.3235$

$$체계적위험 = \frac{(4)}{6-1} = \frac{1}{n-1}\sum(\widehat{R_1} - \overline{R_1})^2 = \frac{1.1863}{5} = 0.2373$$

$$비체계적위험 = \frac{(5)}{6-1} = \frac{1}{n-1}\sum(R_1 - \widehat{R_1})^2 = \frac{31.6471}{5} = 6.3294$$

$$총위험 = \frac{(6)}{6-1} = \frac{1}{n-1}\sum(R_1 - \overline{R_1})^2 = \frac{32.8333}{5} = 6.5667$$

[예제 4.4]와 같이 주어진 자료가 수익률(변화율) 자료가 아닌 경우의 문제를 단일지수모형으로 분석하기 위해서는 먼저 다음과 같이 수익률 자료로 변환 시켜야 한다.

$$수익률 = \frac{기말가격 - 기초가격}{기초가격} \tag{4.12}$$

왜냐하면 단일지수모형 $R_i = \alpha_i + \beta_i R_m + \varepsilon_i$에서 변수 R_i와 R_m은 각각 i주식의 수익률과 종합주가지수의 수익률로 정의되기 때문이다. 다음은 [예제 4.4]의 어떤 기업의 4일간 주가(y)

일	1	2	3	4
y	10	20	5	7

를 수익률 자료로 변환시켜 출력하는 SAS 프로그램이다.

[프로그램 4.3] 수익률을 산출하는 프로그램

```
DATA sample;
INPUT y @@;
yd = DIF1(y); /* y의 기말가격-기초가격 */
r1=yd/LAG1(y); /* y의 수익률=(기말가격-기초가격)/기초가격 */
CARDS;
 10 20 5 7
RUN;
PROC PRINT DATA=sample;
RUN;
```

여기서,

- LAG#(y)

y의 #번째 이전의 관측값을 반환하는 SAS함수이다. #의 범위는 1에서 100까지 이다.

- DIF#(y)

y의 현재 관측값에서 LAG#(y)에 저장되어 있는 관측값을 뺀 차이를 반환하는 SAS함수이다. 즉,

DIF#(y) = y - LAG#(y)

#의 범위는 1에서 100까지 사용할 수 있다.

- /*message */

/* 와 */ 안의 내용이 주석으로 처리되는 주석문장으로 프로그램 수행과는 관계없으며 물론 생략 가능한 문장이다.

- PROC PRINT

생성된 SAS 자료를 출력하라는 문장이다.

[프로그램 4.3]의 결과는 다음과 같으며 [예제 4.4]에서 식(4.12)로 계산한 주가 y의 수익률 1.0, -0.75, 0.4와 동일함을 알 수 있다.

[프로그램 4.3]의 출력결과

```
OBS    y     yd     rl

 1    10      .      .
 2    20     10    1.00
 3     5    -15   -0.75
 4     7      2    0.40
```

이제 [예제 4.4]의 문제를 SAS로 분석하여 보자. 다음과 같이 두 개의 프로그램을 작성하여 수행 시킨다.

[프로그램 4.4] 수익률을 산출하여 SAS자료 ex4_4를 생성하는 프로그램

```
DATA ex4_4;
INPUT x y;
xd = DIF1(x); /* x의 기말가격-기초가격 */
Rm = xd/LAG1(x); /* x의 수익률=(기말가격-기초가격)/기초가격 */
yd = DIF1(y); /* y의 기말가격-기초가격 */
Ri=yd/LAG1(y); /* y의 수익률=(기말가격-기초가격)/기초가격 */
CARDS;
 1000 10
 1200 20
 1050 5
 1155 7
RUN;
```

[프로그램 4.5] SAS자료 ex4_4에 대한 SAS 단순회귀분석

```
PROC  REG  DATA=ex4_4;
MODEL Ri=Rm;
RUN;
```

[프로그램 4.4]와 [프로그램 4.5]를 수행시킨 출력결과는 [그림 4.5]와 같다.

The REG Procedure
Model: MODEL1
Dependent Variable: Ri

Number of Observations Read	4
Number of Observations Used	3
Number of Observations with Missing Values	1

Analysis of Variance

Source	DF	Sum of Squares	Mean Square	F Value	Pr > F
Model	1	1.57926	1.57926	656.38	0.0248
Error	1	0.00241	0.00241		
Corrected Total	2	1.58167			

Root MSE	0.04905	R-Square	0.9985
Dependent Mean	0.21667	Adj R-Sq	0.9970
Coeff Var	22.63899		

Parameter Estimates

Variable	DF	Parameter Estimate	Standard Error	t Value	Pr > |t|
Intercept	1	-0.09474	0.03082	-3.07	0.2002
Rm	1	5.33835	0.20837	25.62	0.0248

[그림 4.5] [예제 4.4]에 대한 SAS분석 결과

출력결과로부터

$\alpha_i = -0.09474$, $\beta_i = 5.33835$

$\therefore \widehat{R_i} = -0.09474 + 5.333835\,R_m$

연 습 문 제

【4.1】 종합주가지수 수익률(R_m)과 주식 1의 수익률(R_1)에 대한 5일간 자료가 다음과 같다.

일	1	2	3	4	5
R_m	-2	-1	0	1	2
R_1	0	0	1	1	3

① 단일지수모형 $R_1 = \alpha_1 + \beta_1 R_m + \varepsilon_1$을 추정하라.

② 총위험, 체계적위험, 비체계적위험을 추정하라.

③ R_m과 R_1의 상관계수를 구하라.

【4.2】 주식시장 상황에 대한 i주식의 수익률(R_i)과 시장수익률(R_m)에 대한 확률분포가 다음과 같다. 무위험 이자율(R_f)는 6%라고 한다.

상황	확률	R_m	R_i
1	0.2	0.20	0.50
2	0.3	0.05	0.00
3	0.4	0.15	0.20
4	0.1	-0.15	-0.30

① 증권시장선 $E(R_i) = R_f + \beta_i [E(R_m) - R_f]$을 도출하라.

② i주식의 베타 β_i를 구하라.

③ R_m과 R_1의 상관계수를 구하라.

【4.3】 21일 간의 A전자의 주가(y), 종합주가지수(x_1), 환율(원/달러 : x_2)의 자료가 다음과 같다고 한다.

일	A전자 주가	종합주가지수	환율(원/달러)
1	1,518,000	1,923.84	1,117.50
2	1,483,000	1,900.06	1,122.00
3	1,475,000	1,906.75	1,118.50
4	1,503,000	1,926.31	1,121.50
5	1,483,000	1,918.63	1,121.50
6	1,486,000	1,935.31	1,117.00
7	1,494,000	1,951.60	1,110.50
8	1,486,000	1,944.56	1,110.50
9	1,481,000	1,940.70	1,107.00
10	1,520,000	1,963.95	1,104.50
11	1,528,000	1,957.21	1,101.50
12	1,535,000	1,965.71	1,095.50
13	1,514,000	1,961.48	1,096.50
14	1,493,000	1,954.35	1,089.50
15	1,488,000	1,956.45	1,084.00
16	1,515,000	1,979.45	1,090.00
17	1,476,000	1,944.75	1,108.00
18	1,477,000	1,948.70	1,110.50
19	1,500,000	1,968.83	1,108.00
20	1,500,000	1,971.26	1,116.00
21	1,508,000	1,986.81	1,117.50

① A전자의 주가와 종합주가지수에 대하여 단순회귀모형을 가정하고, 회귀선을 추정하여라.

② A전자 주가 수익률과 종합주가지수 수익률에 대하여 단일지수모형을 추정하여라.

③ A전자의 주가와 종합주가지수 간의 상관계수를 구하라.

④ A전자의 주가와 환율에 대하여 단순회귀모형을 가정하고, 회귀선을 추정하여라.

⑤ A전자 주가 수익률과 환율 수익률에 대하여 단일지수모형을 추정하여라.

⑥ A전자의 주가와 환율 간의 상관계수를 구하라.

5장 단순회귀모형의 추론

5.1 결정계수

회귀계수의 추정치 b_0, b_1을 이용하여 추정된 회귀선 $\hat{y}_i = b_0 + b_1 x_i$ 을 얻은 다음에는 추정된 회귀선이 얼마나 적합한지를 검토할 필요가 있다. 추정된 회귀선의 적합성을 측정하는 방법에는 오차항의 분산 σ^2에 대한 추정치와 결정계수, 분산분석 등이 있다.

단순회귀모형에서 오차 ε_i의 분산 σ^2은 y_i의 분산이 된다는 것을 식(3.6)에서 다루었다. 따라서 관측값 y_i들이 추정된 회귀선 주위에 밀집하여 있으면 σ^2의 추정치 MSE가 작을 것이고, 이와 반대로 y_i들이 회귀선으로부터 멀리 떨어져 있으면 σ^2의 추정값 MSE가 크다는 것을 짐작할 수 있다.

추정된 회귀선의 적합성을 측정하는 또 하나의 방법인 결정계수의 산출 과정에 대하여 알아보기로 하자.

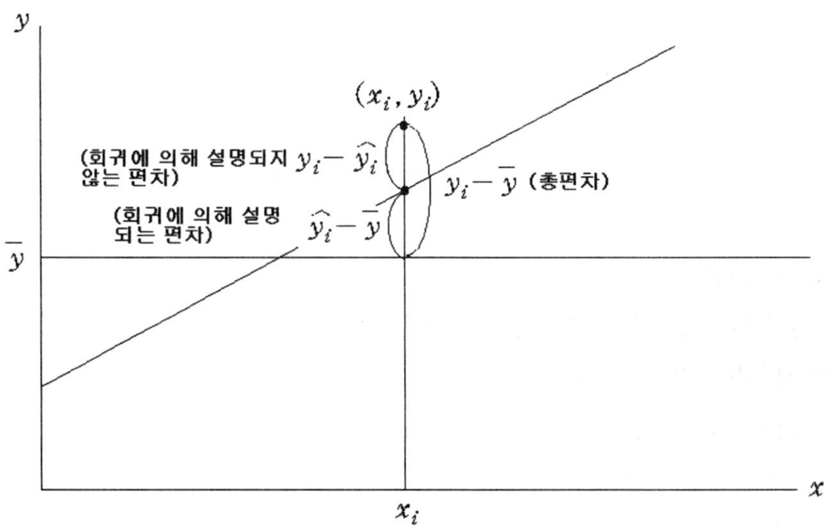

[그림 5.1] 총편차의 분해

[그림 5.1]에서 보듯이 한 개의 관측값 y_i와 y_i들의 평균 $\bar{y}$ 와의 차이를

총편차(total deviation)라 하며 이는 다음과 같이 두 개의 편차 합으로 나타낼 수 있다.

$$y_i - \bar{y} = (y_i - \hat{y_i}) + (\hat{y_i} - \bar{y}) \tag{5.1}$$

총편차	회귀선에 의하여 설명되지 않는 편차	회귀선에 의하여 설명되는 편차

식(5.1)에서 $(y_i - \hat{y_i})$는 잔차 e_i로 추정된 회귀선에 의해 설명되지 않는 편차이며, $(\hat{y_i} - \bar{y})$는 추정된 회귀선에 의해 설명되는 편차이다. 식(5.1)을 제곱하여 모든 i에 대하여 합하면

$$\sum_{i=1}^{n}(y_i - \bar{y})^2 = \sum_{i=1}^{n}(y_i - \hat{y}_i)^2 + \sum_{i=1}^{n}(\hat{y}_i - \bar{y})^2 + 2\sum_{i=1}^{n}(y_i - \hat{y}_i)(\hat{y}_i - \bar{y}) \tag{5.2}$$

가 되는데 오른쪽의 마지막 항은 다음과 같이 쓸 수 있다.

$$\begin{aligned}\sum_{i=1}^{n}(y_i - \hat{y}_i)(\hat{y}_i - \bar{y}) &= \sum_{i=1}^{n} e_i(\hat{y}_i - \bar{y}) \\ &= \sum_{i=1}^{n} e_i\hat{y}_i - \bar{y}\sum_{i=1}^{n} e_i \end{aligned} \tag{5.3}$$

그런데 식(3.27)에서 $\sum_{i=1}^{n}\hat{y}_i e_i = 0$이고, 식(3.24)에서 $\sum_{i=1}^{n} e_i = 0$이므로 식(5.3)은 0이 된다. 따라서 총편차의 제곱합은 다음과 같이 두 개의 제곱합으로 분할된다.

$$\sum_{i=1}^{n}(y_i - \bar{y})^2 = \sum_{i=1}^{n}(y_i - \hat{y}_i)^2 + \sum_{i=1}^{n}(\hat{y}_i - \bar{y})^2 \tag{5.4}$$

$$SST \quad = \quad SSE \quad + \quad SSR$$

식(5.4)에서 $\sum_{i=1}^{n}(y_i - \bar{y})^2$ 은 종속변수 y의 값들이 갖는 총변동으로, 총제곱합(total sum of squares)이라 하며 SST로 나타낸다. SST의 자유도는 $(n-1)$이다.

$\sum_{i=1}^{n}(y_i - \hat{y}_i)^2$ 은 총변동 중 추정된 회귀선에 의해 설명되지 않는 변동이며 SSE로 표시하고 이를 잔차제곱합(residual sum of squares) 또는 오차제곱합(error sum of squares)이라고 한다. SSE의 자유도는 $(n-2)$가 됨을 식(3.28)에서 설명하였다.

$\sum_{i=1}^{n}(\hat{y}_i - \bar{y})^2$ 은 추정된 회귀선에 의해 설명되는 변동으로 SSR로 표시하며 회귀제곱합(regression sum of squares)이라 한다. 위의 세 가지 제곱합과 자유도들 간에는 다음과 같은 관계가 성립함을 알 수 있다.

• 제곱합과 자유도의 분할

제곱합 : $SST \quad = \quad SSE \quad + \quad SSR$

자유도 : $(n-1) \quad = \quad (n-2) \quad + \quad 1$

총제곱합 SST에 비해서 잔차제곱합 SSE가 작으면(회귀제곱합 SSR이 크면) 추정된 회귀선이 자료들을 잘 설명해 주고 있다고 할 수 있다. 결정계수(coefficient of determination)는 y의 총변동 중에서 추정된 회귀선에 의해 설명되는 변동의 비율로 다음과 같이 정의한다.

$$R^2 = \frac{SSR}{SST} = 1 - \frac{SSE}{SST} \tag{5.5}$$

결정계수 R^2은 0과 1사이의 값을 갖으며 R^2의 값이 1에 가까울수록 SSR이 차지하는 부분이 크므로(상대적으로 SSE가 차지하는 부분이 작아짐) 추정된 회귀선이 관측값들을 잘 설명하고 있다는 것을 뜻하며, 추정된 회귀선이 적합한 것으로 판단한다.

SSE의 간편 계산식은 식(3.30)에 있으며 SST와 SSR의 간편 계산식은 다음과 같다.

$$SST = \sum(y_i - \bar{y})^2 = \sum y_i^2 - n\bar{y}^2 \tag{5.6}$$

$$\begin{aligned} SSR &= \sum(\hat{y}_i - \bar{y})^2 \\ &= \sum[(b_0 + b_1 x_i) - \bar{y}]^2 \\ &= \sum[(\bar{y} - b_1\bar{x}) + b_1 x_i - \bar{y}]^2 \\ &= b_1^2 \sum(x_i - \bar{x})^2 \end{aligned} \tag{5.7}$$

단순회귀분석에서는 상관계수 r과 결정계수 R^2 사이에 다음 관계가 성립한다.

$$r = \pm\sqrt{R^2} \tag{5.8}$$

식(5.8)에 의하여 상관계수 r을 구할 때는 결정계수 R^2의 값이 반드시 단순회귀분석에서 얻어지는 결정계수인가를 확인해야 한다. 단순회귀분석에서 구한 결정계수가 아니고 뒤에서 다루게 되는 다중회귀나 다항회귀에서 얻어지는 결정계수로부터는 식(5.8)에 의하여 상관계수 r을 구할 수 없기 때문이다.

예제 5.1 [표 3.1]에 있는 백화점의 광고비(x:백만 원)와 판매액(y:천만 원) 자료를 이용하여 결정계수를 구하라.

해설 [예제 3.3]을 이용하면

$$\sum x_i = 15,\ \sum x_i^2 = 55 \Rightarrow \sum(x_i - \bar{x})^2 = 10$$

$$\sum y_i = 10,\ \sum y_i^2 = 26 \Rightarrow \sum(y_i - \bar{y})^2 = 6$$

$$b_1 = 0.7$$

$$SSR = b_1^2 \sum(x_i - \bar{x})^2$$

$$= 0.7^2(10) = 4.9$$

$$\therefore\ R^2 = \frac{SSR}{SST}$$

$$= \frac{4.9}{6} = 0.8167$$

예제 5.2 [표 3.2]의 자료를 이용하여 결정계수를 구하라.

해설 [예제 3.4]로부터

$$\sum(y_i - \bar{y})^2 = 13660$$

$$SSE = 60$$

$$\therefore\ R^2 = 1 - \frac{SSE}{SST}$$

$$= 1 - \frac{60}{13660} = 0.9956$$

5.2 분산분석에 의한 회귀모형의 유의성 검정

앞에서와 같이 y의 총변동 SST는 추정된 회귀선에 의해 설명되는 변동 SSR과 설명되지 않는 변동 SSE로 분할 할 수 있다. 이와 같이 총변동을 각각의 변동으로 분할하여 분석하는 방법이 분산분석이며 다음과 같은 단순회귀분석의 분산분석표(analysis of variance table)를 얻을 수 있다.

[표 5.1] 분산분석표

요인	자유도	제곱합	평균제곱	F_0
회귀	1	SSR	$MSR = SSR/1$	$F_0 = MSR/MSE$
잔차	$n-2$	SSE	$MSE = SSE/(n-2)$	
합	$n-1$	SST		

분산분석표에서 제곱합을 자유도로 나눈 값을 평균제곱이라 하는데 [표 5.1]에서는 회귀평균제곱(regression mean square:MSR)과 오차평균제곱(error mean square:MSE)이 각각 정의되어 있다. 오차평균제곱을 잔차평균제곱이라고도 한다. [표 5.1]의 분산분석표는 다음의 가설을 검정하는데 이용된다.

$$H_0 : \beta_1 = 0 \quad \text{(선형회귀 관계가 없다)}$$
$$H_1 : \beta_1 \neq 0 \quad \text{(선형회귀 관계가 있다)}$$

만일 $\beta_1 = 0$이면 두 변수 x, y사이에 선형관계는 존재하지 않고 모집단 회귀선은 $E(y) = \beta_0$가 되어 별 의미가 없다. 즉, 회귀선은 유의하지 않다고 말한다. [표 5.1]의 마지막 열의 F_0는 회귀평균제곱 MSR과 오차평균제곱 MSE와의 비율이며 위 가설의 검정통계량으로 사용한다. 이 비율이 크면 회귀제곱합이 오차제곱합보다 상대적으로 많이 커서 추정된 회귀선이 두 변수 x, y간의 관계를 설명하는데 유의하다는 의미가 된다. F_0는 자유도가 $(1, n-2)$인 F 분포를 따르게 되며 유의수준 α 에서

$$F_0 > F_\alpha(1, n-2)$$

이면 귀무가설 $H_0 : \beta_1 = 0$ 을 기각하고 회귀선이 유의하다고 말한다.

단순회귀분석에서 분산분석을 이용한 위의 검정 결과는 $t-$분포를 이용한

검정의 결과와 동일하게 된다(5.3절의 β_1에 대한 추론 참조). 그러나 독립변수의 수가 두 개 이상인 다중회귀분석에서는 일일이 회귀계수들에 대하여 $t-$분포 검정을 할 수 없으므로 분산분석을 이용할 수밖에 없다.

예제 5.3 [예제 5.1]의 문제에서

① 분산분석표를 작성하라.

② $H_0: \beta_1 = 0 \quad H_1: \beta_1 \neq 0$ 을 유의수준 $\alpha = 0.05$ 에서 검정하라.

해설 [예제 3.3]과 [예제 5.1]을 이용하면

$$SSE = \sum(y_i - \hat{y}_i)^2 = 1.1$$

$$SSR = \sum(\hat{y}_i - \bar{y})^2 = 4.9$$

$$SST = \sum(y_i - \bar{y})^2 = 6.0$$

① 분산분석표

요인	자유도	제곱합	평균제곱	F_0
회귀	1	4.9	4.9	$F_0 = 13.36$
잔차	3	1.1	0.3667	
합	4	6.0		

② 부록의 F분포표로부터 $F_{0.05}(1,3) = 10.13$

따라서 $F_0 = 13.36 > 10.13$이므로 귀무가설을 기각한다.

예제 5.4 [예제 5.2]의 문제에서 분산분석표를 작성하여 유의수준 $\alpha = 0.05$ 에서 $H_0: \beta_1 = 0 \quad H_1: \beta_1 \neq 0$ 을 검정하라.

해설 [예제 5.2]로부터

$SSE = 60$

$SST = 13660$ 이므로

$SSR = 13660 - 60 = 13600$

분산분석표

요인	자유도	제곱합	평균제곱	F_0
회귀	1	13600	13600	$F_0 = 1813.33$
잔차	8	60	7.5	
합	9	13660		

부록의 F분포표로부터 $F_{0.05}(1, 8) = 5.32$이므로 귀무가설을 기각한다. 따라서 $\beta_1 \neq 0$이 되고 [예제 3.4]에서 구한 추정된 회귀선 $\hat{y} = 10 + 2x$는 유의함을 알 수 있다.

5.3 기울기 β_1에 관한 추론

단순회귀모형 $y_i = \beta_0 + \beta_1 x_i + \varepsilon_i$에서 오차 ε_i가 정규분포 $N(0, \sigma^2)$을 따르면 종속변수 y_i는 정규분포 $N(\beta_0 + \beta_1 x_i,\ \sigma^2)$을 따른다는 것을 식(3.7)에서 설명하였다. 또한 β_1의 최소제곱추정량 b_1은 식(3.18)로부터 다음과 같이 쓸 수 있다.

$$b_1 = \frac{\sum (x_i - \bar{x})(y_i - \bar{y})}{\sum (x_i - \bar{x})^2} = \sum w_i y_i$$

단, $w_i = \dfrac{(x_i - \bar{x})}{\sum (x_i - \bar{x})^2}$

이를 이용하여 다음의 중요한 성질들을 확인할 수 있다.

(1) b_1은 y_i의 선형함수이다.
(2) b_1의 기대값은 β_1이다. 즉, $E(b_1)=\beta_1$으로 b_1은 β_1의 불편추정량이다.
(3) b_1의 분산은 $Var(b_1)=\sigma^2/\sum(x_i-\bar{x})^2$이다.

위의 성질 (1), (2), (3)에 의하여 b_1은 다음과 같은 정규분포를 따르게 됨을 알 수 있다.

$$b_1 \sim N(\beta_1 , \sigma^2/\sum(x_i-\bar{x})^2 \tag{5.9}$$

따라서 b_1을 표준화한 통계량 Z는 표준정규분포 $N(0,1)$을 따른다.

$$Z=\frac{b_1-\beta_1}{\sqrt{Var(b_1)}}=\frac{b_1-\beta_1}{\sqrt{\sigma^2/\sum(x_i-\bar{x})^2}} \sim N(0,1) \tag{5.10}$$

분산 σ^2이 알려져 있으면 이 통계량으로 신뢰구간을 구하거나 검정을 할 수 있으나 일반적으로 σ^2은 모르는 값이기 때문에 σ^2의 추정량인 잔차제곱평균 MSE를 대신 사용한다. 따라서 b_1의 분산 $Var(b_1)$의 추정량을

$$S^2(b_1)=\frac{MSE}{\sum(x_i-\bar{x})^2} \tag{5.11}$$

로 정의하며 $S(b_1)=\sqrt{S^2(b_1)}$을 b_1의 표준오차라고 한다. 식(5.10)에서 $Var(b_1)$ 대신 추정량 $S^2(b_1)$을 대입하면 자유도가 $n-2$인 $t-$분포를 따르게 된다. 즉,

$$t = \frac{b_1 - \beta_1}{S(b_1)} = \frac{b_1 - \beta_1}{\sqrt{MSE/\sum(x_i - \bar{x})^2}} \sim t(n-2) \tag{5.12}$$

식(5.12)의 통계량을 이용하여 β_1에 대한 신뢰구간을 구하거나 검정을 할 수 있다. 먼저 β_1에 대한 $100(1-\alpha)\%$ 신뢰구간은 다음과 같이 구할 수 있다.

$$1-\alpha = P\left(t_{\alpha/2}(n-2) < \frac{b_1 - \beta_1}{\sqrt{MSE/\sum(x_i - \bar{x})^2}} < t_{\alpha/2}(n-2)\right) \tag{5.13}$$

• β_1의 $100(1-\alpha)\%$ 신뢰구간

$$b_1 \pm t_{\alpha/2}(n-2)\sqrt{MSE/\sum(x_i - \bar{x})^2} \tag{5.14}$$

귀무가설 $H_0: \beta_1 = 0$ 에 대한 검정통계량, 대립가설, 유의수준 α인 기각역을 [표 5.2]와 같이 요약할 수 있다.

[표 5.2] $H_0: \beta_1 = 0$ 의 검정

귀무가설	검정통계량	대립가설	기각역(유의수준 α)
$H_0: \beta_1 = 0$	$t = \frac{b_1}{\sqrt{MSE/\sum(x_i - \bar{x})^2}}$	$H_1: \beta_1 \neq 0$ $H_1: \beta_1 > 0$ $H_1: \beta_1 < 0$	$\lvert t \rvert > t_{\alpha/2}(n-2)$ $t > t_\alpha(n-2)$ $t < -t_\alpha(n-2)$

[표 5.2]에서 양측검정($H_1: \beta_1 \neq 0$)의 경우 $t-$분포를 이용한 검정의 결과는 [표 5.1]의 분산분석을 이용한 검정결과는 결과와 동일하게 된다. 왜냐하면

$$t^2 = \frac{b_1^2 \sum (x_i - \bar{x})^2}{MSE} = \frac{MSR}{MSE} = F_0 \tag{5.15}$$

이 성립하고, 1.5.3절의 t 분포와 F분포의 관계로부터

$$[t_{\alpha/2}(n-2)]^2 = F_\alpha(1, n-2) \tag{5.16}$$

이 성립하기 때문이다.

예제 5.5 [표 3.1]에 있는 백화점의 광고비(x)와 판매액(y) 자료를 이용하여 다음을 구하라.

① β_1의 추정량 b_1의 표준오차

② β_1의 95% 신뢰구간

③ 유의수준 $\alpha = 0.05$ 에서 $H_0: \beta_1 = 0 \quad H_1: \beta_1 \neq 0$ 을 검정하라. 그리고 그 결과를 [예제 5.3]의 분산분석표를 이용한 경우와 비교하여라.

해설 [예제 3.3]과 [예제 5.1]을 이용하면

$\sum (x_i - \bar{x})^2 = 10$

$b_1 = 0.7, \quad MSE = 0.3667$

부록의 t 분포표로부터 $t_{\alpha/2}(n-2) = t_{0.025}(3) = 3.182$

① $S(b_1) = \sqrt{\dfrac{MSE}{\sum (x_i - \bar{x})^2}} = 0.1915$

② β_1의 95% 신뢰구간

$$b_1 \pm t_{\alpha/2}(n-2)\sqrt{MSE/\sum (x_i - \bar{x})^2} = 0.7 \pm 3.182(0.1915)$$

$$= (0.0906,\ 1.3094)$$

③ 검정통계량

$t = \dfrac{b_1}{\sqrt{MSE/\sum(x_i - \overline{x})^2}} = 3.66 > t_{0.025}(3) = 3.182$이므로 귀무가설을 기각한다.

한편 $t^2 = (3.66)^2 = 13.3956$으로 [예제 5.3]의 분산분석표에 있는 $F_0 = MSR/MSE = 13.36$과 같다(두 값의 근소한 차이는 계산 오차에 의한 것이다).

또한 $[t_{0.025}(3)]^2 = 3.182^2 = 10.13$은 $F_{0.05}(1,3) = 10.13$과 같다. 따라서 양측검정($H_1 : \beta_1 \neq 0$)의 경우 $t-$분포를 이용한 결과는 분산분석표를 이용한 결과와 동일함을 알 수 있다.

예제 5.6 [표 3.2]에 있는 펀드상품의 계약 체결건수(x)와 펀드상품 판매액(y)자료를 이용하여 다음을 구하라.

① β_1의 추정량 b_1의 표준오차

② β_1의 95% 신뢰구간

③ 유의수준 $\alpha = 0.05$ 에서 $H_0 : \beta_1 = 0 \quad H_1 : \beta_1 \neq 0$ 을 검정하라. 그리고 그 결과를 [예제 5.4]의 분산분석표를 이용한 경우와 비교하여라.

해설 [예제 3.4]를 이용하면

$\sum(x_i - \overline{x})^2 = 3400$

$b_1 = 2, \quad MSE = 7.5$

부록의 t 분포표로부터 $t_{\alpha/2}(n-2) = t_{0.025}(8) = 2.306$

① $S(b_1) = \sqrt{\dfrac{MSE}{\sum(x_i - \overline{x})^2}} = 0.047$

② β_1의 95% 신뢰구간

$$b_1 \pm t_{\alpha/2}(n-2)\sqrt{MSE/\sum(x_i-\bar{x})^2} = 2 \pm 2.306(0.047)$$
$$= (1.8917,\ 2.1083)$$

③ 검정통계량

$$t = \frac{b_1}{\sqrt{MSE/\sum(x_i-\bar{x})^2}} = 42.58 > t_{0.025}(8) = 2.306$$ 이므로 귀무가설을 기각한다.

한편 $t^2 = (42.58)^2 = 1813.06$으로 [예제 5.4]의 분산분석표에 있는 $F_0 = MSR/MSE = 1813.33$과 같다(두 값의 근소한 차이는 계산 오차에 의한 것이다).

또한 $[t_{0.025}(8)]^2 = 2.306^2 = 5.3176$은 $F_{0.05}(1,8) = 5.32$과 같다. 따라서 양측검정(H_1 : $\beta_1 \neq 0$)의 경우 $t-$분포를 이용한 결과는 분산분석표를 이용한 결과와 동일함을 알 수 있다.

5.4 절편 β_0에 관한 추론

β_0에 대한 추론도 β_1의 경우와 같은 방법으로 할 수 있다. 즉 단순회귀모형 $y_i = \beta_0 + \beta_1 x_i + \varepsilon_i$에서 오차 ε_i가 정규분포 $N(0, \sigma^2)$을 따르면 y_i는 정규분포 $N(\beta_0 + \beta_1 x_i,\ \sigma^2)$을 따른다. 또한 β_0의 최소제곱추정량 b_0은 식(3.19)로부터 다음과 같이 쓸 수 있다.

$$b_0 = \bar{y} - b_1\bar{x} = \sum\left(\frac{1}{n} - w_i\bar{x}\right)y_i$$

$$\text{단, } w_i = \frac{(x_i - \bar{x})}{\sum(x_i - \bar{x})^2}$$

이를 이용하여 다음의 성질들을 확인할 수 있다.

(1) b_0은 y_i의 선형함수이다.

(2) b_0의 기대값은 β_0이다. 즉, $E(b_0)=\beta_0$으로 b_0은 β_0의 불편추정량이다.

(3) b_0의 분산은 $Var(b_0)=\sigma^2\left(\frac{1}{n}+\frac{\bar{x}^2}{\sum(x_i-\bar{x})^2}\right)$ 이다.

위의 성질 (1), (2), (3)에 의하여 b_0은 다음과 같은 정규분포를 따르게 됨을 알 수 있다.

$$b_0 \sim N\left(\beta_0\,,\ \sigma^2\left(\frac{1}{n}+\frac{\bar{x}^2}{\sum(x_i-\bar{x})^2}\right)\right) \tag{5.17}$$

따라서 b_0을 표준화한 통계량 Z는 표준정규분포 $N(0,1)$을 따른다.

$$z=\frac{b_0-\beta_0}{\sqrt{Var(b_0)}}=\frac{b_0-\beta_0}{\sqrt{\sigma^2\left(\frac{1}{n}+\frac{\bar{x}^2}{\sum(x_i-\bar{x})^2}\right)}}\ \sim N(0,\ 1) \tag{5.18}$$

분산 σ^2이 알려져 있으면 이 통계량으로 신뢰구간을 구하거나 검정을 할 수 있으나 σ^2은 모르는 값이기 때문에 σ^2의 추정량인 잔차제곱평균 MSE를 대신 사용한다. 따라서 b_0의 분산 $Var(b_0)$의 추정량을

$$S^2(b_0)=MSE\left(\frac{1}{n}+\frac{\bar{x}^2}{\sum(x_i-\bar{x})^2}\right) \tag{5.19}$$

로 정의하며 $S(b_0)=\sqrt{S^2(b_0)}$을 b_0의 표준오차라고 한다. 식(5.19)에서 $Var(b_0)$대신 추정량 $S^2(b_0)$을 대입하면 다음과 같이 자유도가 $n-2$인 $t-$분포를 따르게 된다.

$$t = \frac{b_0 - \beta_0}{S(b_0)} = \frac{b_0 - \beta_0}{\sqrt{MSE\left(\frac{1}{n} + \frac{\overline{x}^2}{\sum (x_i - \overline{x})^2}\right)}} \sim t(n-2) \tag{5.20}$$

식(5.20)의 통계량을 이용하여 β_0에 대한 신뢰구간을 구하거나 검정을 할 수 있으며 먼저 β_0에 대한 $100(1-\alpha)\%$ 신뢰구간은 다음과 같이 구할 수 있다.

$$1 - \alpha = P\left(t_{\alpha/2}(n-2) < \frac{b_0 - \beta_0}{S(b_0)} < t_{\alpha/2}(n-2)\right) \tag{5.21}$$

- β_0의 $100(1-\alpha)\%$ 신뢰구간

$$b_0 \pm t_{\alpha/2}(n-2)\sqrt{MSE\left(\frac{1}{n} + \frac{\overline{x}^2}{\sum (x_i - \overline{x})^2}\right)} \tag{5.22}$$

귀무가설 $H_0 : \beta_0 = 0$ 에 대한 검정통계량, 대립가설, 유의수준 α인 기각역을 [표 5.3]과 같이 요약할 수 있다.

[표 5.3] $H_0 : \beta_0 = c$ 의 검정

귀무가설	검정통계량	대립가설	기각역(유의수준 α)
$H_0 : \beta_0 = 0$	$t = \frac{b_0 - c}{\sqrt{MSE\left(\frac{1}{n} + \frac{\overline{x}^2}{\sum (x_i - \overline{x})^2}\right)}}$	$H_1 : \beta_0 \neq c$ $H_1 : \beta_0 > c$ $H_1 : \beta_0 < c$	$\lvert t \rvert > t_{\alpha/2}(n-2)$ $t > t_\alpha(n-2)$ $t < -t_\alpha(n-2)$

예제 5.7 [표 3.1]에 있는 백화점의 광고비(x)와 판매액(y) 자료를 이용하여 다음을 구하라.

① β_0의 추정량 b_0의 표준오차.

② β_0의 95% 신뢰구간.

③ 유의수준 $\alpha = 0.05$ 에서 $H_0 : \beta_0 = 0 \quad H_1 : \beta_0 \neq 0$ 을 검정하라.

해설 [예제 3.3]과 [예제 5.5]를 이용하면

$\bar{x} = 3 \qquad \sum(x_i - \bar{x})^2 = 10$

$b_0 = -0.1, \quad MSE = 0.3667$

부록의 t 분포표로부터 $t_{\alpha/2}(n-2) = t_{0.025}(3) = 3.182$

① $$S(b_0) = \sqrt{MSE\left(\frac{1}{n} + \frac{\bar{x}^2}{\sum(x_i - \bar{x})^2}\right)} = 0.6351$$

② β_0의 95% 신뢰구간

$$b_0 \pm t_{\alpha/2}(n-2)\sqrt{MSE\left(\frac{1}{n} + \frac{\bar{x}^2}{\sum(x_i - \bar{x})^2}\right)}$$

$$= -0.1 \pm 3.182(0.6351) = (-2.1211,\ 1.9211)$$

③ 검정통계량

$$t = \frac{b_0}{\sqrt{MSE\left(\frac{1}{n} + \frac{\bar{x}^2}{\sum(x_i - \bar{x})^2}\right)}} = -0.16$$

따라서 $H_0 : \beta_0 = 0$ 을 기각할 수 없다.

예제 5.8 [표 3.2]에 있는 펀드상품의 계약 체결건수(x)와 펀드상품 판매액(y)자료를 이용하여 다음을 구하라.

① β_0의 추정량 b_0의 표준오차.

② β_0의 95% 신뢰구간.

③ 유의수준 $\alpha = 0.05$ 에서 $H_0 : \beta_0 = 0 \quad H_1 : \beta_0 \neq 0$ 을 검정하라.

해설 [예제 3.4]와 [예제 5.6]을 이용하면

$\bar{x} = 50 \qquad \sum(x_i - \bar{x})^2 = 3400$

$b_0 = 10, \quad MSE = 7.5$

부록의 t 분포표로부터 $t_{\alpha/2}(n-2) = t_{0.025}(8) = 2.306$

① $S(b_0) = \sqrt{MSE\left(\frac{1}{n} + \frac{\bar{x}^2}{\sum(x_i - \bar{x})^2}\right)} = 2.5029$

② β_0의 95% 신뢰구간

$$b_0 \pm t_{\alpha/2}(n-2)\sqrt{MSE\left(\frac{1}{n} + \frac{\bar{x}^2}{\sum(x_i - \bar{x})^2}\right)}$$

$$= 10 \pm 2.306(2.5029) = (4.2282,\ 15.7718)$$

③ 검정통계량

$$t = \frac{b_0}{\sqrt{MSE\left(\frac{1}{n} + \frac{\bar{x}^2}{\sum(x_i - \bar{x})^2}\right)}} = 4.0$$

따라서 $H_0 : \beta_0 = 0$ 을 기각한다.

5.5 종속변수에 관한 추론

회귀분석의 중요한 목적 중의 하나는 예측이다. 추정된 회귀직선을 이용하여 독립변수 x의 어떤 특정한 값 $x=x_0$ 에서 종속변수(반응변수) y가 갖는 값에 대한 분석을 할 수 있다. 여기에는 두 가지 추론이 있다.

- 평균반응에 대한 추론
  이것은 x의 특정한 값 $x=x_0$에서 종속변수 y의 평균(평균반응량) $E(y|x_0)=\beta_0+\beta_1 x_0=\mu_{y,x_0}$ 을 추정하는 문제이다.

- 예측에 대한 추론
  이것은 x의 특정한 값 $x=x_0$에서 대응되는 하나의 새로운 관측값 $y_0=\beta_0+\beta_1 x_0+\varepsilon_0$을 예측하는 문제이다.

(1) 종속변수 y의 평균(평균반응량)에 대한 추론

먼저 평균반응에 대한 추론을 알아보기로 하자. x의 특정한 값 $x=x_0$에서 평균반응량 $\mu_{y,x_0}=\beta_0+\beta_1 x_0$의 추정량은 추정된 회귀선에 의해 $\hat{\mu}_{y,x_0}=b_0+b_1 x_0$ 로 구해진다. 이 추정량 의 평균과 분산은 각각 다음과 같이 도출할 수 있다.

$$E(\hat{\mu}_{y,x_0})=E(b_0+b_1x_0)\ =\beta_0+\beta_1x_0 \tag{5.23}$$

$$\begin{aligned}Var(\hat{\mu}_{y,x_0}) &= Var(b_0+b_1x_0)\ = Var[\,\bar{y}+b_1(x_0-\bar{x})]\\ &= Var(\bar{y})+(x_0-\bar{x})^2\,Var(b_1)+2(x_0-\bar{x})\,Cov(\bar{y},b_1)\\ &= \frac{\sigma^2}{n}+(x_0-\bar{x})^2\,\frac{\sigma^2}{\sum(x-\bar{x})^2}\end{aligned}$$

$$= \sigma^2 \left(\frac{1}{n} + \frac{(x_0 - \bar{x})^2}{\sum (x_i - \bar{x})^2} \right) \tag{5.24}$$

따라서 추정량 $\hat{\mu}_{y,x_0} = b_0 + b_1 x_0$ 는

$$\hat{\mu}_{y,x_0} \sim N\left(\beta_0 + \ \beta_1 x_0 \, , \, \sigma^2 \left(\frac{1}{n} + \frac{(x_0 - \bar{x})^2}{\sum (x_i - \bar{x})^2} \right) \right) \tag{5.25}$$

와 같은 정규분포를 따르게 되며 이를 표준화 하면 다음과 같이 표준정규분포를 따르게 된다.

$$Z = \frac{\hat{\mu}_{y,x_0} - (\beta_0 + \beta_1 x_0)}{\sqrt{Var(\hat{\mu}_{y,x_0})}} = \frac{\hat{\mu}_{y,x_0} - (\beta_0 + \beta_1 x_0)}{\sqrt{\sigma^2 \left(\frac{1}{n} + \frac{(x_0 - \bar{x})^2}{\sum (x_i - \bar{x})^2} \right)}} \sim N(0\,,1) \tag{5.26}$$

식(5.26)에서 σ^2은 알려지지 않은 값이므로 대신 MSE를 사용하면 자유도가 $n-2$인 $t-$분포를 따르게 된다.

$$t = \frac{\hat{\mu}_{y,x_0} - (\beta_0 + \beta_1 x_0)}{\sqrt{Var(\hat{\mu}_{y,x_0})}} = \frac{\hat{\mu}_{y,x_0} - (\beta_0 + \beta_1 x_0)}{\sqrt{MSE \left(\frac{1}{n} + \frac{(x_0 - \bar{x})^2}{\sum (x_i - \bar{x})^2} \right)}} \sim t(n-2) \tag{5.27}$$

따라서 $x = x_0$에서 평균반응량 $\mu_{y,x_0} = E(y|x_0) = \beta_0 + \beta_1 x_0$의 $100(1-\alpha)\%$ 신뢰구간을 다음과 같이 얻을 수 있다.

$$(b_0 + b_1 x_0) \pm \ t_{\alpha/2}(n-2) \sqrt{MSE \left(\frac{1}{n} + \frac{(x_0 - \bar{x})^2}{\sum (x_i - \bar{x})^2} \right)} \tag{5.28}$$

식(5.28)은 $x_0 = \bar{x}$에서 신뢰구간의 폭이 가장 좁고 x_0가 $\bar{x}$에서 멀어질수록 폭이 넓어짐을 알 수 있다. 이러한 영역을 신뢰대(confidence band)라고 한다.

(2) 예측에 대한 추론

이제 $x = x_0$에서 대응되는 하나의 새로운 관측값 $y_0 = \beta_0 + \beta_1 x_0 + \varepsilon_0$을 예측하는 문제를 생각하여 보자. y_0의 예측값은 $\widehat{y_0} = b_0 + b_1 x_0$와 같이 평균반응량의 추정량과 동일하며, $\widehat{y_0} - y_0$의 평균과 분산은 각각 다음과 같이 주어진다.

$$E(\widehat{y_0} - y_0) = E(\widehat{y_0}) - E(y_0) = 0 \tag{5.29}$$

새로운 관측값 y_0와 자료에서 추정한 $\widehat{y_0}$는 독립이므로

$$\begin{aligned} Var(\widehat{y_0} - y_0) &= Var(\widehat{y_0}) + Var(y_0) \\ &= \sigma^2\left(\frac{1}{n} + \frac{(x_0 - \bar{x})^2}{\sum(x_i - \bar{x})^2}\right) + \sigma^2 \\ &= \sigma^2\left(1 + \frac{1}{n} + \frac{(x_0 - \bar{x})^2}{\sum(x_i - \bar{x})^2}\right) \end{aligned} \tag{5.30}$$

따라서 $\widehat{y_0} - y_0$는 정규분포

$$\widehat{y_0} - y_0 \sim N\left(0\,,\ \sigma^2\left(1 + \frac{1}{n} + \frac{(x_0 - \bar{x})^2}{\sum(x_i - \bar{x})^2}\right)\right) \tag{5.31}$$

를 따르게 되며 이를 표준화 하면 다음과 같이 표준정규분포를 따르게 된다.

$$Z = \frac{(\hat{y_0} - y_0) - 0}{\sqrt{Var(\hat{y_0} - y_0)}} = \frac{(\hat{y_0} - y_0)}{\sqrt{\sigma^2\left(1 + \frac{1}{n} + \frac{(x_0 - \overline{x})^2}{\sum(x_i - \overline{x})^2}\right)}} \sim N(0, 1) \tag{5.32}$$

식(5.32)에서 σ^2은 알려지지 않은 값이므로 대신 MSE를 사용하면 자유도가 $n-2$인 $t-$분포를 따르게 된다.

$$\frac{(\hat{y_0} - y_0) - 0}{\sqrt{Var(\hat{y_0} - y_0)}} = \frac{(\hat{y_0} - y_0)}{\sqrt{MSE\left(1 + \frac{1}{n} + \frac{(x_0 - \overline{x})^2}{\sum(x_i - \overline{x})^2}\right)}} \sim t(n-2)) \tag{5.33}$$

이로부터 $x = x_0$에서 대응되는 하나의 새로운 관측값 $y_0 = \beta_0 + \beta_1 x_0 + \varepsilon_0$의 $100(1-\alpha)\%$ 신뢰구간은 다음과 같이 얻을 수 있다.

$$(b_0 + b_1 x_0) \pm t_{\alpha/2}(n-2)\sqrt{MSE\left(1 + \frac{1}{n} + \frac{(x_0 - \overline{x})^2}{\sum(x_i - \overline{x})^2}\right)} \tag{5.34}$$

식(5.34)의 신뢰구간을 흔히 예측구간(prediction interval)이라 부른다.

예제 5.9 [표 3.2]에 있는 펀드상품의 계약 체결건수(x)와 펀드상품 판매액(y)자료를 이용하여 $x_0 = 40, 50, 55, 60$일 때 다음을 구하라.

① $\mu_{y,x_0} = E(y|x_0)$의 90% 신뢰구간.

② $y_0 = \beta_0 + \beta_1 x_0 + \varepsilon_0$의 90% 예측구간.

해설 [예제 3.4]와 [예제 5.6]을 이용하면

$\overline{x} = 50 \qquad \sum(x_i - \overline{x})^2 = 3400$

$\hat{y} = 10 + 2x\,, \quad MSE = 7.5$

부록의 t 분포표로부터 $t_{\alpha/2}(n-2) = t_{0.05}(8) = 1.86$

$x_0 = 40, 50, 55, 60$일 때 $\widehat{y}_0 = 10 + 2x_0$는 다음과 같다.

$\widehat{y}_0 = 90, 110, 120, 130$

① 위의 값들을 다음 식에 대입하면 $\mu_{y,\,x_0} = E(y|x_0)$의 90% 신뢰구간을 아래 표와 같이 구할 수 있다.

$$(10 + 2x_0) \pm \ t_{\alpha/2}(n-2)\sqrt{MSE\left(\frac{1}{n} + \frac{(x_0 - \overline{x})^2}{\sum(x_i - \overline{x})^2}\right)}$$

x_0	$\widehat{y}_0$	신뢰구간
40	90	(88.17, 91.83)
50	110	(108.39, 111.61)
55	120	(118.33, 121.67)
60	130	(128.17, 131.83)

② 위의 값들을 다음 식에 대입하면 $y_0 = \beta_0 + \beta_1 x_0 + \varepsilon_0$의 90% 예측구간을 아래 표와 같이 구할 수 있다.

x_0	$\widehat{y}_0$	예측구간
40	90	(84.59, 95.41)
50	110	(104.66, 115.34)
55	120	(114.64, 1215.36)
60	130	(124.59, 135.41)

예제 5.10 [표 3.1]에 있는 백화점의 광고비(x)와 판매액(y) 자료를 이용하여 다음을 구하라.

① $\mu_{y,\,x_0} = E(y|x_0)$의 95% 신뢰구간과 $y_0 = \beta_0 + \beta_1 x_0 + \varepsilon_0$의 95% 예측구간

② ①에서 구한 95% 신뢰구간과 95% 예측구간을 그림으로 나타내라

해설 [예제 3.1]와 [예제 3.3]을 이용하면

$\bar{x} = 3 \qquad \sum(x_i - \bar{x})^2 = 10$

$\hat{y} = -0.1 + 0.7x$, $\quad MSE = 0.3667$

부록의 t 분포표로부터 $t_{\alpha/2}(n-2) = t_{0.025}(3) = 3.182$

① $x_0 = 3, 5, 1, 4, 2$일 때 $\widehat{y_0} = -0.1 + 0.7x_0$는 다음과 같다.

$\widehat{y_0} = 2.0, 3.4, 0.6, 2.7, 1.3$

$x_0 = 3$에서 $\mu_{y,\,x_0} = E(y|x_0)$의 90% 신뢰구간은 다음과 같다.

$$2 \pm\ 3.182\sqrt{0.3667\left(\frac{1}{5} + \frac{(3-3)^2}{10}\right)} = 2 \pm 0.86 = (1.14,\, 2.86)$$

같은 방법에 의해 $x_0 = 5, 1, 4, 2$에서 95% 신뢰구간을 구하면 다음과 같다.

$x_0 = 5,\quad 3.4 \pm 3.182\sqrt{0.3667(0.6)} = 3.4 \pm 1.49 = (1.91,\, 4.89)$

$x_0 = 1,\quad 0.6 \pm 3.182\sqrt{0.3667(0.6)} = 0.6 \pm 1.49 = (-0.89,\, 2.09)$

$x_0 = 4,\quad 2.7 \pm 3.182\sqrt{0.3667(0.3)} = 2.7 \pm 1.06 = (1.64,\, 3.76)$

$x_0 = 2,\quad 1.3 \pm 3.182\sqrt{0.3667(0.3)} = 1.3 \pm 1.06 = (0.24,\, 2.36)$

이와 같은 방법으로 예측구간도 구하면 되며, 신뢰구간과 예측구간을 다음의 표로 요약하였다.

해설

x_0	$\widehat{y_0}$	신뢰구간	예측구간
3	2.0	$(1.14, 2.86)$	$(-0.11, 4.11)$
5	3.4	$(1.91, 4.89)$	$(0.96, 5.84)$
1	0.6	$(-0.89, 2.09)$	$(-1.84, 3.04)$
4	2.7	$(1.64, 3.76)$	$(0.50, 4.89)$
2	1.3	$(0.24, 2.36)$	$(-0.89, 3.49)$

② 95% 신뢰구간과 95% 예측구간의 그림

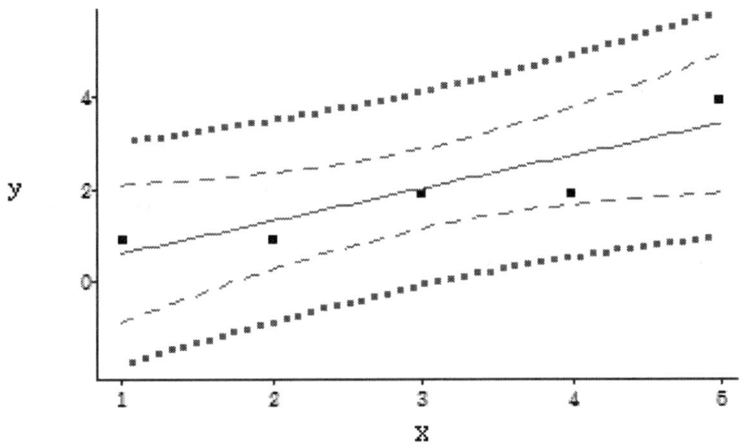

안쪽의 가는 점선이 신뢰구간이고, 밖의 굵은 점선이 예측구간이다. $x_0 = \overline{x} = 3$에서 신뢰구간의 폭이 가장 좁고 x_0가 $\overline{x} = 3$에서 멀어질수록 폭이 넓어짐을 알 수 있다.

5.6 원점을 지나는 회귀

두 변수 x와 y의 단순회귀모형 $y_i = \beta_0 + \beta_1 x_i + \varepsilon_i$에서 $x = 0$일 때 $y = 0$이라는 것이 명백할 때가 있다. 예를 들면 재고 제품을 판매하는 경우 제품의 재고량(x)이 없으면 판매량(y)도 없다든가, 아르바이트 학생의 아르바이트 시간(x)이 없으면 아르바이트 수익(y)도 없는 경우 등이다.

이와 같은 경우에 사용할 수 있는 회귀직선 모형은 다음과 같이 절편이

$\beta_0 = 0$ 인 원점을 통과하는 회귀모형이다.

$$y_i = \beta_1 x_i + \varepsilon_i \tag{5.35}$$

위에서 $\beta_1, X_i, \varepsilon_i$ 등에 대한 가정은 3장의 단순회귀모형의 경우와 같으며 따라서 원점을 지나는 회귀모형의 추론은 다음과 같이 요약할 수 있다.

(1) β_1 의 최소제곱 추정량을 b_1 이라고 하자. 오차제곱합

$$Q = \sum \varepsilon_i^2 = \sum = (y_i - \beta_1 x_i)^2 \tag{5.36}$$

을 β_1 에 대하여 미분하고 β_1 대신 b_1 을 대입한 식을 0으로 놓으면 다음과 같은 정규방정식을 얻을 수 있다

$$\sum x_i (y_i - b_1 x_i) = 0 \tag{5.37}$$

따라서 β_1 의 최소제곱 추정량을 b_1 은

$$b_1 = \frac{\sum x_i y_i}{\sum x_i^2} \tag{5.38}$$

이 되며 추정된 회귀직선은 다음과 같다.

$$\hat{y}_i = b_1 x_i \tag{5.39}$$

잔차는 $e_i = y_i - \hat{y}_i = y_i - b_1 x_i$ 이며, 식(5.39)가 반드시 $(\bar{x}, \bar{y})$ 를 지나지 않으므로 잔차의 합도 0이 아닐 수 있다.

(2) 잔차제곱합

$$SSE = \sum (y_i - \hat{y}_i)^2 = \sum (y_i - b_1 x_i)^2 \tag{5.40}$$

SSE의 자유도는 $n-1$이 된다. 왜냐하면 b_1을 추정하므로 자유도가 하나 줄어들기 때문이다. 따라서 오차 ε_i의 분산 σ^2의 추정량 MSE는 다음과 같다.

$$\widehat{\sigma^2} = MSE = \frac{SSE}{n-1} \tag{5.41}$$

(3) $SST = \sum y_i^2$은 종속변수 y의 값들이 갖는 총변동이며 자유도는 n이다. 회귀선에 의해 설명되는 변동은

$$SSR = \sum (\hat{y}_i)^2 = b_1^2 \sum x_i^2 \tag{5.42}$$

로 정의하며 자유도는 1이다.

따라서 귀무가설 $H_0 : \beta_1 = 0$ 으로 주어지는 회귀의 유의성 검정에 대한 검정통계량은

$$F_0 = \frac{SSR/1}{SSE/(n-1)} = \frac{MSR}{MSE} \tag{5.43}$$

이며, 자유도가 $(1, n-1)$인 F 분포를 따른다. 이로부터

$$F_0 > F_\alpha(1, n-1) \tag{5.44}$$

이면 유의수준 α에서 $H_0 : \beta_1 = 0$ 을 기각한다.

[표 5.4] 원점을 지나는 회귀의 분산분석표

요인	자유도	제곱합	평균제곱	F_0
회귀	1	SSR	$MSR = SSR/1$	$F_0 = MSR/MSE$
잔차	$n-1$	SSE	$MSE = SSE/(n-1)$	
합	n	SST		

절편 β_0이 0이라는 것이 확실하지 않을 때는 산점도를 그려 보아서 회귀선이 원점을 통과하는지를 대략 알아볼 수 있다. 다른 방법으로는 절편이 있는 회귀모형 즉, $y = \beta_0 + \beta_1 x + \varepsilon$에서 귀무가설 $H_0: \beta_1 = 0$ 이 기각되지 않을 때 원점을 지나는 모형이 옳은 모형이 될 수도 있다.

(4) 위의 식들을 이용하여 결정계수는 다음과 같이 정의한다.

$$R^2 = \frac{SSR}{SST} = 1 - \frac{SSE}{SST} \tag{5.45}$$

(5) b_1의 분산 $Var(b_1)$의 추정량과 β_1의 $100(1-\alpha)\%$ 신뢰구간은 다음과 같이 주어진다.

$$Var(b_1)\text{의 추정량 } S^2(b_1) = \frac{MSE}{\sum x_i^2} \tag{5.46}$$

$$\text{신뢰구간은 } b_1 \pm t_{\alpha/2}(n-1) \cdot S(b_1) \tag{5.47}$$

[표 5.5]는 어떤 보험회사 12개 지점의 특정 보험상품에 대한 월간 보험체결건수(x)와 보험 판매액(y) 자료이다. 단 x의 단위는 10회 이고 y의 단위는 1000만원이다.

[표 5.5] 보험사의 보험체결 건수와 판매액

지점	보험 체결건수(x)	보험 판매액(y)
1	20	114
2	196	921
3	115	560
4	50	245
5	122	575
6	100	475
7	33	138
8	154	727
9	80	375
10	147	670
11	182	828
12	160	762

예제 5.11 [표 5.5]의 자료에 대하여 원점을 지나는 회귀모형 $y_i = \beta_1 x_i + \varepsilon_i$을 가정하고 다음을 구하라.

① 회귀선을 추정하라.

② SST, SSE, SSR을 구하고 분산분석표를 작성하라. 그리고 이를 이용하여 $H_0 : \beta_1 = 0 \quad H_1 : \beta_1 \neq 0$ 을 유의수준 $\alpha = 0.05$ 에서 검정하라.

③ 결정계수를 구하라.

④ β_1의 95% 신뢰구간과 90% 신뢰구간을 구하라.

해설 $\sum x_i = 1359, \ \sum x_i^2 = 190963, \quad \bar{x} = 113.25$

$\sum y_i = 6390, \ \sum y_i^2 = 4194438, \quad \bar{y} = 532.5$

$\sum x_i y_i = 894714$

① 회귀선의 추정

$$b_1 = \frac{\sum x_i y_i}{\sum x_i^2}$$

$$= \frac{894714}{190963} = 4.6853 \quad \therefore \text{ 추정된 회귀직선은 } \hat{y} = 4.6853x$$

② SST, SSE, SSR. 분산분석표에 의한 검정

$$SST = \sum y_i^2 = 4194438$$

$$SSR = b_1^2 \sum x_i^2 = 4191980.34$$

$$SSE = SST - SSR$$

$$= 4194438 - 4191980.34 = 2457.66$$

$$MSE = \frac{2457.66}{12-1} = 223.4236$$

$$F_0 = \frac{4191980.34}{223.4236} = 18762.48$$

분산분석표

요인	자유도	제곱합	평균제곱	F_0
회귀	1	4191980.34	4191980.34	$F_0 = 18762.48$
잔차	11	2457.66	223.4236	
합	12	4194438.0		

부록의 F분포표로부터 $F_{0.05}(1, 11) \approx 4.86$

따라서 귀무가설 $H_0 : \beta_1 = 0$ 을 기각한다.

③ 결정계수

$$R^2 = \frac{SSR}{SST}$$

$$= \frac{4191980.34}{4194438} = 0.9994$$

④ β_1의 95% 신뢰구간과 90% 신뢰구간

$t_{\alpha/2}(n-1) = t_{0.025}(11) = 2.210$

$t_{\alpha/2}(n-1) = t_{0.05}(11) = 1.796$

$$S(b_1) = \sqrt{\frac{MSE}{\sum x_i^2}} = \sqrt{\frac{223.4236}{190963}} = 0.0342$$

위의 값들을 $4.6853 \pm t_{\alpha/2}(n-1) \cdot S(b_1)$에 대입하면

95% 신뢰구간 : (4.61, 4.76)

90% 신뢰구간 : (4.62, 4.74)

5.7 SAS 분석

지금까지 공부한 단순회귀분석의 내용을 SAS를 이용하여 풀어보자.

예제 5.12 [표 3.1]에 있는 백화점의 광고비(x)와 판매액(y) 자료를 이용하여 다음의 문제를 (1) SAS 프로그램 (2) SAS/INSIGHT(대화식 데이터 분석)으로 해결하라.

① 회귀선을 추정하라.

② 결정계수를 구하라.

③ 분산분석표를 작성하고 이를 이용하여 유의수준 $\alpha = 0.05$ 에서 $H_0: \beta_1 = 0 \quad H_1: \beta_1 \neq 0$ 을 검정하라.

④ 유의수준 $\alpha = 0.05$에서 다음의 가설을 각각 검정하라.

기울기 $H_0: \beta_1 = 0 \quad H_1: \beta_1 \neq 0$

절 편 $H_0: \beta_0 = 0 \quad H_1: \beta_0 \neq 0$

⑤ 예측값 $\hat{y}_i$와 잔차 $e_i = y_i - \hat{y}_i$ 를 구하라.

⑥ β_1과 β_0의 95% 신뢰구간, 90% 신뢰구간을 구하라.

⑦ 주어진 자료에 대하여 평균반응량과 $\mu_{y,x_0} = E(y|x_0)$의 95% 신뢰구간과 하나의 새로운 관측값 $y_0 = \beta_0 + \beta_1 x_0 + \varepsilon_0$의 95% 예측구간을 구하라.

해설

▣ (1) SAS 프로그램

먼저 확장편집기 창에서 다음과 같은 프로그램을 입력한다.

[프로그램 5.1] ex5_12 라는 이름의 SAS 자료를 생성하는 프로그램

```
DATA ex5_12;
INPUT x y;
CARDS;
 3  2
 5  4
 1  1
 4  2
 2  1
RUN;
```

생성된 SAS 자료 ex5_12에 대하여 판매액 y를 종속변수로 하고 광고비 x를 독립변수로 하는 단순회귀분석을 수행하라는 명령문을 다음과 같이 작성한다. 이는 아무런 선택사항이 없는 가장 간단한 PROC REG 이다.

[프로그램 5.2] 아무런 선택사항이 없는 가장 간단한 PROC REG

```
PROC REG DATA=ex5_12;
MODEL y=x;
RUN;
```

출력결과는 다음과 같으며 이를 해석하여 보자.

[출력결과 5.1] 디폴트로 제공되는 결과

```
                    The REG Procedure
                      Model: MODEL1
                 Dependent Variable: y

         Number of Observations Read          5
         Number of Observations Used          5

              (4) Analysis of Variance                        (5)

                              Sum of           Mean
Source              DF       Squares         Square    F Value    Pr > F

Model                1       4.90000        4.90000      13.36    0.0354
Error                3       1.10000        0.36667
Corrected Total      4       6.00000

     (3) Root MSE              0.60553    R-Square     0.8167 (2)
         Dependent Mean        2.00000    Adj R-Sq     0.7556
         Coeff Var            30.27650

                   Parameter Estimates

                        Parameter       Standard
     Variable     DF     Estimate          Error    t Value    Pr > |t|

 (1) Intercept     1     -0.10000        0.63509      -0.16      0.8849 (6)
     x             1      0.70000        0.19149       3.66      0.0354
```

① 회귀선을 추정하라.

출력결과 (1)에서 $b_0 = -0.1$, $b_1 = 0.7$ 을 의미하며 이로부터 추정된 회귀선은 $\hat{y} = -0.1 + 0.7x$ 이다.

② 결정계수를 구하라.

출력결과 (2)에서 결정계수 $R^2 = 0.8167$을 나타낸다. (3)은 추정의 표준오차인 $\hat{\sigma} = \sqrt{MSE} = 0.60553$을 의미한다.

③ 분산분석표의 작성과 $H_0 : \beta_1 = 0 \quad H_1 : \beta_1 \neq 0$ 의 검정.

출력결과 (4)는 다음의 분산분석표를 나타낸 것이다.

[분산분석표]

요인	자유도	제곱합	평균제곱	F_0
회귀	1	4.9	4.9	$F_0 = 13.36$
잔차	3	1.1	0.3667	
합	4	6.0		

출력결과 (5)는 $H_0 : \beta_1 = 0$ 에 대한 $p-$값을 의미하며,

$$p-\text{값} = 0.0354 < 0.05$$

이므로 $H_0 : \beta_1 = 0$ 을 기각한다.

④ 유의수준 $\alpha = 0.05$에서 다음 가설의 검정.

기울기 $H_0 : \beta_1 = 0 \quad H_1 : \beta_1 \neq 0$

절 편 $H_0 : \beta_0 = 0 \quad H_1 : \beta_0 \neq 0$

출력결과 (6)은 β_0과 β_1의 검정 관련 통계량을 나타낸 것이다.

<절편 β_0의 검정 관련 통계량>

b_0의 표준오차 $S(b_0) = \sqrt{MSE\left(\frac{1}{n} + \frac{\bar{x}^2}{\sum(x_i - \bar{x})^2}\right)} = 0.63509$

$H_0 : \beta_0 = 0$ 에 대한 검정통계량과 t와 $p-$값

$$t = \frac{b_0}{\sqrt{MSE\left(\frac{1}{n} + \frac{\bar{x}^2}{\sum(x_i - \bar{x})^2}\right)}} = -0.16$$

$p-$값 $= 0.8849 > 0.05$이므로 $H_0: \beta_0 = 0$ 을 기각할 수 없다.

<기울기 β_1의 검정 관련 통계량>

b_1의 표준오차 $S(b_1) = \sqrt{\frac{MSE}{\sum(x_i - \overline{x})^2}} = 0.19149$

$H_0: \beta_1 = 0$ 에 대한 검정통계량과 t와 $p-$값

$$t = \frac{b_1}{\sqrt{MSE/\sum(x_i - \overline{x})^2}} = 3.66$$

$p-$값 $= 0.0354 < 0.05$이므로 $H_0: \beta_1 = 0$ 을 기각한다.

⑤ 예측값 $\hat{y}_i$와 잔차 $e_i = y_i - \hat{y}_i$ 구하기.

이미 언급한 바와 같이 [프로그램 5.2]는 PROC REG에서 모든 선택사항들이 없는 가장 간단한 프로그램으로 디폴트로 [출력결과 5.1]을 제공한다. 따라서 기타의 원하는 분석을 하려면 추가로 선택사항을 입력해야한다.

3.6절의 [프로그램 3.3]에서와 같이 예측값과 잔차를 구하는 선택사항으로는 P와 R이 있다. 여기서는 [프로그램 5.2]의 MODEL 문장에 다음과 같이 선택사항 P를 추가하여 수행한다.

[프로그램 5.3] MODEL 문장에서 예측값과 잔차를 구하는 선택사항(P)

```
PROC REG DATA=ex5_12;
MODEL   y=x/P ;
RUN;
```

출력결과는 다음과 같다.

[출력결과 5.2] 잔차와 예측값

```
            Output Statistics

           Dependent   Predicted
    Obs     Variable       Value     Residual

      1       2.0000      2.0000            0
      2       4.0000      3.4000       0.6000
      3       1.0000  (1) 0.6000       0.4000 (2)
      4       2.0000      2.7000      -0.7000
      5       1.0000      1.3000      -0.3000

   Sum of Residuals                         0
   Sum of Squared Residuals           1.10000
   Predicted Residual SS (PRESS)      4.43367
```

[출력결과 5.2]에서 (1)은 예측값 $\hat{y}_i$ (2)는 잔차 $e_i = y_i - \hat{y}_i$ 를 의미한다.

⑥ β_1과 β_0의 95% 신뢰구간, 90% 신뢰구간

[프로그램 5.3]에서 β_1과 β_0의 95% 신뢰구간을 구하기 위하여 다음과 같이 추가로 선택사항 CLB를 입력한다.

[프로그램 5.4] β_1과 β_0의 95% 신뢰구간을 구하기 선택사항(CLB)

```
PROC REG DATA=ex5_12;
MODEL  y=x/P CLB;
RUN;
```

출력결과는 다음과 같다.

[출력결과 5.3] β_0과 β_1의 95% 신뢰구간이 추가된 결과

```
                              Parameter Estimates

                    Parameter    Standard
Variable    DF       Estimate       Error   t Value   Pr > |t|      95% Confidence Limits

Intercept    1       -0.10000     0.63509     -0.16     0.8849  (1) -2.12112      1.92112
x            1        0.70000     0.19149      3.66     0.0354  (2)  0.09061      1.30939
```

[출력결과 5.3]에서 (1)은 β_0 (2)는 β_1의 95% 신뢰구간이다.

β_0의 95% 신뢰구간 : $(-2.1211,\ 1.9211)$

β_1의 95% 신뢰구간 : $(0.09061,\ 1.30939)$

만일 90% 신뢰구간을 구하려면 다음과 같이 추가로 ALPHA=0.10을 입력해야한다.

```
PROC REG DATA=ex5_12;
MODEL  y=x/P CLB ALPHA=0.10;
RUN;
```

출력결과는 다음과 같다.

[출력결과 5.4] β_0과 β_1의 90% 신뢰구간이 추가된 결과

Parameter Estimates

Variable	DF	Parameter Estimate	Standard Error	t Value	Pr > |t|		90% Confidence Limits	
Intercept	1	-0.10000	0.63509	-0.16	0.8849	(1)	-1.59459	1.39459
x	1	0.70000	0.19149	3.66	0.0354	(2)	0.24937	1.15063

[출력결과 5.4]에서 (1)은 β_0 (2)는 β_1의 90% 신뢰구간이다.

β_0의 90% 신뢰구간 : $(-1.59459,\ 139459)$

β_1의 90% 신뢰구간 : $(0.24937,\ 1.15063)$

⑦ 주어진 자료에 대한 평균반응량과 하나의 새로운 관측값의 신뢰구간

[프로그램 5.4]에서 다음과 같이 추가로 선택사항 CLM과 CLI를 입력한다.

- CLM : 평균반응량의 95% 신뢰구간을 출력한다.
- CLI : 새로운 관측값의 95% 예측구간을 출력한다.

[프로그램 5.5] CLM과 CLI를 추가 선택한 프로그램

```
PROC REG DATA=ex5_12;
MODEL  y=x/P CLB CLM CLI;
RUN;
```

출력결과는 다음과 같다.

[출력결과 5.5] 평균반응량과 새로운 관측값의 신뢰구간이 추가된 결과

Output Statistics

Dependent Variable	Predicted Value	Std Error Mean Predict	(1) 95% CL Mean		(2) 95% CL Predict		Residual
2.0000	2.0000	0.2708	1.1382	2.8618	-0.1110	4.1110	0
4.0000	3.4000	0.4690	1.9073	4.8927	0.9624	5.8376	0.6000
1.0000	0.6000	0.4690	-0.8927	2.0927	-1.8376	3.0376	0.4000
2.0000	2.7000	0.3317	1.6445	3.7555	0.5028	4.8972	-0.7000
1.0000	1.3000	0.3317	0.2445	2.3555	-0.8972	3.4972	-0.3000

Sum of Residuals	0
Sum of Squared Residuals	1.10000
Predicted Residual SS (PRESS)	4.43367

[출력결과 5.5]에서

(1)은 평균반응량 $\mu_{y,x_0} = E(y|x_0) = \beta_0 + \beta_1 x_0$의 95% 신뢰구간이다.

(2)는 하나의 새로운 관측값 $y_0 = \beta_0 + \beta_1 x_0 + \varepsilon_0$의 95% 예측구간이다.

▣ (2) SAS/INSIGHT(대화식 데이터 분석)

이제 앞의 문제들을 SAS/INSIGHT로 해결하여 보자. 앞에서 여러 번 다루었듯이 SAS/INSIGHT는 SAS 프로그램 방식에서 제공하는 회귀분석의 내용(3.8 절의 PROC REG)을 거의 커버해주는 편리한 방법이다.

3.7절과 4.4절에서 SAS/INSIGHT에 의한 회귀분석 수행 절차를 설명하였지만 다시 한 번 이 방법을 다음과 같이 정리하여 보자.

• SAS/INSIGHT에 의한 회귀분석 수행 절차

(1) SAS자료 ex4_5를 생성하는 [프로그램 5.1]만 수행한다.

(2) SAS/INSIGHT를 구동하기 위하여 메뉴 툴 바(Menu Tool Bar)에서 솔루션 ➡ 분석 ➡ 대화식 데이터 분석을 선택한다.

(3) WORK 라이브러리에서 ex5_12 라는 이름의 SAS 자료를 클릭하여 데이터 창을 연다.

(4) 회귀분석을 수행하기 위하여 분석 메뉴에서 적합(YX)를 선택한다.

(5) 적합분석 대화상자의 변수목록에서 독립변수와 종속변수의 역할을 할 변수를 지정하고 확인 단추를 누른다.

위의 (5)를 자세히 설명하면 다음과 같다. [그림 5.2]와 같이 [EX5_12] 상자에 있는 변수 목록에서 x를 선택한 후 [X]단추를 누르면 변수 x가 독립변수 x역할에 할당된다. 같은 방법으로 [EX5_12] 상자 안에 있는 y를 선택한 후 [Y]단추를 누르면 변수 y가 종속변수 y역할에 할당될 것이며, 이때 확인 단추를 누르면 적합분석을 통한 회귀분석 출력결과를 얻을 수 있다.

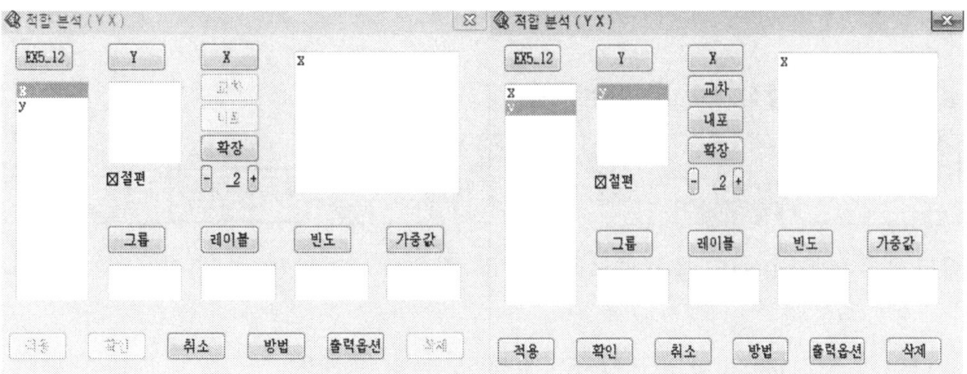

[그림 5.2] 적합분석 상자에서 독립변수, 종속변수 역할 할당하기

[출력결과 5.6]부터 [출력결과 5.13]은 디폴트로 제공되는 것이며 이를 통해 [예제 5.12]를 해결할 수 있다.

① 회귀선을 추정하라.

[출력결과 5.6] 추정된 회귀식과 산점도

모형의 식						
y	=	-	0.1000	+	0.7000	x

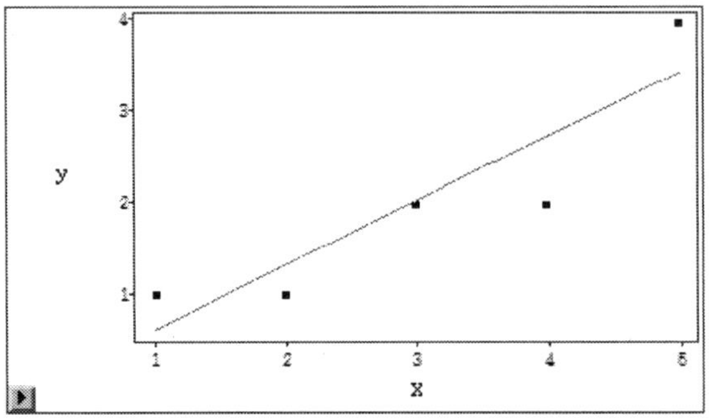

추정된 회귀선은 $\hat{y}_i = -0.1 + 0.7x_i$ 이며 산점도에 추정된 회귀선을 겹쳐 나타내고 있다.

② 결정계수를 구하라.

[출력결과 5.7] 결정계수 등의 통계량

모수적 회귀적합								
		모형		오차				
곡선	차수(다항식)	자유도	평균제곱	자유도	평균제곱	결정계수(R-Sq)	F 통계량	Pr > F
———	1	1	4.9000	3	0.3667	0.8167	13.36	0.0354

결정계수 $R^2 = 0.8167$을 나타낸다.

[출력결과 5.8] $\bar{y} = 2$, $\hat{\sigma} = \sqrt{MSE} = 0.6055$ 등의 통계량

적합분석의 요약			
반응변수의 평균	2.0000	결정계수(R-Sq)	0.8167
평균제곱오차의 제곱근	0.6055	수정결정계수(Adj R-Sq)	0.7556

③ 분산분석표의 작성과 $H_0 : \beta_1 = 0 \quad H_1 : \beta_1 \neq 0$ 의 검정.

[출력결과 5.9] 분산분석표

분산분석					
요인	자유도	제곱합	평균제곱	F 통계량	Pr > F
모형	1	4.9000	4.9000	13.36	0.0354
오차	3	1.1000	0.3667		
수정합	4	6.0000			

$p-$값 $= 0.0354 < 0.05$ 이므로 $\alpha = 0.05$에서 $H_0 : \beta_1 = 0$ 을 기각한다.

[출력결과 5.10] $SSR = \sum(\hat{y}_i - \overline{y})^2 = b_1^2 S_{xx} = 4.9$ 등의 통계량

Type III 검정					
요인	자유도	제곱합	평균제곱	F 통계량	Pr > F
X	1	4.9000	4.9000	13.36	0.0354

④ 유의수준 $\alpha = 0.05$에서 다음 가설의 검정.

기울기 $H_0 : \beta_1 = 0 \quad H_1 : \beta_1 \neq 0$

절 편 $H_0 : \beta_0 = 0 \quad H_1 : \beta_0 \neq 0$

[출력결과 5.11] β_0과 β_1의 추정 및 검정 관련 통계량 등

모수 추정값							
변수	자유도	추정값	표준 오차	t 통계량	Pr > |t|	허용도(TOL)	분산팽창계수(VIF)
절편	1	-0.1000	0.6351	-0.16	0.8849		0
X	1	0.7000	0.1915	3.66	0.0354	1.0000	1.0000

$b_0 = -0.1 \ , \ b_1 = 0.7$

b_0의 표준오차 $S(b_0) = \sqrt{MSE\left(\frac{1}{n} + \frac{\overline{x}^2}{\sum(x_i - \overline{x})^2}\right)} = 0.6351$

$H_0 : \beta_0 = 0$ 에 대한 검정통계량과 t와 $p-$값

$$t = \frac{b_0}{\sqrt{MSE\left(\frac{1}{n} + \frac{\overline{x}^2}{\sum(x_i - \overline{x})^2}\right)}} = -0.16$$

$p-$값 $= 0.8849 > 0.05$이므로 $H_0 : \beta_0 = 0$ 을 기각할 수 없다.

b_1의 표준오차 $S(b_1) = \sqrt{\dfrac{MSE}{\sum(x_i - \overline{x})^2}} = 0.1915$

$H_0 : \beta_1 = 0$ 에 대한 검정통계량과 t와 $p-$값

$$t = \frac{b_1}{\sqrt{MSE/\sum(x_i - \overline{x})^2}} = 3.66$$

$p-$값 $= 0.0354 < 0.05$이므로 $H_0 : \beta_1 = 0$ 을 기각한다.

⑤ 예측값 $\hat{y}_i$와 잔차 $e_i = y_i - \hat{y}_i$ 구하기.

마우스를 data 창으로 옮기면 [출력결과 5.12]와 같이 새로운 변수 R_y, P_y가 만들어졌음을 확인할 수 있다.

[출력결과 5.12] 예측값 $\hat{y}_i$, 잔차 e_i

WORK.EX3_6

4 / 5	구간 X	구간 y	구간 R_y	구간 P_y
1	3	2	0.0	2.0
2	5	4	0.6	3.4
3	1	1	0.4	0.6
4	4	2	-0.7	2.7
5	2	1	-0.3	1.3

SAS/INSIGHT에서는 적합분석을 하면 잔차 e_i는 R_y로, 예측값 $\hat{y}_i$은 P_y라는 이름으로 자동적으로 생성하여 준다.

[출력결과 5.13]은 예측값을 수평축으로, 잔차를 수직축으로 하여 그린 잔차의 산점도이며 이 그림의 설명은 6장의 잔차분석에서 다루기로 한다.

[출력결과 5.13] 잔차그림

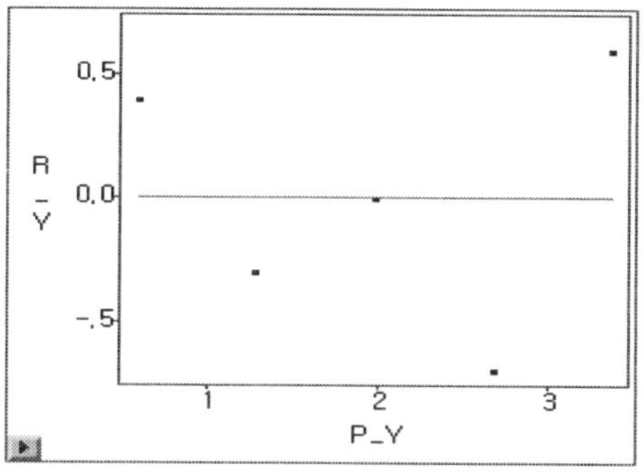

⑥ β_1과 β_0의 95% 신뢰구간, 90% 신뢰구간

[그림 5.3]과 같이 테이블 ➡ 신뢰구간 ➡ 95%를 선택하면 β_1과 β_0의 95% 신뢰구간을 얻을 수 있다. 같은 방법으로 90%를 선택하면 90% 신뢰구간을 얻는다.

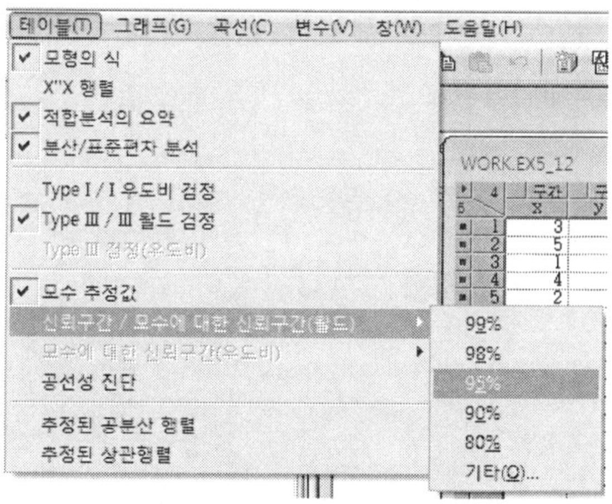

[그림 5.3] 신뢰구간을 구하기 위한 메뉴 선택

[출력결과 5.14] β_1과 β_0의 95% 신뢰구간

95% 모수에 대한 신뢰구간			
변수	추정값	하한값	상한값
절편	-0.1000	-2.1211	1.9211
x	0.7000	0.0906	1.3094

β_0의 95% 신뢰구간 : $(-2.1211,\ 1.9211)$

β_1의 95% 신뢰구간 : $(0.0906,\ 1.3094)$

[출력결과 5.15] β_1과 β_0의 90% 신뢰구간

90% 모수에 대한 신뢰구간			
변수	추정값	하한값	상한값
절편	-0.1000	-1.5946	1.3946
x	0.7000	0.2494	1.1506

β_0의 90% 신뢰구간 : $(-1.5946,\ 13946)$

β_1의 90% 신뢰구간 : $(0.2494,\ 1.1506)$

⑦ 주어진 자료에 대한 평균반응량과 하나의 새로운 관측값의 신뢰구간

[그림 5.4]와 같이 곡선 ➡ 신뢰곡선 ➡ 평균:95%를 선택하면 평균반응량 $\mu_{y,x_0} = E(y|x_0) = \beta_0 + \beta_1 x_0$의 95% 신뢰구간의 그림을, 곡선 ➡ 신뢰곡선 ➡ 예측값:95%를 선택하면 하나의 새로운 관측값 $y_0 = \beta_0 + \beta_1 x_0 + \varepsilon_0$의 95% 예측구간의 그림을 얻게 된다.

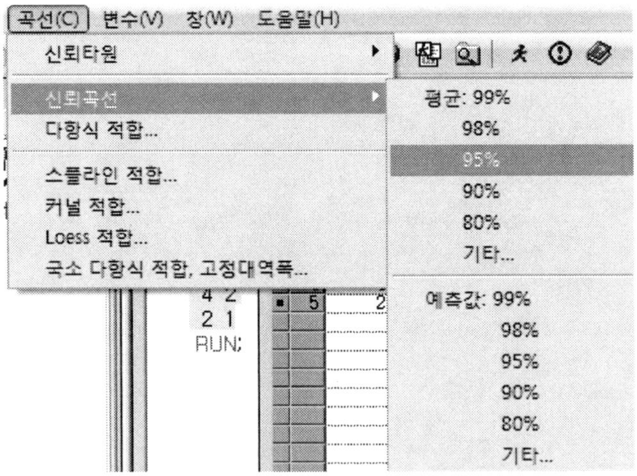

[그림 5.4] $E(y|x_0)$과 y_0의 그림을 구하기 위한 메뉴 선택

[출력결과 5.16] 95% 신뢰구간과 95% 예측구간의 그림

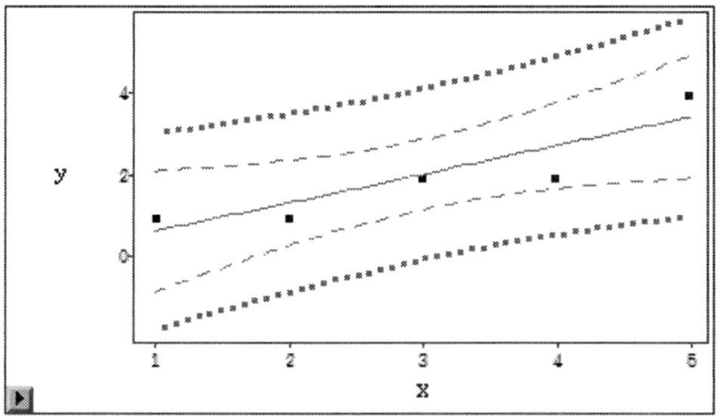

안쪽의 가는 점선이 평균반응량 $E(y|x_0)$의 신뢰구간이고, 밖의 굵은 점선이 하나의 새로운 관측값 $y_0 = \beta_0 + \beta_1 x_0 + \varepsilon_0$의 예측구간이다. $x_0 = \bar{x} = 3$에서 신뢰구간의 폭이 가장 좁고 x_0가 $\bar{x} = 3$에서 멀어질수록 폭이 넓어짐을 알 수 있다.

예제 5.13 [예제 5.12]의 ⑦에서 [표 3.1]의 주어진 자료와 $x_0 = 4.5$대하여 평균반응량과 $\mu_{y,x_0} = E(y|x_0)$의 95% 신뢰구간과 하나의 새로운 관측값 $y_0 = \beta_0 + \beta_1 x_0 + \varepsilon_0$의 95% 예측구간을 구하라.

해설

[프로그램 5.6] 추가된 자료 $x_0 = 4.5$를 입력하는 프로그램

```
DATA ex5_12;
INPUT x y;
CARDS;
 3  2
 5  4
 1  1
 4  2
 2  1
4.5  .
RUN;
```

[프로그램 5.6]과 같이 $x_0=4.5$일 때 평균반응값과 하나의 새로운 관측값 y_0의 예측값을 구하기 위해 우선 SAS 데이터의 x부분에 4.5을 입력하고, 그에 대응되는 y 값은 .(마침표)를 입력한다. 그리고 [프로그램 5.7]과 같이 MODEL 문장에 CLM CLI를 옵션으로 선택하고 수행시킨다.

[프로그램 5.7] CLM과 CLI를 추가한 PROC REG

```
PROC REG DATA=ex5_12;
MODEL   y=x/CLM CLI;
RUN;
```

출력결과는 다음과 같다.

[출력결과 5.17] 주어진 자료에 $x_0=4.5$가 추가된 결과

Output Statistics

Obs	Dependent Variable	(1) Predicted Value	Std Error Mean Predict	(2) 95% CL Mean		(3) 95% CL Predict		Residual
1	2.0000	2.0000	0.2708	1.1382	2.8618	-0.1110	4.1110	0
2	4.0000	3.4000	0.4690	1.9073	4.8927	0.9624	5.8376	0.6000
3	1.0000	0.6000	0.4690	-0.8927	2.0927	-1.8376	3.0376	0.4000
4	2.0000	2.7000	0.3317	1.6445	3.7555	0.5028	4.8972	-0.7000
5	1.0000	1.3000	0.3317	0.2445	2.3555	-0.8972	3.4972	-0.3000
6	.	3.0500	0.3948	1.7937	4.3063	0.7496	5.3504	.

Sum of Residuals	0
Sum of Squared Residuals	1.10000
Predicted Residual SS (PRESS)	4.43367

[출력결과 5.17]에서

(1)은 [표 3.1]의 주어진 자료에 대한 예측값과 맨 밑줄에 추가된 자료 $x_0=4.5$일 때 $\widehat{y_0}=3.5$을 의미한다.

(2)는 [표 3.1의] 주어진 자료와 추가된 자료 $x_0=4.5$에 대한 평균반응량 $\mu_{y,x_0}=E(y|x_0)=\beta_0+\beta_1x_0$의 95% 신뢰구간과 이다. 맨 밑줄에 추가된 자료 $x_0=4.5$에 대한 신뢰구간 $(1.7937, 4.3063)$이 나타나 있다.

(3)은 [표 3.1의] 주어진 자료와 추가된 자료 $x_0 = 4.5$에 대한 하나의 새로운 관측값 $y_0 = \beta_0 + \beta_1 x_0 + \varepsilon_0$의 95% 예측구간이다. 맨 밑줄에 추가된 자료 $x_0 = 4.5$에 대한 예측구간 (0.7496, 5.3504)이 나타나 있다.

예제 5.14 [표 5.5]의 자료에 대하여 원점을 지나는 회귀모형 $y_i = \beta_1 x_i + \varepsilon_i$을 가정하고 다음의 문제를 (1) SAS 프로그램 (2) SAS/INSIGHT(대화식 데이터 분석)으로 해결하라.

① 회귀선을 추정하라.

② 결정계수를 구하라.

③ 분산분석표를 작성하고 이를 이용하여 유의수준 $\alpha = 0.05$ 에서 $H_0: \beta_1 = 0 \quad H_1: \beta_1 \neq 0$ 을 검정하라.

④ 유의수준 $\alpha = 0.05$에서 다음의 가설을 검정하라(t 통계량 이용). 기울기 $H_0: \beta_1 = 0 \quad H_1: \beta_1 \neq 0$

⑤ 예측값 $\hat{y}_i$와 잔차 $e_i = y_i - \hat{y}_i$ 를 구하라.

⑥ β_1의 95%, 90% 신뢰구간을 구하라.

해설

▣ (1) SAS 프로그램

먼저 확장편집기 창에서 다음과 같은 프로그램을 입력한다.

[프로그램 5.8] ex5_14 라는 이름의 SAS 자료를 생성하는 프로그램

```
DATA ex5_13;
INPUT x y @@;
CARDS;
 20 114 196 921 115 560  50 245
122 575 100 475  33 138 154 727
 80 375 147 670 182 828 160 762
RUN;
```

다음과 같이 원점을 지나는 회귀선을 적합시키기 위하여 MODEL 문장에 선택사항으로 NOINT를 입력한다.

[프로그램 5.9] 원점을 지나는 회귀분석을 위한 PROC REG(NOINT 선택사항)

```
PROC REG DATA=ex5_14;
MODEL y=x/ NOINT;
RUN;
```

출력결과는 다음과 같다.

[출력결과 5.18] 원점을 지나는 회귀에서 디폴트로 제공되는 결과

```
                    The REG Procedure
                      Model: MODEL1
                 Dependent Variable: y

        Number of Observations Read          12
        Number of Observations Used          12

     NOTE: No intercept in model. R-Square is redefined.

             (4)  Analysis of Variance

                              Sum of          Mean
Source              DF       Squares        Square    F Value    Pr > F

Model                1       4191980       4191980    18762.5    <.0001
Error               11    2457.65933     223.42358
Uncorrected Total   12       4194438

     (3)  Root MSE           14.94736    R-Square     0.9994  (2)
          Dependent Mean    532.50000    Adj R-Sq     0.9994
          Coeff Var           2.80702

          (1)          Parameter Estimates          (5)

                 Parameter     Standard
Variable   DF     Estimate        Error    t Value    Pr > |t|

x           1      4.68527      0.03421     136.98      <.0001
```

① 회귀선의 추정.

출력결과 (1)에서 $b_1 = 4.68527$ 을 의미하며 이로부터 추정된 회귀선은 $\hat{y} = 4.68527x$ 이다.

② 결정계수

출력결과 (2)에서 결정계수 $R^2 = 0.9994$을 나타낸다. (3)은 추정의 표준오차인 $\hat{\sigma} = \sqrt{MSE} = 14.94376$을 의미한다.

③ 분산분석표의 작성과 $H_0: \beta_1 = 0 \quad H_1: \beta_1 \neq 0$ 의 검정.

출력결과 (4)는 다음의 분산분석표를 나타낸 것이다.

요인	자유도	제곱합	평균제곱	F_0
회귀	1	4191980	4191980	$F_0 = 18762.5$
잔차	11	2457.65933	223.42358	
합	12	4194438		

$p-$값은 0.0001보다 작은 값이므로 $H_0: \beta_1 = 0$ 을 기각한다.

④ 유의수준 $\alpha = 0.05$에서 다음 가설의 검정(t 통계량 이용).

기울기 $H_0: \beta_1 = 0 \quad H_1: \beta_1 \neq 0$

출력결과 (5)는 β_1의 검정 관련 통계량을 나타낸 것이다.

$$b_1\text{의 표준오차} S(b_1) = \sqrt{\frac{MSE}{\sum x_i^2}} = \sqrt{\frac{223.4236}{190963}} = 0.03421$$

$H_0: \beta_1 = 0$ 에 대한 검정통계량과 t와 $p-$값

$$t = \frac{b_1}{S(b_1)} = 136.98$$

$p-$값은 0.0001보다 작은 값이므로 $H_0 : \beta_1 = 0$ 을 기각한다.

⑤ 예측값 $\hat{y}_i$와 잔차 $e_i = y_i - \hat{y}_i$ 를 구하라.

예측값과 잔차를 구하기 위하여 다음과 같이 [프로그램 5.10]의 MODEL 문장에 선택사항 P를 추가하여 수행한다.

[프로그램 5.9] MODEL 문장에서 예측값과 잔차를 구하는 선택사항(P)

```
PROC REG DATA=ex5_14;
MODEL y=x/ NOINT P;
RUN;
```

출력결과는 다음과 같다.

[출력결과 5.19] 원점을 지나는 회귀에서 잔차와 예측값

Output Statistics

Obs	Dependent Variable	Predicted Value	Residual
1	114.0000	93.7055	20.2945
2	921.0000	918.3137	2.6863
3	560.0000	538.8065	21.1935
4	245.0000	234.2637	10.7363
5	575.0000	571.6034	3.3966
6	475.0000	468.5274	6.4726
7	138.0000	154.6140	-16.6140
8	727.0000	721.5322	5.4678
9	375.0000	374.8219	0.1781
10	670.0000	688.7353	-18.7353
11	828.0000	852.7199	-24.7199
12	762.0000	749.6439	12.3561
		(1)	(2)

Sum of Residuals	22.71248
Sum of Squared Residuals	2457.65933
Predicted Residual SS (PRESS)	2984.54982

[출력결과 5.19]에서 (1)은 예측값 $\hat{y}_i$ (2)는 잔차 $e_i = y_i - \hat{y}_i$ 를 의미한다.

⑥ β_1의 95%, 90% 신뢰구간을 구하라.

[프로그램 5.9]에서 β_1의 95% 신뢰구간을 구하기 위하여 다음과 같이 추가로 선택사항 CLB를 입력한다.

[프로그램 5.4] β_1과 β_0의 95% 신뢰구간을 구하기 선택사항(CLB)

```
PROC REG DATA=ex5_14;
MODEL y=x/ NOINT P CLB;
RUN;
```

출력결과는 다음과 같다.

[출력결과 5.20] β_1의 95% 신뢰구간이 추가된 결과

Parameter Estimates

Variable	DF	Parameter Estimate	Standard Error	t Value	Pr > |t|	95% Confidence Limits	
x	1	4.68527	0.03421	136.98	<.0001	4.60999	4.76056

[출력결과 5.20]으로부터

β_1의 95% 신뢰구간 : (4.60999, 4.76056)

90% 신뢰구간을 구하려면 다음과 같이 추가로 ALPHA=0.10을 입력한다.

```
PROC REG DATA=ex5_14;
MODEL y=x/ NOINT P CLB ALPHA=0.10;
RUN;
```

출력결과는 다음과 같다.

[출력결과 5.21] β_1의 90% 신뢰구간이 추가된 결과

Parameter Estimates

Variable	DF	Parameter Estimate	Standard Error	t Value	Pr > |t|	90% Confidence Limits	
x	1	4.68527	0.03421	136.98	<.0001	4.62385	4.74670

β_1의 90% 신뢰구간 : (4.62385, 4.74670)

▣ (2) SAS/INSIGHT(대화식 데이터 분석)

여기서는 앞의 문제들을 SAS/INSIGHT로 해결하여 본다. 먼저 [프로그램 5.8]만 수행시키고 SAS/INSIGHT를 구동하여 적합분석을 연다. **EX5_14** 상자에 있는 변수 목록의 x, y를 선택하여 x는 독립변수 x역할에 y는 종속변수 y역할에 할당한다.

원점을 지나는 회귀모형을 선택하기 위하여 ☒절편의 ☒를 누르면 다음과 같이 ☒상태가 □로 변한다.(이 단계를 생략하면 일반적인 절편이 있는 회귀분석을 하게 됨을 유의하라.)

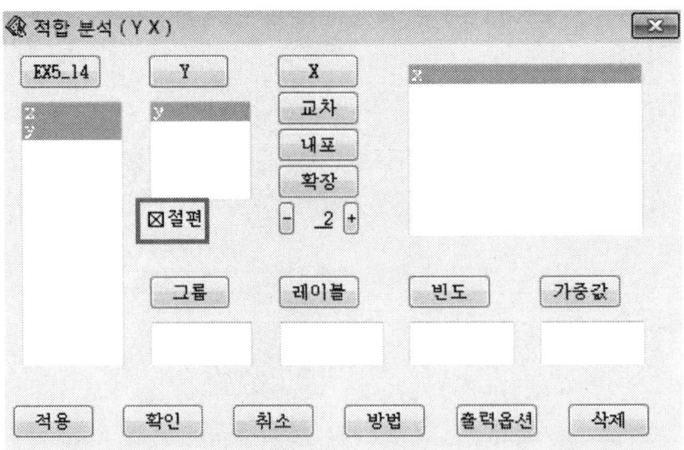

[그림 5.5] 원점을 지나는 회귀분석을 선택하는 방법

출력결과를 해석하여 보자.

① 회귀선의 추정

모형의 식
y = 4.6853 x

출력결과로부터 $b_1 = 4.6853$ 이며 이로부터 추정된 회귀선은 $\hat{y} = 4.6853x$ 이다. 다음 그림과 같이 산점도에 $\hat{y} = 4.6853x$ 를겹쳐 나타내고 있다.

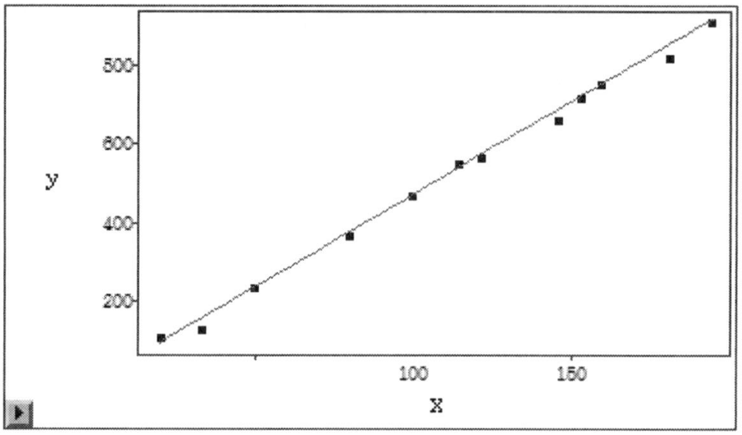

추정된 회귀선은 $\hat{y}_i = -0.1 + 0.7x_i$ 이며 산점도에 추정된 회귀선을 겹쳐 나타내고 있다.

② 결정계수

절편항이 없는 모수적 회귀접합								
		모형		오차				
곡선	차수(다항식)	자유도	평균제곱	자유도	평균제곱	결정계수(R-Sq)	F 통계량	Pr > F
————	1	1	4191980.34	11	223.4236	0.9994	18762.48	<.0001

적합분석의 요약			
반응변수의 평균	532.5000	결정계수(R-Sq)	0.9994
평균제곱오차의 제곱근	14.9474	수정결정계수(Adj R-Sq)	0.9994

결정계수 $R^2 = 0.9994$, $\bar{y} = 532.5$, $\hat{\sigma} = \sqrt{MSE} = 14.9474$ 등을 나타낸다.

③ 분산분석표의 작성과 $H_0: \beta_1 = 0$ $\quad H_1: \beta_1 \neq 0$ 의 검정

분산분석					
요인	자유도	제곱합	평균제곱	F 통계량	Pr > F
모형	1	4191980.34	4191980.34	18762.48	<.0001
오차	11	2457.6593	223.4236		
합	12	4194438.00			

$p-$값은 0.0001보다 작은 값이므로 $H_0: \beta_1 = 0$ 을 기각한다.

④ 유의수준 $\alpha = 0.05$에서 다음 가설의 검정 (t 통계량 이용)..

기울기 $H_0: \beta_1 = 0$ $\quad H_1: \beta_1 \neq 0$

모수 추정값							
변수	자유도	추정값	표준 오차	t 통계량	Pr >|t|	허용도(TOL)	분산팽창계수(VIF)
x	1	4.6853	0.0342	136.98	<.0001	1.0000	1.0000

b_1의 표준오차 $S(b_1) = \sqrt{\dfrac{MSE}{\sum x_i^2}} = 0.0342$

$$t = \frac{b_1}{S(b_1)} = 136.98$$

$p-$값은 0.0001보다 작은 값이므로 $H_0: \beta_1 = 0$ 을 기각한다.

⑤ 예측값 $\hat{y}_i$와 잔차 $e_i = y_i - \hat{y}_i$ 구하기.

마우스를 data 창으로 옮기면 다음과 같이 새로운 변수 R_y, P_y 가 만들어졌음을 확인할 수 있다.

R_y는 잔차 e_i, P_y는 예측값 $\hat{y}_i$를 의미한다.

WORK.EX5_14

	x	y	R_y	P_y
1	20	114	20.2945	93.7055
2	196	921	2.6863	918.3137
3	115	560	21.1935	538.8065
4	50	245	10.7363	234.2637
5	122	575	3.3966	571.6034
6	100	475	6.4726	468.5274
7	33	138	-16.6140	154.6140
8	154	727	5.4678	721.5322
9	80	375	0.1781	374.8219
10	147	670	-18.7353	688.7353
11	182	828	-24.7199	852.7199
12	160	762	12.3561	749.6439

또한 예측값을 수평축으로, 잔차를 수직축으로 하여 그린 잔차의 산점도를 다음과 같이 나타내고 있다.

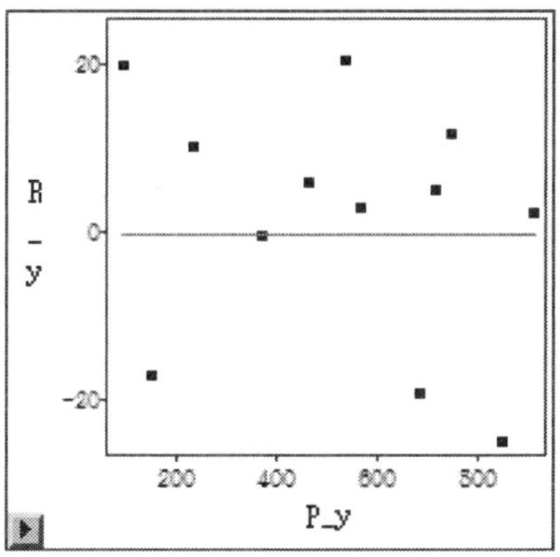

⑥ β_1의 95%, 90% 신뢰구간

β_1의 95% 신뢰구간 : 테이블 ➡ 신뢰구간 ➡ 95%를 선택

β_1의 90% 신뢰구간 : 테이블 ➡ 신뢰구간 ➡ 90%를 선택

출력결과는 다음과 같다.

95% 모수에 대한 신뢰구간			
변수	추정값	하한값	상한값
x	4.6853	4.6100	4.7606

β_1의 95% 신뢰구간 : (4.6100, 4.7606)

90% 모수에 대한 신뢰구간			
변수	추정값	하한값	상한값
x	4.6853	4.6238	4.7467

β_1의 90% 신뢰구간 : (4.6238, 4.7467)

연 습 문 제

【5.1】 [표 3.1]에 있는 백화점의 광고비(x)와 판매액(y) 자료에 대하여 원점을 지나는 회귀모형 $y_i = \beta_1 x_i + \varepsilon_i$을 가정하고 다음 질문에 답하라.

① 회귀선을 추정하라.

② 결정계수를 구하라.

③ 분산분석표를 작성하고 이를 이용하여 유의수준 $\alpha = 0.05$ 에서 다음 가설을 검정하라.

$H_0 : \beta_1 = 0 \qquad H_1 : \beta_1 \neq 0$

④ 유의수준 $\alpha = 0.05$에서 다음의 가설을 검정하라(t 통계량 이용).

$H_0 : \beta_1 = 0 \qquad H_1 : \beta_1 \neq 0$

⑤ 예측값 $\hat{y}_i$와 잔차 $e_i = y_i - \hat{y}_i$ 를 구하라.

⑥ β_1의 95%, 90% 신뢰구간을 구하라.

⑦ 원점을 지나는 회귀모형 $y_i = \beta_1 x_i + \varepsilon_i$과 절편이 있는 일반적인 회귀모형 $y_i = \beta_0 + \beta_1 x_i + \varepsilon_i$중 어느 것이 더 적절한 모형인가?

【5.2】 연습문제 [3.1]의 자료에 대하여 $y_i = \beta_0 + \beta_1 x_i + \varepsilon_i$를 가정하고 다음 질문에 답하라.

① β_0과 β_1의 95%, 90% 신뢰구간을 구하라.

② $H_0 : \beta_0 = 0$, $H_1 : \beta_0 \neq 0$ 을 유의수준 $\alpha = 0.05$로 검정하라.

③ $H_0 : \beta_1 = 0$, $H_1 : \beta_1 \neq 0$ 을 유의수준 $\alpha = 0.05$로 검정하라. (t 통계량 이용).

④ 분산분석표를 작성하여 $H_0 : \beta_1 = 0$, $H_1 : \beta_1 \neq 0$ 을 유의수준 $\alpha = 0.05$로 검정하고 그 결과를 ③과 비교하라.

⑤ 결정계수를 구하라.

⑥ $x = x_0 = 9$에서 μ_{y, x_0}의 추정치와 95% 신뢰구간을 구하라. 또한 그 값들

이 지니는 의미를 설명하라.

⑦ $x = x_0 = 9$에서 y_0의 값을 예측하고 y_0의 95% 예측구간을 구하라. 또한 그 결과를 ⑥과 비교하라.

【5.3】 연습문제 [2.1]의 자료에 대하여 $y_i = \beta_0 + \beta_1 x_i + \varepsilon_i$를 가정하고 다음 질문에 답하라.

① 회귀선을 추정하라.

② 결정계수를 구하라.

③ 분산분석표를 작성하고 이를 이용하여 $H_0 : \beta_1 = 0$, $H_1 : \beta_1 \neq 0$ 을 유의수준 $\alpha = 0.05$ 에서 검정하라.

④ 유의수준 $\alpha = 0.05$에서 다음의 가설을 검정하라(t 통계량 이용).

$H_0 : \beta_1 = 0 \qquad H_1 : \beta_1 \neq 0$

⑤ ③과 ④의 결과를 비교하라.

⑥ 예측값 $\hat{y}_i$와 잔차 $e_i = y_i - \hat{y}_i$ 를 구하라.

⑦ β_1의 95%, 90% 신뢰구간을 구하라.

⑧ 주어진 자료에 대하여 μ_{y, x_0}의 추정치와 95% 신뢰구간을 구하라.

⑨ 주어진 자료에 대하여 y_0의 값을 예측하고 y_0의 95% 예측구간을 구하라.

【5.4】 연습문제 [2.3]의 자료에 대하여 $y_i = \beta_0 + \beta_1 x_i + \varepsilon_i$를 가정하고 다음 질문에 답하라.

① 회귀선을 추정하라.

② 결정계수를 구하라.

③ 분산분석표를 작성하고 이를 이용하여 $H_0 : \beta_1 = 0$, $H_1 : \beta_1 \neq 0$ 을 유의수준 $\alpha = 0.05$ 에서 검정하라.

④ 유의수준 $\alpha = 0.05$에서 다음의 가설을 검정하라(t 통계량 이용).

$H_0 : \beta_1 = 0 \qquad H_1 : \beta_1 \neq 0$

⑤ β_1의 95%, 90% 신뢰구간을 구하라.

⑥ β_0의 95%, 90% 신뢰구간을 구하라.

【5.5】 21일 간의 A자동차의 주가(y), 종합주가지수(x_1), 환율(원/달러 : x_2), 다우지수(x_3)의 자료가 다음과 같다고 한다.

일	A자동차 주가	종합주가지수	환율(원/달러)	다우지수
1	192,500	1,923.84	1,117.50	14,618.59
2	188,500	1,900.06	1,122.00	14,537.14
3	183,500	1,906.75	1,118.50	14,547.51
4	183,000	1,926.31	1,121.50	14,567.17
5	184,000	1,918.63	1,121.50	14,719.46
6	185,000	1,935.31	1,117.00	14,676.30
7	195,500	1,951.60	1,110.50	14,700.80
8	194,000	1,944.56	1,110.50	14,712.55
9	197,000	1,940.70	1,107.00	14,818.75
10	199,500	1,963.95	1,104.50	14,839.80
11	197,500	1,957.21	1,101.50	14,700.95
12	202,000	1,965.71	1,095.50	14,831.58
13	199,000	1,961.48	1,096.50	14,973.96
14	194,500	1,954.35	1,089.50	14,968.89
15	193,000	1,956.45	1,084.00	15,056.20
16	193,500	1,979.45	1,090.00	15,105.12
17	189,000	1,944.75	1,108.00	15,082.62
18	188,500	1,948.70	1,110.50	15,118.49
19	193,500	1,968.83	1,108.00	15,215.25
20	193,000	1,971.26	1,116.00	15,275.69
21	196,000	1,986.81	1,117.50	15,233.22

(1) A자동차의 주가(y)와 종합주가지수(x_1)에 대하여 $y = \beta_0 + \beta_1 x_1 + \varepsilon_1$을 가정하고 다음 질문에 답하라.

① 회귀선을 추정하라.

② 결정계수와 $\sqrt{MSE}$를 구하라.

③ 분산분석표를 작성하고 이를 이용하여 $H_0 : \beta_1 = 0$, $H_1 : \beta_1 \neq 0$ 을 유의수준 $\alpha = 0.05$ 에서 검정하라.

(2) A자동차의 주가(y)와 환율(원/달러 : x_2)에 대하여 $y = \beta_0 + \beta_2 x_2 + \varepsilon_2$를 가정하고 다음 질문에 답하라.

① 회귀선을 추정하라.

② 결정계수와 $\sqrt{MSE}$를 구하라.

③ 분산분석표를 작성하고 이를 이용하여 $H_0 : \beta_2 = 0$, $H_1 : \beta_2 \neq 0$ 을 유의수준 $\alpha = 0.05$ 에서 검정하라.

(3) A자동차의 주가(y)와 다우지수(x_3)에 대하여 $y = \beta_0 + \beta_3 x_3 + \varepsilon_3$를 가정하고 다음 질문에 답하라.

① 회귀선을 추정하라.

② 결정계수와 $\sqrt{MSE}$를 구하라.

③ 분산분석표를 작성하고 이를 이용하여 $H_0 : \beta_3 = 0$, $H_1 : \beta_3 \neq 0$ 을 유의수준 $\alpha = 0.05$ 에서 검정하라.

6장 모형의 타당성과 SAS 분석

6.1 잔차분석

단순회귀모형에서 사용된 주요 기본적인 가정들은 다음과 같다.

1) x와 y 사이에는 선형관계 $y=\beta_0+\beta x+\varepsilon$이 성립한다.

2) 모든 오차항들은 동일한 분산 σ^2을 갖는다(등분산성).

3) 오차항들은 서로 독립이다(독립성).

4) 오차항들은 정규분포를 따른다(정규성).

지금까지 설명한 단순회귀분석은 이러한 가정이 성립한다는 전제하에서 수행되었다. 그러나 만일 이들 가정의 어떤 부분이 성립되지 않으면 분석은 틀린 결과를 가져오기 쉽다. 따라서 가정의 성립 여부는 매우 중요하며 문제가 발생했을 때 이들 가정이 위배되는지를 먼저 조사해야 한다.

단순회귀모형에서 이상과 같은 가정의 성립 여부는 오차를 조사함으로써 알 수 있다. 그러나 오차는 측정할 수 없으므로 일종의 추정치인 잔차를 사용한다.

잔차

$$e_i=y_i-\hat{y}_i \quad =y_i-(b_0+b_1x_i) \tag{6.1}$$

는 회귀모형에 의하여 설명되지 않는 변동의 크기를 나타내기도 하며 오차

$$\varepsilon_i=y_i-E(y_i)=y_i-(\beta_0+\beta_1x_i) \tag{6.2}$$

에 대한 관측값 이기도 하다. 따라서 오차에 대한 가정들의 성립 여부는 잔차를 검토해 봄으로써 알 수 있다.

잔차들은 몇 가지 중요한 특성을 갖고 있다. 잔차들의 평균은 0이고 분산은 식(3.29)에서 정의한 바와 같이 MSE이다. 즉,

$$\widehat{\sigma^2} = MSE = \frac{SSE}{n-2} \tag{6.3}$$

가정된 모형이 타당하다면 MSE는 오차분산 σ^2의 불편추정량이 된다. n 개 잔차들의 관련된 자유도는 $n-2$ 이므로 잔차들은 독립이 아니다. 그러나 잔차의 비독립성 문제는 자료의 수 n이 크면 모형의 타당성을 검토하는데 별 영향을 주지 않는다. 일반적으로 잔차를 조사하여 앞에서 언급한 기본 가정들의 위반 및 이상치들의 존재 여부를 알 수 있다.

먼저 단순회귀모형에서 기본 가정의 위반 사항을 조사하기 위하여 다음과 같은 잔차의 산점도를 사용할 수 있다.

① 추정값 $\widehat{y_i}$에 대한 잔차의 산점도
② 독립변수 x_i에 대한 잔차의 산점도
③ 시간에 대한 잔차의 산점도
④ 잔차의 정규확률도(normal probability plot)

단순회귀모형에서는 추정값 $\widehat{y_i}$는 독립변수 x_i의 선형함수이기 때문에 $\widehat{y_i}$에 대한 잔차의 산점도와 x_i에 대한 잔차의 산점도가 항상 같으므로 주로 $\widehat{y_i}$에 대한 잔차의 산점도를 사용한다.

시간에 대한 잔차의 산점도는 자료가 시간에 따라 관측된 시계열 자료일 때 오차의 독립성을 조사하는데 사용된다.

오차항의 분포가 정규분포에서 약간 벗어나는 것은 별 문제가 되지 않으나, 정규성을 크게 위반하면 정규분포를 가정하고 구한 t 또는 F 통계량, 신뢰구간과 예측 구간에 심각한 영향을 미치게 된다. 오차의 정규성을 검토하는 방법으로는 다음과 같은 것들이 있다.

① 자료가 많은 경우 잔차들의 히스토그램을 작성하여 정규분포의 형태와 비슷한지를 조사함으로써 확인할 수 있다.

② 정규확률도를 이용 해보는 것이다. 정규확률도란 관측값들이 정규분포를 따르는 경우 누적확률분포함수가 직선 형태를 갖도록 표현한 그림이다. 잔차

의 정규확률도를 그리는 방법은 수평축에 잔차들을 크기 순 $e_{(1)} < e_{(2)} < \cdots < e_{(n)}$으로 나열하고 이에 해당되는 누적확률 $p_i = \left(i - \frac{1}{2}\right)/n$, $i = 1, 2, \cdots, n$을 수직축에 나타내는 것이다. 이 확률이 직선에 가까우면 오차는 정규분포를 한다고 할 수 있으나 그렇지 않은 경우는 정규분포를 따른다고 보기 어렵다.

정규확률도 대신에 $Q-Q$도(quantile-to-quantile)를 사용하기도 한다. $Q-Q$도는 잔차의 정규확률도에서 누적확률 대신 이 확률에 해당하는 표준정규분포의 분위수(quantile)를 나타낸 것으로 보면 된다. 이 그림은 잔차를 수직축에 분위수를 수평축에 나타낸 것이다.

③ 수치적인 방법으로 자료의 수가 2000개 이하일 때는 Shapiro-Wilk 검정을 수행하고, 그 이상일 때는 Kolmogorov-Smirnov 검정을 한다.

다음은 대표적인 잔차의 그림이다.

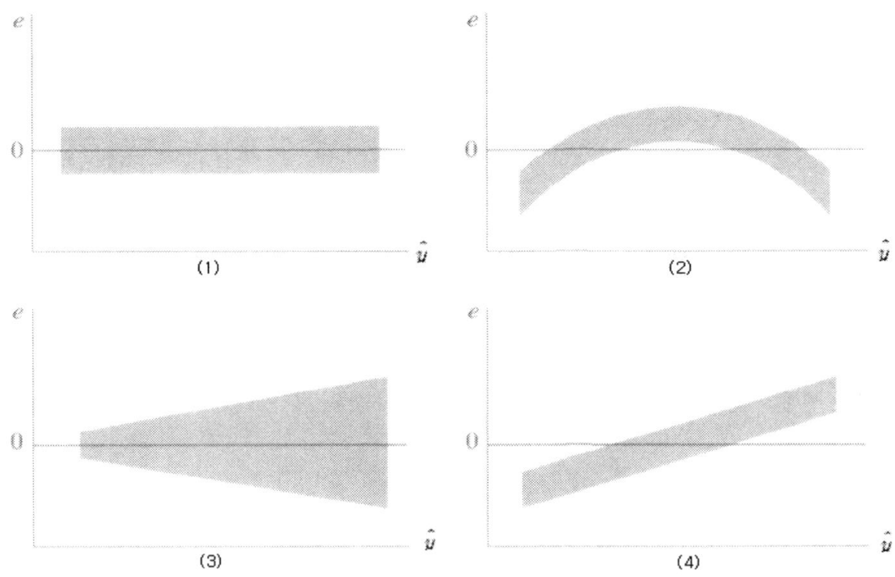

[그림 6.1] 대표적인 잔차의 산점도

그림 (1) : 가정에 아무런 모순이 없는 전형적인 형태이다. 잔차가 양이나 음의 체계적인 경향을 보이지 않고 0을 중심으로 랜덤(random)하게 나타난다.

그림 (2) : 곡선의 형태를 보이는 경우로 독립변수의 제곱항 등의 추가 또는 y_i의 적절한 변환이 필요하다.

그림 (3): 오차의 등분산 가정이 위배되는 경우이다. 가중회귀를 쓰거나 y_i를 변환시켜 회귀분석함이 바람직하다.

그림 (4): 절편이 필요한 모형인데 절편을 사용하지 않았을 경우에 나타날 수 있는 형태이다.

그림 (4)가 수평축에 x 또는 $\hat{y}$ 대신 시간을 대응시켰을 때의 그림이면 자료가 시간에 따라 관련된 경우로서 오차의 독립성이 위배되는 경우이다. 오차들이 독립이면 그림 (1)과 같이 잔차가 0을 중심으로 랜덤(random)하게 나타나야 하는데 이 경우는 처음 시간에는 잔차가 음이고 일정 시간이 경과한 후 양의 잔차가 체계적으로 나타나고 있는 것으로 볼 수 있다.

6.2 오차의 자기상관

이 절에서는 경제문제에서 주로 나타나는 현상인 독립변수 x가 시간을 나타내는 경우 오차의 독립성 문제를 다루어 보기로 한다. 앞에서 회귀모형의 기본가정으로

$$Cov(\varepsilon_i, \varepsilon_j) = 0 \,,\; i \neq j$$

즉 오차항의 독립성을 가정하였는데 실업률이나 시장점유율과 같은 경제변수

를 매달 시간에 따라 관측한 자료처럼 x가 시간을 나타내는 경우는 오차항의 독립성 가정은 타당하지 못하며 오히려 시간에 대하여 상관이 존재하는 경우가 많다. 즉

$$Cov(\varepsilon_i, \varepsilon_j) \neq 0, \; i \neq j$$

이와 같이 오차항이 시간에 따라 상관되어 있을 때 오차항 간에는 계열상관(serially correlation) 또는 자기상관(autocorrelation)이 존재한다고 말한다.

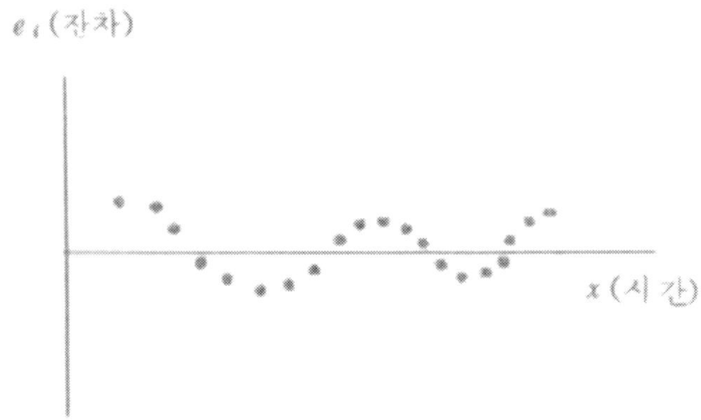

[그림 6.2] 시간에 대해 자기상관이 강한 자료의 잔차

오차항에 자기상관이 존재할 때 일반적인 최소제곱법(ordinary least squares method : OLS)을 사용하면 다음과 같은 문제점이 발생한다.

① 일반적인 최소제곱법에 의하여 추정된 회귀계수들은 불편추정량이기는 하나 최소분산성은 갖지 못한다.
② MSE는 오차분산 σ^2의 과소 추정량일 수 있다. 따라서 MSE의 함수로 주어지는 회귀계수들의 분산은 과소 추정량이 될 수 있다.
③ 신뢰구간과 가설검정에 사용되는 t분포와 F분포는 적합한 분포가 아니다.

시간에 따라 오차가 상관되어 있을 때 주로 사용하는 모형은 자기회귀모형(autoregressive model)으로 이것은 어떤 시간대의 오차가 그 전의 오차에 선형으로 종속되어 있는 모형이다. 다음과 같은 모형을 일차자기회귀모형(first-order autoregressive model)이라 한다.

• 일차자기회귀모형

$y_t = \beta_0 + \beta_1 x_t + \varepsilon_t\ ,\ t = 1, 2, \cdots, n$

$\varepsilon_t = \rho\,\varepsilon_{t-1} + \delta_t$

$\varepsilon_t =$시간 t에서의 오차항

$\rho =$일차자기상관계수이며 $|\rho| < 1$

δ_t는 서로 독립이며 $N(0,\ \sigma^2(\delta_t))$

일차자기회귀모형에서 자기상관의 유무를 진단하는 방법으로 더빈-왓슨 검정(Durbin-Watson test)이 널리 쓰인다. 이 방법의 검정통계량은 최소제곱법에 의하여 구한 잔차 $e_t = y_t - \hat{y}_t$ 를 이용하여 다음과 같이 얻어진다.

$$d = \frac{\sum_{t=2}^{n}(e_t - e_{t-1})^2}{\sum_{t=1}^{n} e_t^2} \tag{6.4}$$

Durbin과 Watson은 표본의 크기 n과 독립변수의 수에 따라 달라지는 검정통계량 d의 상한(d_U)과 하한(d_L)을 계산하여 부록의 <표 5>와 같은 표를 구하였다. 이를 이용하여 자기상관의 유무에 대한 검정을 다음과 같이 할 수 있다.

(1) $H_0 : \rho = 0,\quad H_1 : \rho > 0$

① $d < d_L$이면 $H_0 : \rho = 0$을 기각한다.

즉, 오차항들 사이에 양의 자기상관이 존재할 가능성이 있다.

② $d > d_U$이면 $H_0 : \rho = 0$을 채택한다.

즉, 오차항들 사이에 양의 자기상관이 없다고 말할 수 있다.

③ $d_L \le d \le d_U$이면 이 검정은 불확실하다.

(2) $H_0 : \rho = 0, \quad H_1 : \rho < 0$

① $4 - d < d_L$이면 $H_0 : \rho = 0$을 기각한다.

② $4 - d > d_U$이면 $H_0 : \rho = 0$을 기각할 수 없다.

③ $d_L \le 4 - d \le d_U$이면 이 검정은 불확실하다.

Durbin-Watson 검정의 단점은 검정통계량 d나 $4-d$가 d_L과 d_U 사이에 위치하면 검정의 결과를 얻을 수 없다는 점이다. 만일 표본의 크기 n이 어느 정도 크면 검정통계량 d값에 의하여 직관적으로 자기상관의 존재여부를 확인할 수 있고, 양의 자기상관이나 음의 자기상관이 존재하는 것도 알 수 있다.

그런데 검정통계량 d와 표본상관계수 $\hat{\rho}$ 간에

$$d \fallingdotseq 2(1-\hat{\rho}) \ , \qquad \hat{\rho} = \frac{\sum_{t=2}^{n} e_t e_{t-1}}{\sqrt{\sum_{t=1}^{n} e_t^2}\sqrt{\sum_{t=2}^{n} e_{t-1}^2}} \tag{6.5}$$

와 같은 관계가 성립한다는 것에 근거하여 오차들 간에 자기상관이 없는 경우 즉, $\hat{\rho}=0$에서는 $d \fallingdotseq 2$가 되며, $\hat{\rho} > 0$이면 $d < 2$, $\hat{\rho}=1$이면 $d=0$, $\hat{\rho}=-1$이면 $d=4$가 된다. 이 사실로부터 다음과 같은 결과를 알 수 있다.

- d검정통계량 값은 0에서 4의 값을 갖는다.
- d값이 2보다 작고 0에 가까우면 양의 자기상관이 존재.
- d값이 2보다 크고 4에 가까우면 음의 자기상관이 존재.
- d값이2에 가까우면 자기상관이 존재하지 않는다.

[표 6.1]은 어느 증권사에서 특정 펀드상품의 시장점유율을 파악하기 위하여 홍보횟수(x)와 판매액(y:억 원)을 2001년부터 2015년까지 조사하여 얻은 자료이다.

[표 6.1] 증권사 펀드상품의 홍보횟수와 펀드상품 판매액

연도	홍보횟수(x)	판매액(y:억)
2001	7	78.5
2002	1	74.3
2003	11	104.3
2004	11	87.6
2005	7	95.9
2006	11	109.2
2007	3	102.7
2008	5	90.5
2009	1	72.5
2010	17	112.1
2011	2	93.1
2012	21	115.9
2013	1	83.8
2014	11	113.3
2015	10	109.4

예제 6.1 [표 6.1]의 자료를 이용하여 $\hat{y}_i = b_0 + b_1 x_i$ 를 적합시키고 다음 질문에 답하라.

① 양의 자기상관 존재여부를 Durbin-Watson 검정으로 실시하라.
$H_0 : \rho = 0, \quad H_1 : \rho > 0 \ (\alpha = 0.05)$

② 오차의 정규성을 검토하라.

해설

먼저 확장편집기 창에서 다음과 같은 프로그램을 입력한다.

[프로그램 6.1] ex6_1 이라는 이름의 SAS 자료를 생성하는 프로그램

```
DATA ex6_1;
INPUT t x y;
CARDS;
  1   7    78.5
  2   1    74.3
  3  11   104.3
  4  11    87.6
  5   7    95.9
  6  11   109.2
  7   3   102.7
  8   5    90.5
  9   1    72.5
 10  17   112.1
 11   2    93.1
 12  21   115.9
 13   1    83.8
 14  11   113.3
 15  10   109.4
RUN;
```

다음과 같이 Durbin-Watson의 검정을 하기 위하여 MODEL 문장에 선택사항으로 DW를 입력한다.

[프로그램 6.2] Durbin-Watsonn 검정을 위한 PROC REG(DW 선택사항)

```
PROC REG DATA=ex6_1;
MODEL y=x/ DW;
RUN;
```

출력결과는 다음과 같다.

Analysis of Variance

Source	DF	Sum of Squares	Mean Square	F Value	Pr > F
Model	1	1742.12035	1742.12035	17.88	0.0010
Error	13	1266.78899	97.44531		
Corrected Total	14	3008.90933			

Root MSE	9.87144	R-Square	0.5790
Dependent Mean	96.20667	Adj R-Sq	0.5466
Coeff Var	10.26066		

Parameter Estimates

Variable	DF	Parameter Estimate	Standard Error	t Value	Pr > |t|
Intercept	1	81.52875	4.30663	18.93	<.0001
x	1	1.85016	0.43757	4.23	0.0010

• 최소제곱법에 의해 의에 의해 추정된 회귀선은 $\hat{y}_i = 1.86 + 81.53x_i$

① 양의 자기상관 존재여부를 위한 Durbin-Watson 검정

Durbin-Watson D	1.304
Number of Observations	15
1st Order Autocorrelation	0.212

• Durbin-Watson 검정통계량 $d = 1.304$

추정된 일차자기상관계계수 $\hat{\rho} = 0.212$

• 부록의 <표 5>에서 $n = 15,\ \alpha = 0.05,\ p = 1$일 때 $d_L = 0.81,\ d_U = 1.07$이다. 따라서 $d = 1.304 > d_U = 1.07$ 이므로 $H_0 : \rho = 0$을 채택한다. 즉, 오차항 사이에 오차항들 사이에 자기상관이 존재한다고 말할 수 없다. 이는 추정된 일차자기상관계수가 0에 가깝다는 것에서도 짐작할 수 있다.

• 시간에 대한 잔차그림은(2.5절의 SAS/INSIGHT에서 산점도 그리기 참조) 다음과 같으며 음과 양이 체계적으로 보이지 않으며 0을 중심으로 랜덤하게 나타나고 있으므로 역시 자기상관이 있다고 말할 수 없다.

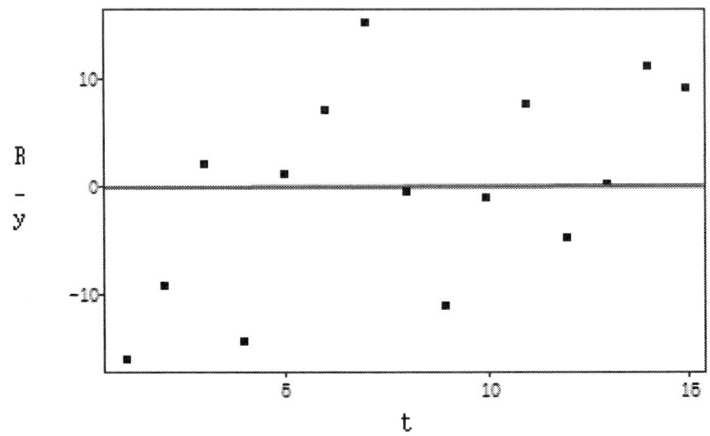

② 오차의 정규성 검토

• 시간에 대한 [프로그램 6.2]를 수행하면 결과창에서 다음과 같은 잔차의 $Q-Q$도와 히스토그램이 나타남을 알 수 있다.

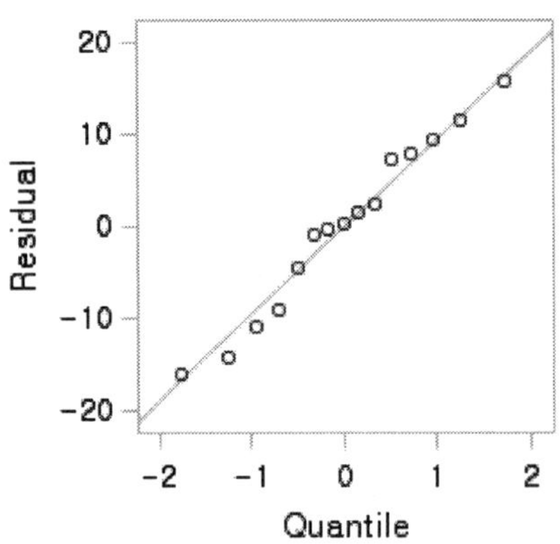

[잔차의 $Q-Q$도]

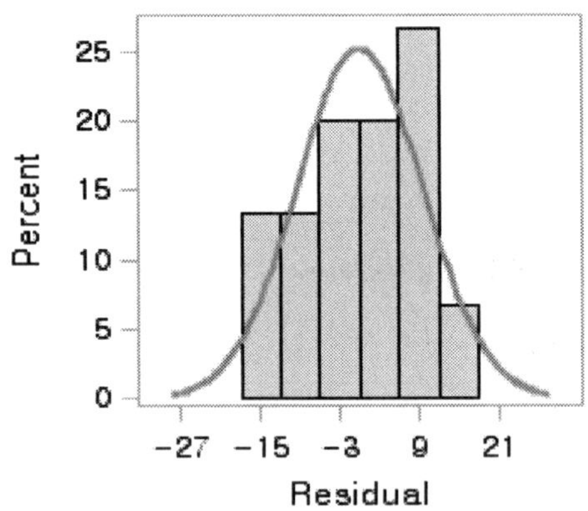

[잔차의 히스토그램]

잔차의 $Q-Q$도가 직선에 가까우므로 오차의 정규성이 만족한다고 볼 수 있다. 또한 히스토그램도 정규분포에서 크게 벗어나지 않음을 알 수 있다.

$Q-Q$도는 SAS/INSIGHT를 구동하여 다음과 같이 얻을 수도 있다.
적합분석을 수행하고 다음 그림과 같이 그래프 ➡ 잔차정규사분위수를 클릭한다.

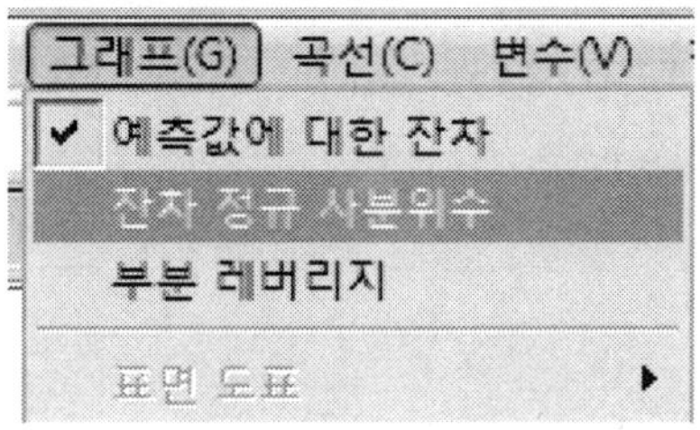

잔차의 산점도 옆에 $Q-Q$도가 출력되어 있음을 알 수 있다.

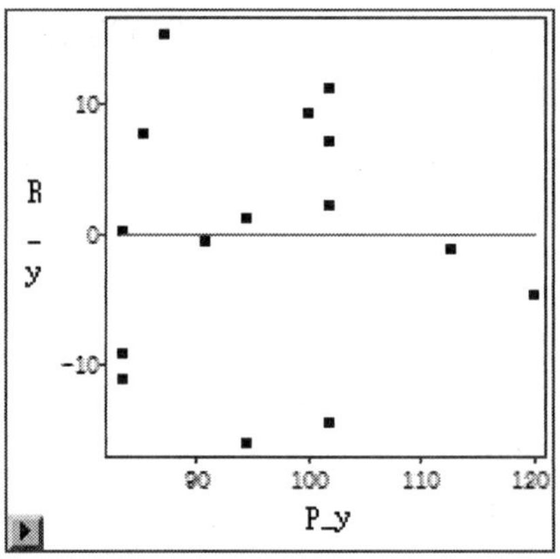

[잔차의 산점도]

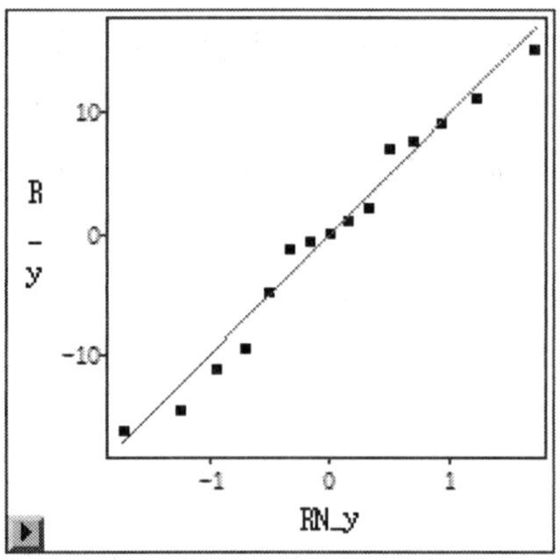

[잔차의 $Q-Q$도]

잔차의 $Q-Q$도에서 수평축에 있는 R_y는 잔차 e_i, RN_y는 분위수를 의미한다.

• Shapiro-Wilk 검정, Kolmogorov-Smirnov 검정 등 그밖의 오차의 정규성을 검정하기 위하여 [프로그램 6.2]를 다음과 같이 수정한다.

[프로그램 6.3] 정규성 검정을 위한 PROC UNIVARIATEREG

```
PROC REG DATA=ex6_1;
MODEL y=x/ dw  ;
OUTPUT OUT=newex R=resid; /* (1) */
RUN;

PROC UNIVARIATE DATA=newex NORMAL PLOT;  /* (2) */
VAR resid;  /* (3) */
RUN;
```

(1) SAS 프로그램에 의해 만들어진 잔차 R을 resid라는 이름으로 바꾸어 newex라는 SAS 자료에 저장하라는 명령문이다.
(2) PROC UNIVARIATE는 지정한 변수에 대해 평균, 분산, 왜도, 첨도 등의 기술통계량을 출력하는 PROC 절차로서 NORMAL은 Shapiro-Wilk 검정, Kolmogorov-Smirnov 검정을 하라는 선택사항이다. PLOT는 줄기-잎 그림, 상자그림, 정규확률도를 출력하라는 선택사항이다.
(3) PROC UNIVARIATE를 resid라는 변수에 대해 수행하라는 문장이다.

출력결과는 다음과 같다.

정규성 검정				
검정	통계량		p 값	
Shapiro-Wilk	W	0.965221	Pr < W	0.7821
Kolmogorov-Smirnov	D	0.129753	Pr > D	>0.1500
Cramer-von Mises	W-Sq	0.034265	Pr > W-Sq	>0.2500
Anderson-Darling	A-Sq	0.221198	Pr > A-Sq	>0.2500

정규성 검정에 대한 검정통계량 값과 그에 대응하는 $p-$값을 출력한 것으로 이 예제에서는 자료의 수가 자료의 수가 2000개 이하 이므로

Shapiro-Wilk 검정의 결과를 본다. 검정통계량 값은 0.9652, $p-$값은 0.7821 이므로 오차항의 정규성에 대한 가정은 만족한다고 볼 수 있다.

```
  줄기 잎                              #          상자그림
     1 6                               1              |
     1 1                               1              |
     0 789                             3          +------+
     0 012                             3          *--+--*
    -0 410                             3          |      |
    -0 9                               1          +------+
    -1 41                              2              |
    -1 6                               1              |
       ----+----+----+----+
         값: (줄기.잎)*10***1


                          정규 확률도
 17.5+                                                 ++++++
      |                                           +++++
      |                                      ++++++
      |                                 ++++++
      |                             +++++
      |                        +++++
      |                   +++++ *
-17.5+              ++++++
       +----+----+----+----+----+----+----+----+----+----+
           -2        -1         0        +1        +2
```

줄기-잎 그림이 거의 정규분포에 가깝다고 볼 수 있다. 또한 정규확률도는 자료의 분포가 정규분포를 따르는지를 나타내는데, 관측치는 *로 표현되고 정규분포의 기준은 +로 나타내고 있다. 따라서 *들이 + 주위에 밀집되어 있으면 자료는 정규분포를 따른다고 할 수 있다. 결과적으로 잔차들이 +에 밀집되어 있으므로 정규분포를 따른다고 할 수 있다.

정규성 검정은 SAS/INSIGHT를 구동하여 다음과 같이 얻을 수도 있다. 먼저 다음 그림과 같이 메뉴에서 분석 ➡ 분포를 클릭한다.

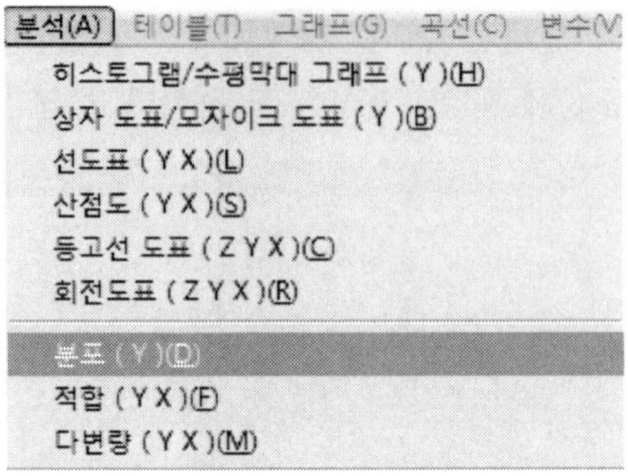

EX6_1 상자에 있는 변수 목록에서 잔차R_y를 선택한 후 **Y** 단추를 누르면 잔차R_y가 분석할 대상 변수에 할당되며 확인 단추를 누르면 "PROC UNIVARIATE DATA=newex NORMAL PLOT"에서 제공되는 비슷한 얻을 수 있다. 다음에 선택사항으로 테이블 ➡ 정규성검정을 클릭한다.

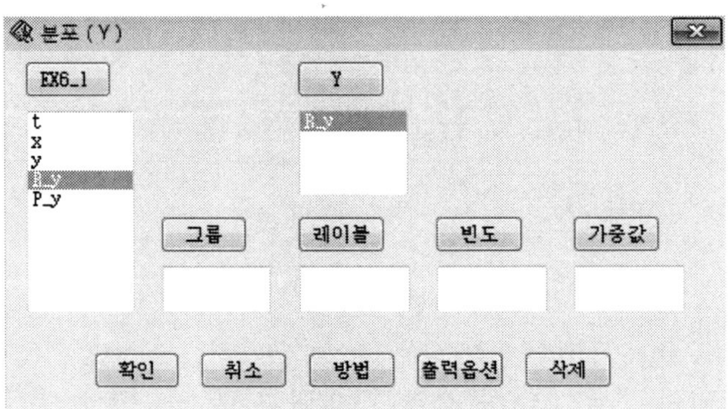

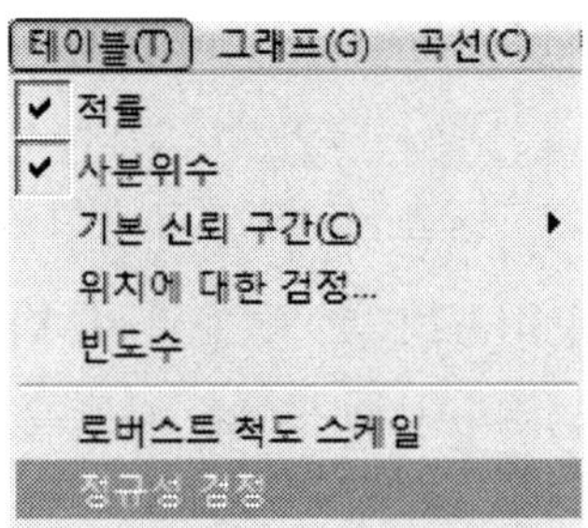

출력결과는 다음과 같이 "PROC UNIVARIATE NORMAL"에서 제공되는 결과와 같다.

정규성 검사		
검정 통계량	값	p-값
Shapiro-Wilk	0.965221	0.7821
Kolmogorov-Smirnov	0.129753	>.1500
Cramer-von Mises	0.034265	>.2500
Anderson-Darling	0.221198	>.2500

6.3 모형의 변환

독립변수 x와 종속변수 y사이의 관계를 나타내는 회귀함수로서 선형식 $y=\beta_0+\beta x+\varepsilon$이 적절하지 못한 경우가 있다. x와 y의 관계가 선형식이 아닌 비선형식(nonlinear equation)인 경우에는 최소제곱법에 의해 회귀계수들을 추정하기 어려우며 분석이 곤란하다. 그러나 특수한 비선형함수들은 적절한 수학적 변환을 통하여 다루기 쉬운 선형식으로 바꿔 쓸 수 있다. 비선형식을 선형식으로 바꾸어 분석하는 방법을 예제를 통해 살펴보기로 하자.

다음 표는 연습문제 [3.3]의 어떤 은행 11명 직원들의 금융상품 상담횟수(x)와 금융상품 판매실적(y) 자료이다.

[표 6.2] 금융상품 상담횟수(x)와 판매액(y)

x	6	7	8	9	10	11	12	13	14	15	16
y	0.029	0.052	0.079	0.125	0.181	0.261	0.425	0.738	1.130	1.882	2.812

예제 6.2 [표 6.2]에 있는 자료를 이용하여 선형식 $y=\beta_0+\beta x+\varepsilon$와 비선형식 $\log_e y=\beta_0+\beta x+\varepsilon$을 가정하여 회귀분석을 하고 어느 모형이 더 적절한지를 검토하여 보라.

해설

먼저 확장편집기 창에서 다음과 같은 프로그램을 입력한다.

[프로그램 6.4] ex6_2 라는 이름의 SAS 자료를 생성하는 프로그램

```
DATA ex6_2;
INPUT x y;
z=LOG(y);  /* LOG(y)는 y의 자연로그  */
CARDS;
  6   0.029
  7   0.052
  8   0.079
  9   0.125
 10   0.181
 11   0.261
 12   0.425
 13   0.738
 14   1.13
 15   1.882
 16   2.812
RUN;
```

다음과 같이 선형식 $y=\beta_0+\beta x+\varepsilon$ 에 대한 회귀분석을 하기 위하여 MODEL 문장을 작성한다.

[프로그램 6.5] 선형식 $y=\beta_0+\beta x+\varepsilon$에 대한 PROC REG

```
PROC REG DATA=ex6_2;
MODEL y=x;
RUN;
```

또는 SAS/INSIGHT를 구동하여 적합분석을 통해 선형식 $y=\beta_0+\beta x+\varepsilon$ 에

대한 회귀분석을 한다. 여기서는 SAS/INSIGHT를 통한 회귀분석 결과를 갖고 설명하기로 한다.

(1) $y=\beta_0+\beta x+\varepsilon$을 가정한 결과

- 추정된 회귀식: $\hat{y}=-1.8845+0.2351x$

모형의 식						
y	=	-	1.8845	+	0.2351	x

- x와 y의 산점도 특히 잔차의 산점도가 곡선의 경향이 뚜렷하다.

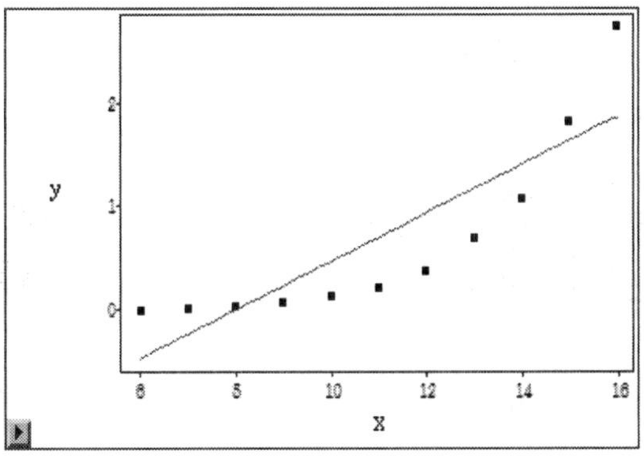

〔x,y의 산점도〕

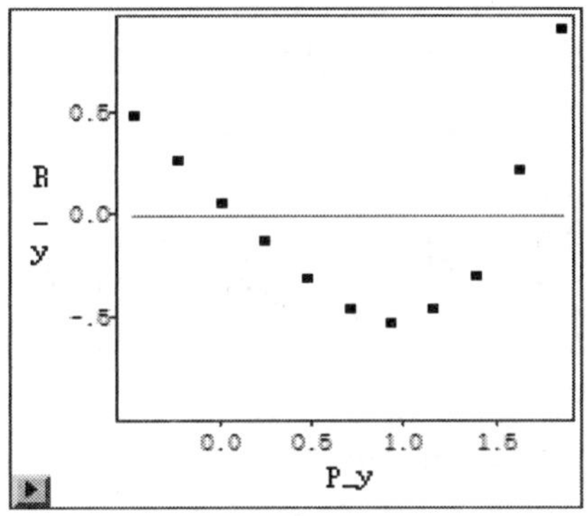

〔잔차의 산점도〕

- 추정의 표준오차 $\sqrt{MSE}=0.4818$, 결정계수 $R^2=0.7442$

적합분석의 요약			
반응변수의 평균	0.7013	결정계수(R-Sq)	0.7442
평균제곱오차의 제곱근	0.4818	수정결정계수(Adj R-Sq)	0.7158

-

요인	자유도	제곱합	평균제곱	F 통계량	Pr > F
모형	1	6.0785	6.0785	26.18	0.0006
오차	9	2.0896	0.2322		
수정합	10	8.1681			

분산분석 (표 제목)

$SSR=6.0785$, $SSE=2.0986$, $SST=8.1681$

$F_0 = MSR/MSE = 6.0785/0.2322 = 26.18,\ p-$값 $= 0.0006$

유의수준이 $\alpha = 0.05$이면 $p-$값이 0.05보다 작으므로 귀무가설 $H_0: \beta_1 = 0$을 기각한다. 따라서 회귀선이 유의하다고 말할 수 있으나 위의 잔차의 산점도를 보면 선형함수가 적절하지 않음을 알 수 있다.

- 절편:

  β_0의 추정량 $b_0 = -1.8845$, b_0의 표준오차 $S(b_0) = 0.5258$

  $H_0: \beta_0 = 0$에 대한 검정통계량의 값 $t = -3.58$, $p-$값 $= 0.0059$

  기울기:

  β_1의 추정량 $b_1 = 0.2351$, b_1의 표준오차 $S(b_1) = 0.0459$

  $H_0: \beta_1 = 0$에 대한 검정통계량의 값 $t = 5.12$, $p-$값 $= 0.0006$

모수 추정값

변수	자유도	추정값	표준 오차	t 통계량	Pr > |t|	허용도(TOL)	분산팽창계수(VIF)
절편	1	-1.8845	0.5258	-3.58	0.0059	.	0
X	1	0.2351	0.0459	5.12	0.0006	1.0000	1.0000

이제 비선형식 $\log_e y = \beta_0 + \beta x + \varepsilon$(단, $\ln y = \log_e y$)을 가정하여 회귀분석을 하는 방법을 살펴보기로 하자. $y' = \ln y = \log_e y$이라고 놓으면 위의 식은

$$y' = \beta_0 + \beta x + \varepsilon$$

이 되어 3장에서 다루었던 단순선형회귀모형이 된다. 이 경우 y가 정규분포를 하므로 $y' = \ln y$는 다음의 대수정규분포(log-normal distribution)를 따르게 된다.

$$f(y) = \frac{1}{\sqrt{2\pi}\,\sigma \cdot y} e^{-\frac{(\ln y - \mu)^2}{2\sigma^2}}, \quad y > 0 \tag{6.6}$$

먼저 [프로그램 6.4]의 "z=LOG(y);"라는 문장에 의하여 원래의 값 y는 다

음 표와 같이 변환되었을 것이다.

[표 6.3] 금융상품 상담횟수(x), 판매액(y), $z = y' = \log_e y$

직원	상담횟수(x)	판매액(y)	$z = y' = \log_e y$
1	6	0.029	−3.54046
2	7	0.052	−2.95651
3	8	0.079	−2.53831
4	9	0.125	−2.07944
5	10	0.181	−1.70926
6	11	0.261	−1.34323
7	12	0.425	−0.85567
8	13	0.738	−0.30381
9	14	1.130	0.12222
10	15	1.882	0.63234
11	16	2.812	1.03390

MODEL 문장을 다음과 같이 바꿔 회귀분석을 수행한다.

[프로그램 6.6] 비선형식 $\log_e y = \beta_0 + \beta x + \varepsilon$에 대한 PROC REG

```
PROC REG DATA=ex6_2;
MODEL z=x;    /* z=LOG(y) */
RUN;
```

또는 앞에서와 같이 SAS/INSIGHT를 구동하여 적합분석을 통해 비선형식에 대한 회귀분석을 한다. 여기서는 SAS/INSIGHT를 통한 회귀분석 결과를 갖고 설명하기로 한다.

(2) $y' = \log_e y = \beta_0 + \beta x + \varepsilon$을 가정한 결과

- 추정된 회귀식: $\widehat{\log_e y} = \hat{y}' = -6.1921 + 0.4510x$

모형의 식						
z	=	-	6.1921	+	0.4510	x

- 산점도

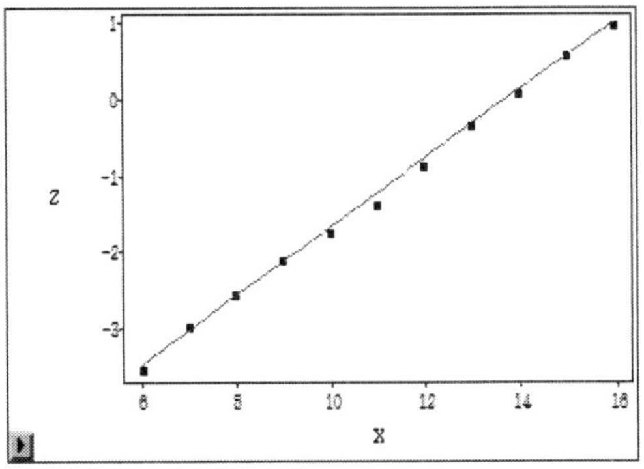

〔x, z의 산점도〕

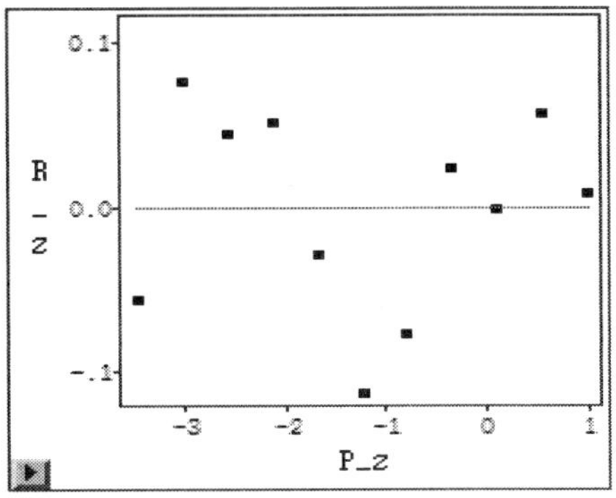

〔잔차의 산점도〕

x와 z의 산점도를 보면 (1)의 선형회귀를 적합시킨 것과는 다르게 x와 z가 추정된 회귀선에 매우 잘 적합하고 있음을 알 수 있다. 특히 잔차의 산점도는 (1)과는 다르게 0을 중심으로 잔차가 랜덤하게 나타나는 매우 바람직인 형태이다.

- 추정의 표준오차 $\sqrt{MSE} = 0.0645$, 결정계수 $R^2 = 0.9983$

적합분석의 요약			
반응변수의 평균	-1.2307	결정계수(R-Sq)	0.9983
평균제곱오차의 제곱근	0.0645	수정결정계수(Adj R-Sq)	0.9981

이 값을 (1)의 추정의 표준오차 $\sqrt{MSE} = 0.4818$, 결정계수 $R^2 = 0.7442$와 비교해보면 추정의 표준오차는 훨씬 작아지고 결정계수는 25.41% 증가하였음을 알 수 있다. 즉, $y' = \ln y = \log_e y$로 변환하여 추정한 결과가 더 좋다는

것을 의미한다.

•

분산분석					
요인	자유도	제곱합	평균제곱	F 통계량	Pr > F
모형	1	22.3773	22.3773	5384.94	<.0001
오차	9	0.0374	0.0042		
수정합	10	22.4147			

$SSR = 22.3773,\ SSE = 0.0374,\ SST = 22.4174$

$F_0 = MSR/MSE = 22.3773/0.0042 = 5384.94,\ p-$값 < 0.0001

이 값들을 (1)의 결과와 비교하면 회귀선에 의해 설명되는 변동 SSR은 매우 커지고, 잔차제곱합 MSE는 매우 작아졌음을 알 수 있다. 따라서 F_0값은 커지고 $p-$값은 작아진 것이다.

• 절편:

β_0의 추정량 $b_0 = -6.1921$, b_0의 표준오차 $S(b_0) = 0.0703$

$H_0 : \beta_0 = 0$에 대한 검정통계량의 값 $t = -88.02$, $p-$값 < 0.0001

기울기:

β_1의 추정량 $b_1 = 0.4510$, b_1의 표준오차 $S(b_1) = 0.0061$

$H_0 : \beta_1 = 0$에 대한 검정통계량의 값 $t = 73.38$, $p-$값 < 0.0001

모수 추정값							
변수	자유도	추정값	표준 오차	t 통계량	Pr > |t|	허용도(TOL)	분산팽창계수(VIF)
절편	1	-6.1921	0.0703	-88.02	<.0001	.	0
X	1	0.4510	0.0061	73.38	<.0001	1.0000	1.0000

이 값들을 (1)의 결과와 비교하면 b_0과 b_1의 표준오차와 $p-$값이 모두 작아졌음을 알 수 있다. 역시 변환된 모형이 좋다는 것을 반영하는 수치들이다.

이제 마우스를 data 창으로 옮기면 다음과 같이 창이 다음과 같이 변해 있을 것이다.

WORK.EX6_2

	x	y	z	R_y	P_y	R_z_1	P_z_1
1	6	0.029	-3.5405	0.5031	-0.4741	-0.0545	-3.4859
2	7	0.052	-2.9565	0.2910	-0.2390	0.0784	-3.0349
3	8	0.079	-2.5383	0.0829	-0.0039	0.0455	-2.5838
4	9	0.125	-2.0794	-0.1061	0.2311	0.0534	-2.1328
5	10	0.181	-1.7093	-0.2852	0.4662	-0.0275	-1.6818
6	11	0.261	-1.3432	-0.4403	0.7013	-0.1125	-1.2307
7	12	0.425	-0.8557	-0.5113	0.9363	-0.0759	-0.7797
8	13	0.738	-0.3038	-0.4334	1.1714	0.0249	-0.3287
9	14	1.130	0.1222	-0.2765	1.4065	-0.0001	0.1223
10	15	1.882	0.6323	0.2404	1.6416	0.0590	0.5734
11	16	2.812	1.0339	0.9354	1.8766	0.0095	1.0244

여기서 R_y, P_y는 선형회귀모형을 가정하고 구한 (1)의 추정된 회귀식 $\hat{y} = -1.8845 + 0.2351x$ 로부터 생성된 잔차와 예측값 $\hat{y}$이다. 예를 들어 첫 번째 관측값 $x = 6, y = 0.029$ 에서 R_y, P_y는 다음과 같은 절차에 의해 만들어진 값이다.

예측값 : $P\_y = -1.8845 + 0.2351(6) = -0.4741$

잔　차 : $R\_y = y_i - \hat{y}_i = 0.029 + 0.4741 = 0.5031$ 　　$\hat{y} = e^{\hat{y}'}$

z는 $y' = \ln y = \log_e y$를 의미하며 R_z_1과 P_z_1은 비선형회귀모형을 가정하고 구한 (2)의 추정된 회귀식 $\widehat{\log_e y} = \hat{y}' = -6.1921 + 0.4510x$로부터 만들어진 잔차와 예측값 $\hat{y}'$이다. 따라서 y의 실제 예측값 $\hat{y}$는 $\hat{y} = e^{\hat{y}'}$로부터 구한다. 예를 들면 $x = 6, y = 0.029$ 에서 z, R_z_1, P_z_1, $\hat{y} = e^{\hat{y}'}$는 다음과 같은 절차에 의해 만들어진 값이다.

$$y' = \log_e 0.029 = -3.5405$$
$$P\_z\_1 = \hat{y}' = -6.1921 + 0.4510(6) = -3.4859$$
$$R\_z\_1 = y' - \hat{y}' = -3.5405 + 3.4859 = -0.0545$$
$$\hat{y} = e^{\hat{y}'} = e^{-3.4859} = 0.0306$$

실제 예측값 $\hat{y} = e^{\hat{y}'}$을 [표 6.3]의 자료에 대하여 모두 구하려면 다음과 같이 하면 된다.

1) 메뉴에서 편집 ➡ 변수(V) ➡ exp(Y)를 누른다.

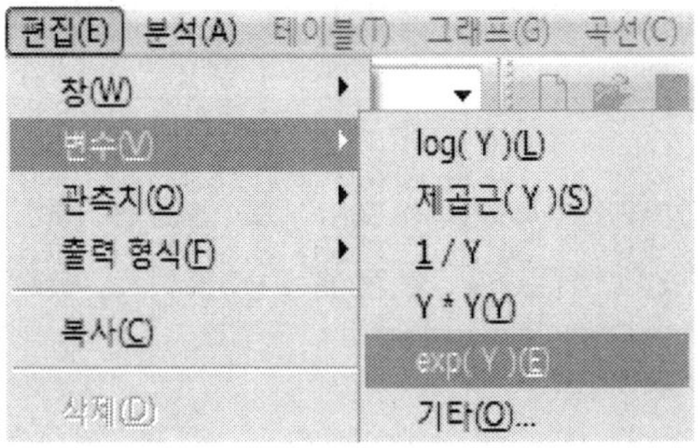

2) 변수편집 대화상자의 변환 목록이 exp(Y)로 선택되어 있을 것이다. 변수 목록 **EX6_2** 에 있는 P_z_1 을 선택하고 Y 단추를 누른 후 확인 단추를 클릭한다.

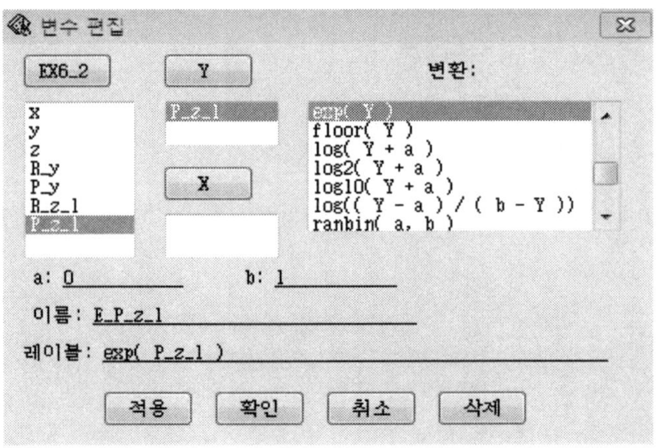

마우스를 data 창으로 옮기면 다음과 같이 변해 있을 것이다. 마지막 열에 있는 $E\_P\_z\_1$ 이 실제 예측값 $\hat{y} = e^{\hat{y}'}$ 이다.

WORK.EX6_2

5	구간	구간	구간	구간	구간	구간	구간	구간
11	X	y	z	R_y	P_y	R_z_1	P_z_1	E_P_z_1
1	6	0.029	-3.5405	0.5031	-0.4741	-0.0545	-3.4859	0.0306
2	7	0.052	-2.9565	0.2910	-0.2390	0.0784	-3.0349	0.0481
3	8	0.079	-2.5383	0.0829	-0.0039	0.0455	-2.5838	0.0755
4	9	0.125	-2.0794	-0.1061	0.2311	0.0534	-2.1328	0.1185
5	10	0.181	-1.7093	-0.2852	0.4662	-0.0275	-1.6818	0.1860
6	11	0.261	-1.3432	-0.4403	0.7013	-0.1125	-1.2307	0.2921
7	12	0.425	-0.8557	-0.5113	0.9363	-0.0759	-0.7797	0.4585
8	13	0.738	-0.3038	-0.4334	1.1714	0.0249	-0.3287	0.7199
9	14	1.130	0.1222	-0.2765	1.4065	-0.0001	0.1223	1.1301
10	15	1.882	0.6323	0.2404	1.6416	0.0590	0.5734	1.7743
11	16	2.812	1.0339	0.9354	1.8766	0.0095	1.0244	2.7855

이 외에도 다음과 같이 비선형함수에 대하여 대수변환을 해서 선형함수로 변환시킨 후 앞에서와 같은 절차에 의하여 SAS/INSIGHT에 의한 회귀분석을 할 수 있다.

① 비선형 회귀함수: $y = \beta_0\, e^{\beta_1 x}\, \varepsilon$

대수변환: $y' = \log_e y,\ \beta_0{}' = \log_e \beta_0,\ \varepsilon' = \log_e \varepsilon$

변환된 선형 회귀함수: $y' = \beta_0{}' + \beta_1 x + \varepsilon'$

② 비선형 회귀함수: $y = \beta_0\, x^{\beta_1}\, \varepsilon$

대수변환: $y' = \log_e y,\ \beta_0{}' = \log_e \beta_0,\ x' = \log_e x,\ \varepsilon' = \log_e \varepsilon$

변환된 선형 회귀함수: $y' = \beta_0{}' + \beta_1 x' + \varepsilon'$

③ 비선형 회귀함수: $y = \beta_0\, \beta_1^x\, \varepsilon$

대수변환: $y' = \log_e y,\ \beta_0{}' = \log_e \beta_0,\ \beta_1{}' = \log_e \beta_1,\ \varepsilon' = \log_e \varepsilon$

변환된 선형 회귀함수: $y' = \beta_0{}' + \beta_1{}' x + \varepsilon'$

앞의 대수변환에서 자연로그 $\log_e y$ 대신 상용로그 $\log_{10} y$를 사용할 수도 있다.

6.4 가중회귀분석

단순회귀모형을 적합시킬 때 오차의 정규성, 오차의 독립성, 오차의 등분산성 등은 회귀분석에서 기본 가정이다. 그런데 다른 모든 가정들은 만족되나 오차항의 등분산성이 성립되지 않는 경우도 있다. 이와 같은 경우 최소제곱법에 의한 회귀계수의 추정량 b_0, b_1은 불편추정량이기는 하나 최소분산성은 만족하지 못한다.

다음과 같은 단순회귀모형에서 오차 ε_i의 분산은 일정하지 않은 경우이다.

$$\begin{aligned} &y_i = \beta_0 + \beta_1 x_i + \varepsilon_i \\ &Var(\varepsilon_i) = \sigma_i^2,\ \ i = 1,2,\cdots,n \end{aligned} \tag{6.7}$$

이러한 경우 모형을 변환하여 등분산이 되게 하여 회귀분석을 하는 방법을 살펴보자. 식(6.7)에서 가중치(weight)를 $w_i = \dfrac{1}{\sigma_i^2}$라 놓고 모형의 양변에 $\sqrt{w_i}$를 곱하면

$$\sqrt{w_i}\, y_i = \sqrt{w_i}\,(\beta_0 + \beta_1 x_i) + \sqrt{w_i}\,\varepsilon_i \tag{6.8}$$

이 된다. 식(6.8)에서

$$\sqrt{w_i}\, y_i = y_i',\ \ \sqrt{w_i}\,\beta_0 = \beta_0'\ ,\ \ \sqrt{w_i}\, x_i = x_i'\ ,\ \ \sqrt{w_i}\,\varepsilon_i = \varepsilon_i'$$

이라 놓으면 식(6.8)은

$$y_i' = \beta_0' + \beta_1 x_i' + \varepsilon_i' \tag{6.9}$$

와 같이 쓰 수 있으며, 이렇게 변환된 모형은 모든 $i = 1,2,\cdots,n$에 대하여 다

음과 같이 등분산의 성질을 만족한다. 즉,

$$Var(\varepsilon_i') = Var(\sqrt{w_i}\,\varepsilon_i) = w_i\, Var(\varepsilon_i) = 1$$

식(6.9)의 모형에서 오차제곱합은

$$Q = \sum(\varepsilon_i')^2 = \sum(\sqrt{w_i}\,\varepsilon_i)^2 = \sum w_i(y_i - \beta_0 - \beta_1 x_i)^2 \tag{6.10}$$

이 된다. 3장에서와 같이 오차제곱합 Q를 최소로 β_0과 β_1을 구하면 이것이 최소제곱추정량이며 이와 같은 방법을 가중최소제곱법이라고 한다. 즉, 오차항이 등분산을 갖도록 원래 모형에 가중치를 적용하여 회귀계수를 추정하여 회귀분석을 하는 방법을 가중회귀분석(weighted regression analysis)이라 한다.

식(6.10)의 가중오차제곱합을 β_0과 β_1에 대하여 각각 편미분하면 다음과 같은 정규방정식을 얻을 수 있다.

$$b_0\sum w_i + b_1\sum w_i x_i = \sum w_i y_i \tag{6.11}$$

$$b_0\sum w_i x_i + b_1\sum w_i x_i^2 = \sum w_i x_i y_i \tag{6.12}$$

x와 y의 가중평균을 각각

$$\bar{x} = \frac{\sum w_i x_i}{\sum w_i}, \quad \bar{y} = \frac{\sum w_i y_i}{w_i} \tag{6.13}$$

로 두면 정규방정식의 해는 다음과 같다.

$$b_1 = \frac{\sum w_i(x_i - \bar{x})(y_i - \bar{y})}{\sum w_i(x_i - \bar{x})^2} \tag{6.14}$$

$$b_0 = \bar{y} - b_1 \bar{x} \tag{6.15}$$

가중회귀분석에서 변동은 다음과 같이 정의한다.

$$SST = \sum w_i(y_i - \bar{y})^2$$

$$SSR = \sum w_i(\hat{y}_i - \bar{y})^2 = \frac{\sum [w_i(x_i - \bar{x})(y_i - \bar{y})]^2}{\sum w_i(x_i - \bar{x})^2}$$

$$SSE = \sum w_i(y_i - \hat{y})^2 = SST - SSR$$

위의 식에서 $\bar{x}$ 와 $\bar{y}$ 는 가중평균이고, 가중회귀에서 잔차의 합은

$$\sum w_i(y_i - \hat{y}) = \sum w_i(y_i - b_0 - b_1 x_i)$$

이므로 식(6.11)에 의하여 0이 된다. 가중잔차의 제곱합은 최소가 된다. 기타 이와 관련된 분산분석표는 5.2절의 단순회귀분석의 경우와 같이 작성하면 된다.

만일 오차항의 분산이 독립변수의 수준 x_i 에 따라 다음과 같이 체계적인 형태로 변동하는 경우를 살펴보자.

① $\sigma_i^2 = \sigma^2 x_i$ ② $\sigma_i^2 = \sigma^2 x_i^2$ ③ $\sigma_i^2 = \sigma^2 \sqrt{x_i}$

이 경우 가중치의 결정은 분산의 역비례한 값으로 정해진다. 즉, 잔차 분석 결과 오차의 분산 σ_i^2 이 위의 세 가지 경우와 같이 x_i 와 직접적인 관계가 있다면 ①의 경우에는 ⓐ로, ②의 경우에는ⓑ로, ③의 경우에는 ⓒ가 가중치가

된다.

ⓐ $w_i = 1/x_i$ ⓑ $w_i = 1/x_i^2$ ⓒ $w_i = 1/\sqrt{x_i}$

예제 6.3 다음의 데이터에 대하여 $y_i = \beta_0 + \beta_1 x_i + \varepsilon_i$, $\varepsilon_i \sim N(0,\, k^2 x_i^2)$을 가정하고 가중회귀직선을 추정하라.

y	4	7	4
x	2	6	10

해설 가중치 $w_i = \dfrac{1}{\sigma_i^2} = \dfrac{1}{k^2 x_i^2}$

$$\sum w_i = \sum \frac{1}{k^2 x_i^2} = \frac{1}{k^2}\left(\frac{1}{x_1^2} + \frac{1}{x_2^2} + \frac{1}{x_3^2}\right) = \frac{1}{k^2}\,0.2878$$

$$\sum w_i x_i = \sum \frac{1}{k^2 x_i^2}\, x_i = \frac{1}{k^2}\left(\frac{1}{x_1} + \frac{1}{x_2} + \frac{1}{x_3}\right) = \frac{1}{k^2}\,0.7667$$

$$\sum w_i y_i = \sum \frac{1}{k^2 x_i^2}\, y_i = \frac{1}{k^2}\left(\frac{y_1}{x_1^2} + \frac{y_2}{x_2^2} + \frac{y_3}{x_3^2}\right) = \frac{1}{k^2}\,1.2344$$

$$\bar{x} = \frac{\sum w_i x_i}{\sum w_i} = \frac{0.7667}{0.2878} = 2.664$$

$$\bar{y} = \frac{\sum w_i y_i}{\sum w_i} = \frac{1.2344}{0.2878} = 4.2891$$

$$b_1 = \frac{\sum w_i (x_i - \bar{x})(y_i - \bar{y})}{\sum w_i (x_i - \bar{x})^2}$$

$$= \frac{\sum \frac{1}{x_i^2}(x_i - \bar{x})(y_i - \bar{y})}{\sum \frac{1}{x_i^2}(x_i - \bar{x})^2} = \frac{0.281}{0.96} = 0.293$$

$$b_0 = \bar{y} - b_1\bar{x} = 4.2891 - 0.293(2.664) = 3.509$$

$$\therefore\ \hat{y} = 3.509 + 0.293x$$

위의 [예제 6.3]은 간단한 자료이지만 계산이 매우 번거롭다. SAS를 이용하여 이 문제를 풀어보자. 먼저 확장편집기 창에서 다음과 같은 프로그램을 입력한다.

[프로그램 6.7]

```
DATA ex6_3;
INPUT x y;
w=1/(x*x);  /* w는 가중치 */
CARDS;
  2  4
  6  7
 10  4
RUN;
```

▣ SAS 프로그램 분석

가중회귀분석을 하기 위하여 다음과 같이 PROC REG에서 WEIGHT문장을 사용한다.

[프로그램 6.8]

```
PROC REG DATA=ex6_3;
MODEL y=x;
WEIGHT w; /* 가중치로 w를 지정함 */
RUN;
```

출력결과는 다음과 같다.

```
                              The REG Procedure
                                Model: MODEL1
                           Dependent Variable: y

                  Number of Observations Read           3
                  Number of Observations Used           3

                                  Weight: w
                            Analysis of Variance

                                  Sum of          Mean
Source                 DF        Squares        Square    F Value    Pr > F

Model                   1        0.08071       0.08071       0.56    0.5921
Error                   1        0.14516       0.14516
Corrected Total         2        0.22587

           Root MSE              0.38100    R-Square     0.3573
           Dependent Mean        4.28958    Adj R-Sq    -0.2854
           Coeff Var             8.88201

                            Parameter Estimates

                     Parameter       Standard
Variable      DF      Estimate          Error    t Value    Pr > |t|

Intercept      1       3.51613        1.25713       2.80      0.2186
x              1       0.29032        0.38936       0.75      0.5921
```

즉, 가중회귀분석에 의해 추정된 회귀선은 $\hat{y} = 3.5161 + 0.2903x$

▣ SAS/INSIGHT로 이 문제를 풀어보자.

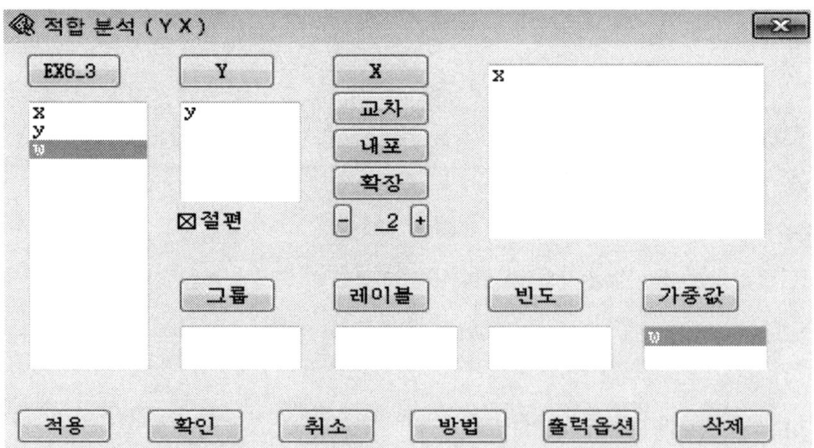

[프로그램 6.7]만 입력한 후 SAS/INSIGHT를 구동하여 앞의 그림과 같이 독립변수와 종속변수 역할을 할 x와 y를 할당하고 **EX6_3** 상자에 있는 변수 목록에서 w를 선택한 후 **가중값**단추를 누르면 w가 가중치로 할당된다. 확인단추를 누르면 출력결과를 다음과 같이 얻을 수 있다.

모형의 식				
y	=	3.5161	+	0.2903 x

적합분석의 요약			
반응변수의 평균	4.2896	결정계수(R-Sq)	0.3573
평균제곱오차의 제곱근	0.3810	수정결정계수(Adj R-Sq)	0

분산분석

요인	자유도	제곱합	평균제곱	F 통계량	Pr > F
모형	1	0.0807	0.0807	0.56	0.5921
오차	1	0.1452	0.1452		
수정합	2	0.2259			

모수 추정값

변수	자유도	추정값	표준 오차	t 통계량	Pr >|t|	허용도(TOL)	분산팽창계수(VIF)
절편	1	3.5161	1.2571	2.80	0.2186	.	0
x	1	0.2903	0.3894	0.75	0.5921	1.0000	1.0000

[표 6.4] 경매 가격(x)과 낙찰 가격(y) 자료

	경매 가격(x)	낙찰 가격(y)
1	2.13	15.5
2	1.21	11.1
3	11	62.6
4	6	35.4
5	5.6	24.9
6	6.91	28.1
7	2.97	15
8	3.35	23.2
9	10.39	42
10	1.1	10
11	4.36	20
12	8	47.5

앞의 [표 6.4]를 12개 건물에 대한 경매 가격(x)과 낙찰 가격(y)의 자료라 하고 다음의 예제를 풀어 보자.

예제 6.4 [표 6.4]에 있는 자료에 대해 회귀분석을 실시하여 잔차의 산점도를 살펴보라. 등분산성을 만족하지 못하는 징후가 있으면 다음의 가중치를 설정하여 가중회귀분석을 실시하고 어떤 경우가 적절한지를 설명하라.

(1) $w_i = 1/x_i$ (2) $w_i = 1/x_i^2$ (3) $w_i = 1/\sqrt{x_i}$

해설

먼저 확장편집기 창에서 다음과 같은 프로그램을 입력한다.

[프로그램 6.9]

```
DATA ex6_4;
INPUT x y;
w1=1/x;  /* w1은 가중치 */
w2=1/(x*x);  /* w는 가중치 */
w3=1/SQRT(x);  /* w3은 가중치 */
CARDS;
 2.13   15.5
 1.21   11.1
 11     62.6
 6      35.4
 5.6    24.9
 6.91   28.1
 2.97   15
 3.35   23.2
 10.39  42
 1.1    10
 4.36   20
 8      47.5
RUN;
```

회귀분석을 하기 위하여 다음과 같이 PROC REG 문장을 작성한다.

[프로그램 6.10]

```
PROC REG DATA=ex6_4;
MODEL y=x;
RUN;
```

- 가중치를 적용하지 않은 출력결과는 다음과 같다.

The REG Procedure
Model: MODEL1
Dependent Variable: y

Number of Observations Read	12
Number of Observations Used	12

Analysis of Variance					
Source	DF	Sum of Squares	Mean Square	F Value	Pr > F
Model	1	2515.11291	2515.11291	73.00	<.0001
Error	10	344.53626	34.45363		
Corrected Total	11	2859.64917			

Root MSE	5.86972	R-Square	0.8795
Dependent Mean	27.94167	Adj R-Sq	0.8675
Coeff Var	21.00705		

Parameter Estimates					
Variable	DF	Parameter Estimate	Standard Error	t Value	Pr > |t|
Intercept	1	4.22895	3.25174	1.30	0.2226
x	1	4.51528	0.52847	8.54	<.0001

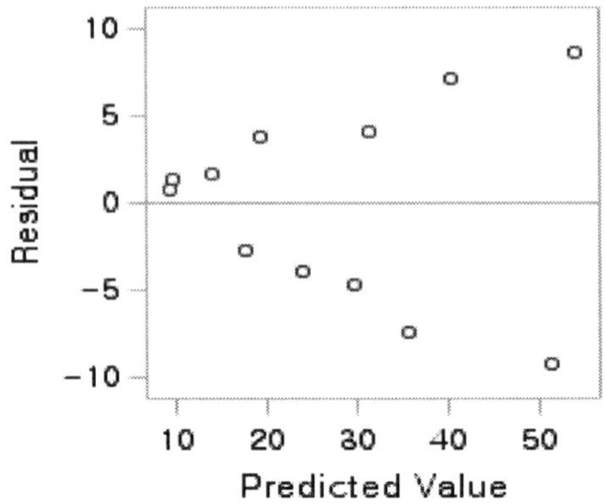

추정된 회귀식 : $\hat{y} = 4.2289 + 4.5153x$

추정의 표준오차 $\sqrt{MSE} = 5.8697$, 결정계수 $R^2 = 0.8795$

분산분석표에서 $F_0 = MSR/MSE = 73$, $p-$값 < 0.0001 이므로 유의수준이 $\alpha = 0.05$이면 $p-$값이 0.05보다 작으므로 귀무가설 $H_0 : \beta_1 = 0$ 을 기각할 수 없다. 또한 모수 추정값의 결과에서도 기울기에 대한 $p-$값이 만족할 만한 수준이다. 그러나 잔차의 산점도를 보면 전형적인 등분산성을 만족시키지 못하는 형태이다.

$w_i = 1/x_i$을 가중치로 적용한 가중회귀분석을 하기 위하여 다음과 같이 PROC REG에서 WEIGHT문장을 사용한다.

[프로그램 6.11]

```
PROC REG DATA=ex6_4;
MODEL y=x;
WEIGHT w1 ; /* 가중치로 w1을 지정함 */
RUN;
```

$w_i = 1/x_i$을 가중치로 적용한 가중회귀분석 출력결과는 다음과 같다.

```
                         The REG Procedure
                          Model: MODEL1
                     Dependent Variable: y

          Number of Observations Read          12
          Number of Observations Used          12

                           Weight: w1
                      Analysis of Variance

                                  Sum of          Mean
Source                 DF        Squares        Square    F Value    Pr > F

Model                   1      481.87245     481.87245     100.86    <.0001
Error                  10       47.77518       4.77752
Corrected Total        11      529.64762

          Root MSE              2.18575    R-Square     0.9098
          Dependent Mean       18.64511    Adj R-Sq     0.9008
          Coeff Var            11.72293

                       Parameter Estimates

                         Parameter       Standard
     Variable     DF      Estimate          Error    t Value    Pr > |t|

     Intercept     1       5.25733        1.73521       3.03      0.0127
     x             1       4.31945        0.43009      10.04      <.0001
```

추정된 회귀식은 $\hat{y} = 5.2573 + 4.3195x$이며, 결정계수, $\sqrt{MSE}$, b_1의 표준오차, b_0의 표준오차 등 분석과 관련된 모든 값들이 가중치를 적용하지 않은 경우의 값보다 좋아졌음을 알 수 있다. WEIGHT문장에서 w1 대신 w2, w3을 쓰면 각각 w2, w3을 가중치로 적용한 가중회귀분석 결과를 얻을 수 있다.

▣ 이제 SAS/INSIGHT로 이 문제를 풀어서 구체적으로 그 결과를 살펴보기로 한다.

먼저 [프로그램 6.9]만 입력한 후 SAS/INSIGHT를 구동하여 적합분석 상자에서 독립변수와 종속변수 역할을 할 x와 y를 할당하고 확인단추를 누르면 가중치가 적용되지 않은 출력결과를 다음과 같이 얻을 수 있다.

모형의 식				
y	=	4.2289	+	4.5153 x

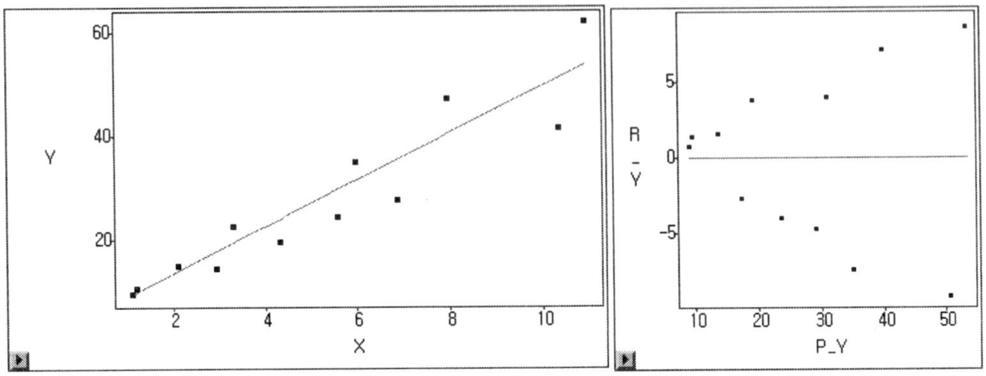

적합분석의 요약			
반응변수의 평균	27.9417	결정계수(R-Sq)	0.8795
평균제곱오차의 제곱근	5.8697	수정결정계수(Adj R-Sq)	0.8675

분산분석

요인	자유도	제곱합	평균제곱	F 통계량	Pr > F
모형	1	2515.1129	2515.1129	73.00	<.0001
오차	10	344.5363	34.4536		
수정합	11	2859.6492			

모수 추정값

변수	자유도	추정값	표준 오차	t 통계량	Pr > |t|	허용도(TOL)	분산팽창계수(VIF)
절편	1	4.2289	3.2517	1.30	0.2226		0
X	1	4.5153	0.5285	8.54	<.0001	1.0000	1.0000

출력결과는 앞의 SAS 프로그램에서 얻은 내용과 같다. 즉,

추정된 회귀식 : $\hat{y} = 4.2289 + 4.5153x$

추정의 표준오차 $\sqrt{MSE} = 5.8697$, 결정계수 $R^2 = 0.8795$

분산분석표에서 $F_0 = MSR/MSE = 73$, $p-$값 < 0.0001 이므로 유의수준이 $\alpha = 0.05$이면 $p-$값이 0.05보다 작으므로 귀무가설 $H_0 : \beta_1 = 0$ 을 기각할 수 없다. 또한 모수 추정값의 결과에서도 절편항은 아니지만 기울기에 대한 $p-$값이 만족할 만한 수준이다. 그러나 잔차의 산점도를 보면 전형적인 등분산성을 만족시키지 못하는 형태이다.

가중치 $w_i = 1/x_i^2$을 적용한 가중회귀분석을 하여 보자. 다음 그림과 같이 독립변수와 종속변수 역할을 할 x와 y를 할당하고 **EX6_4** 상자에 있는 변수

목록에서 w_2를 선택한 후 가중값 단추를 누르면 w_2가 가중치로 할당된다.

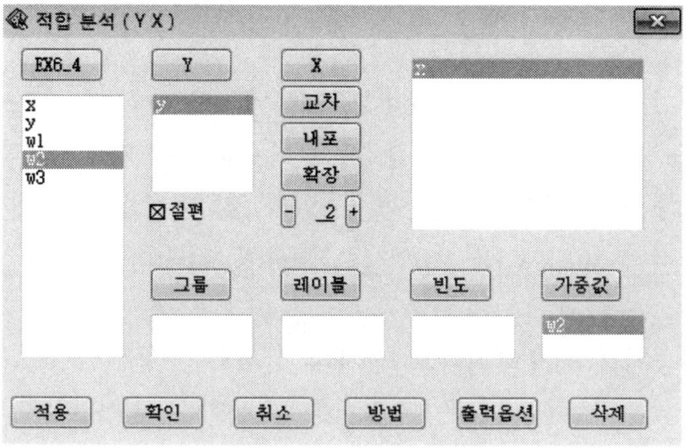

확인단추를 누르면 출력결과를 다음과 같이 얻을 수 있다.

모형의 식					
y	=	5.6569	+	4.1906	x

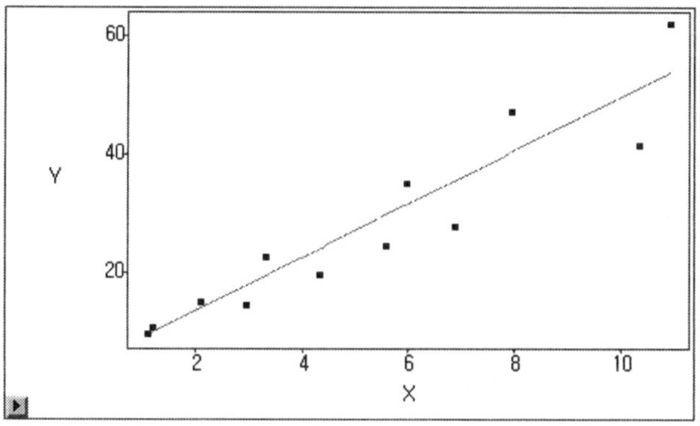

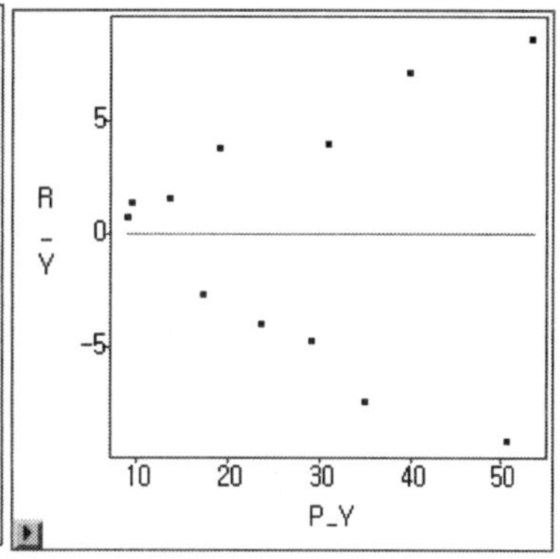

적합분석의 요약			
반응변수의 평균	13.3876	결정계수(R-Sq)	0.9151
평균제곱오차의 제곱근	0.8897	수정결정계수(Adj R-Sq)	0.9066

분산분석

요인	자유도	제곱합	평균제곱	F 통계량	Pr > F
모형	1	85.3015	85.3015	107.77	<.0001
오차	10	7.9151	0.7915		
수정합	11	93.2166			

모수 추정값

변수	자유도	추정값	표준 오차	t 통계량	Pr >|t|	허용도(TOL)	분산팽창계수(VIF)
절편	1	5.6569	0.9652	5.86	0.0002	.	0
x	1	4.1906	0.4037	10.38	<.0001	1.0000	1.0000

추정된 회귀식은 $\hat{y}=5.2573+4.3195x$이며, 결정계수, $\sqrt{MSE}$, b_1의 표준오차, b_0의 표준오차 등 분석과 관련된 모든 값들이 가중치를 적용하지 않은 경우의 값보다 매우 좋아졌음을 알 수 있다. 같은 방법에 의해 w2 대신 w1, w3을 쓰면 각각 w2, w3을 가중치로 적용한 가중회귀분석 결과를 얻을 수 있다.

그런데 가중치를 적용하더라도 잔차의 산점도는 등분산성을 만족하지 않는 것으로 나타났는데 이 그림은 가중치를 적용하지 않은 잔차의 산점도이다. 가중치 $w_i=1/x_i^2$에서 오차는 $\sqrt{w_i}\,\varepsilon_i=\dfrac{\varepsilon_i}{x_i}$이므로 이것의 추정치인 $\sqrt{w_i}\,e_i=\dfrac{e_i}{x_i}$을 수직축에 예측값 $\hat{y_i}$를 수평축으로 하는 잔차의 산점도를 그려야 한다. 이것을 하기위한 절차는 다음과 같다.

1) 메뉴에서 편집 ➡ 변수(V) ➡ 기타를 누른다.

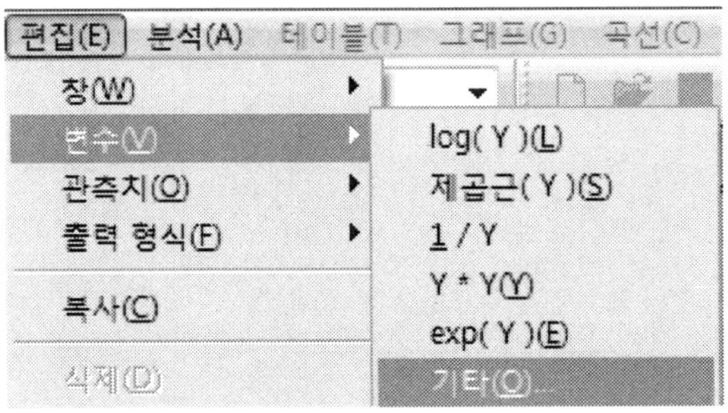

2) 나타나는 변수 편집 상자에서 변환의 Y*X를 선택하고, **EX6_4** 상자의 변수 목록에서 잔차 R_y를 선택한 후 **Y** 단추를 누르면 R_y가 Y역할에 할당된다. 다음에 가중치 $w_1(=1/x_i)$을 선택한 후 **X** 단추를 누르면 w_1이 X 역할에 할당되어 변환의 Y*X는 R_y*w_1로 바뀐 것이다.

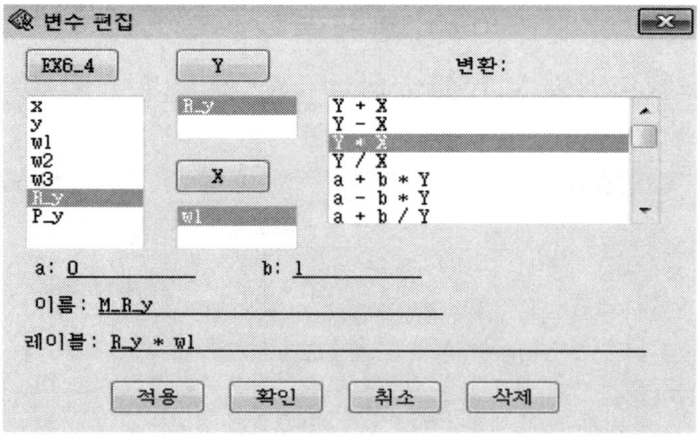

이때 확인 단추를 누르면 data창에서 다음과 같이 $R_y * w_1$가 M_R_y로 변해 있음을 확인할 수 있을 것이다.

WORK.EX6_4

12	구간 x	구간 y	구간 w1	구간 w2	구간 w3	구간 R_y	구간 P_y	구간 M_R_y
1	2.13	15.5	0.4695	0.2204	0.6852	0.9173	14.5827	0.4306
2	1.21	11.1	0.8264	0.6830	0.9091	0.3726	10.7274	0.3079
3	11.00	62.6	0.0909	0.0083	0.3015	10.8471	51.7529	0.9861
4	6.00	35.4	0.1667	0.0278	0.4082	4.5998	30.8002	0.7666
5	5.60	24.9	0.1786	0.0319	0.4226	-4.2239	29.1239	-0.7543
6	6.91	28.1	0.1447	0.0209	0.3804	-6.5136	34.6136	-0.9426
7	2.97	15.0	0.3367	0.1134	0.5803	-3.1028	18.1028	-1.0447
8	3.35	23.2	0.2985	0.0891	0.5464	3.5048	19.6952	1.0462
9	10.39	42.0	0.0962	0.0093	0.3102	-7.1967	49.1967	-0.6927
10	1.10	10.0	0.9091	0.8264	0.9535	-0.2665	10.2665	-0.2422
11	4.36	20.0	0.2294	0.0526	0.4789	-3.9277	23.9277	-0.9008
12	8.00	47.5	0.1250	0.0156	0.3536	8.3187	39.1813	1.0398

3) 잔차의 산점도를 그리기 위해 메뉴에서 분석 ➡ 산점도를 누른다.

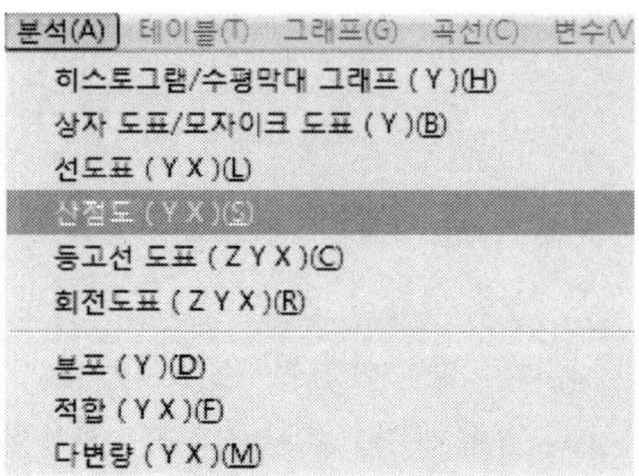

나타나는 산점도 상자의 **EX6_4** 변수 목록에서 P_y를 X역할에 M_R_y를 Y역할에 할당하고 확인 단추를 누른다.

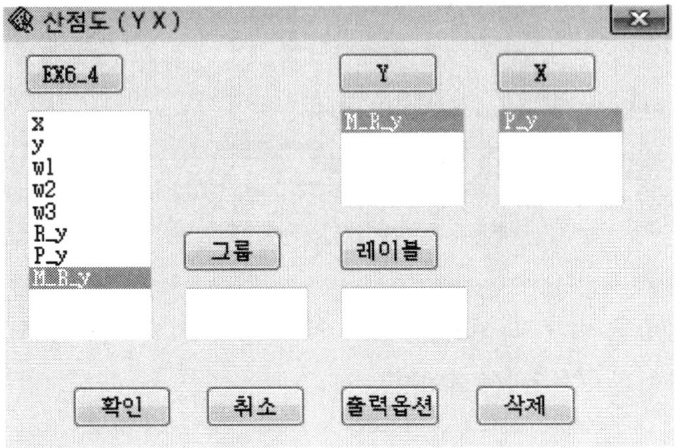

다음과 같은 산점도를 얻을 수 있다.

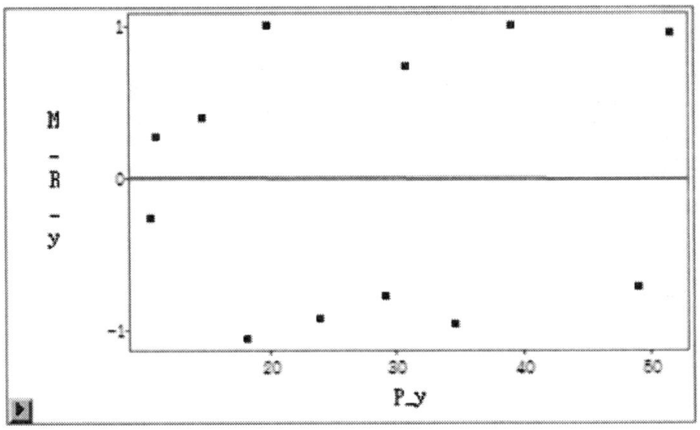

이 그림이 가중치 $w_i = 1/x_i^2$을 적용한 가중회귀분석 결과의 잔차그림으로 앞에서는 달리 등분산성을 만족시키지 않는 그림이 아님을 알 수 있다. 즉 [그림 6.1]의 (3)과 같은 오차의 등분산성이 위배되는 그림이 아니다.

[예제 6.4]를 가중치를 적용하지 않은 경우와 적용한 경우를 SAS 분석하

여 주요 통계량을 다음의 표와 같이 요약하였다.

[예제 6.4]의 요약표

가중치	b_1의 표준오차	b_0의 표준오차	결정계수	$\sqrt{MSE}$
(1) $w_i = 1/x_i$	0.4301	1.7352	0.9098	2.1858
(2) $w_i = 1/x_i^2$	0.4037	0.9652	0.9151	0.8897
(3) $w_i = 1/\sqrt{x_i}$	0.4687	2.3906	0.8985	3.5494
(4) 가중치 없음	0.5285	3.2517	0.8795	5.8697

• 추정된 회귀식

(1) $\hat{y} = 5.2573 + 4.3195x$

(2) $\hat{y} = 5.6569 + 4.1906x$

(3) $\hat{y} = 4.8400 + 4.4097x$

(4) $\hat{y} = 4.2289 + 4.5153x$

앞에서 설명한 바와 같이 등분산이 아닌 경우에 최소제곱추정량은 불편추정량이기는 하지만 최소분산성을 만족하지는 못한다. 이 예제의 경우에는 결정계수, 추정의 표준오차 $\sqrt{MSE}$, 회귀계수 b_0, b_1의 표준오차를 비교해볼 때 가중치를 적용한 결과가 가중치를 사용하지 않은 경우보다 모두 적절하다. 특히, (2)의 $w_i = 1/x_i^2$을 가중치로 사용하는 것이 가장 적절할 것으로 판단된다.

연 습 문 제

【6.1】 [표 3.2]에 있는 어느 은행 펀드상품의 계약 체결건수(x)와 펀드상품 판매액(y) 자료에 대하여 $y_i = \beta_0 + \beta_1 x_i + \varepsilon_i$를 가정하고 다음 질문에 답하라.

① 잔차의 산점도를 작성하고 모형의 선형성을 검토하라.

② 잔차의 $Q-Q$도를 작성하라.

③ 수치적 방법에 의한 오차의 정규성을 검토하라.

④ Durbin-Watson의 검정통계량을 구하여 유의수준 $\alpha = 0.05$에서 오차의 독립성을 검토하라.

$H_0 : \beta_1 = 0 \quad H_1 : \beta_1 \neq 0$

⑤ 오차의 등분산성을 검토하라.

【6.2】 다음은 어느 은행의 8개 도시에 대한 홍보횟수(x)와 증가한 고객의 수(y : 단위 1000명)에 대한 자료이다.

도시	홍보횟수(x)	증가한 고객의 수(y)
1	80	0.6
2	220	6.7
3	140	5.3
4	120	4.0
5	180	6.55
6	100	2.15
7	200	6.6
8	160	5.75

① $y_i = \beta_0 + \beta_1 x_i + \varepsilon_i$를 가정하고 결정계수를 구하라.

② ①의 모형에 대하여 분산분석표를 작성하여 $H_0: \beta_1 = 0$, $H_1: \beta_1 \neq 0$ 을 유의수준 $\alpha = 0.05$로 검정하라.

③ ①의 모형에 대하여 잔차의 산점도를 작성하고 모형의 선형성을 검토하라.

④ $\log_e y = \beta_0 + \beta x + \varepsilon$를 가정하고 결정계수를 구하고 그 결과를 ①과 비교하라.

⑤ ④의 모형에 대하여 분산분석표를 작성하여 $H_0: \beta_1 = 0$, $H_1: \beta_1 \neq 0$ 을 유의수준 $\alpha = 0.05$로 검정하고 그 결과를 ②와 비교하라.

⑥ ④의 모형에 대하여 잔차의 산점도를 작성하고 그 결과를 ③과 비교하여 보라.

⑦ $\log_{10} y = \beta_0 + \beta x + \varepsilon$를 가정하고 그 결과를 ④, ⑥과 비교하라.

【6.3】 다음은 어느 증권사의 지난 20개월 간 광고비(x)와 시장점유율(y)의 자료이다.

t(시점)	광고비(x)	시장점유율(y)
1	0.90	4.87
2	0.89	4.90
3	0.86	5.29
4	0.85	6.18
5	0.82	7.20
6	0.80	8.29
7	0.83	7.18
8	0.79	7.90
9	0.76	8.45
10	0.78	8.23
11	0.97	3.63
12	0.95	4.20
13	0.99	3.33
14	0.91	4.54
15	0.98	2.89
16	0.79	7.25
17	0.83	6.09
18	0.81	6.08
19	0.77	8.65
20	0.76	8.43

① 잔차의 산점도를 작성하여 자기상관 유무를 검토하라.
② 일차자기상관계수를 구하라.
③ 양의 자기상관이 존재하는지를 유의수준 $\alpha = 0.05$로 검정하라.
④ 잔차의 $Q-Q$를를 작성하여 오차의 정규성을 검토하라.
⑤ 수치적 방법에 의한 오차의 정규성을 검토하라.

【6.4】 다음은 어느 보험사의 과거 15년 간의 광고비(x)와 매출액(y) 자료이다. $y_i = \beta_0 + \beta_1 x_i + \varepsilon_i$를 가정하고 다음 질문에 답하라.

연도	광고비(x)	매출액(y)
2001	78	308
2002	80	314
2003	82	321
2004	84	323
2005	88	329
2006	93	337
2007	97	347
2008	99	356
2009	104	359
2010	109	372
2011	115	379
2012	120	404
2013	127	419
2014	135	431
2015	144	449

① 회귀선을 추정하라.
② 결정계수를 구하라.
③ 분산분석표를 작성하여 $H_0 : \beta_1 = 0$, $H_1 : \beta_1 \neq 0$ 을 유의수준 $\alpha = 0.05$로 검정하라.

④ x와 y의 상관계수를 구하라.
⑤ 일차자기상관계수를 구하라.
⑥ 양의 자기상관이 존재하는지를 유의수준 $\alpha = 0.05$로 검정하라.

【6.5】 연습문제 [3.1] 자료에 대하여 $y_i = \beta_0 + \beta_1 x_i + \varepsilon_i$를 가정하고 다음 질문에 답하라.
① 회귀선을 추정하고 결정계수를 구하라.
② 수치적 방법에 의한 오차의 정규성을 검토하라.
③ x와 y의 상관계수를 구하라.
④ 일차자기상관계수를 구하라.
⑤ 오차의 독립성을 검토하라.
⑥ 오차의 등분산성을 검토하라.

7장

다중회귀모형과 SAS 분석

7.1 다중회귀모형의 설정

지금까지는 종속변수에 영향을 미치는 독립변수가 한 개인 단순회귀분석에 대하여 살펴보았다. 그러나 대부분의 실제 문제에서는 종속변수의 현상을 설명하기 위하여 한 개 보다 많은 독립변수를 필요로 한다. 예를 들면 3장에서 예제로 설명한 백화점의 광고비와 판매액 간의 관계에서 판매액은 광고비 이외에도 직원들의 근무시간량, 제품의 가격, 매장의 규모와 크기 등에도 영향을 받을 것이다. 또한 어떤 기업의 주가도 종합주가지수에만 영향을 받는 것이 아니라 환율, 금리, 미국 다우지수 등에도 영향을 받는다.

이와 같이 하나의 종속변수에 영향을 미치는 독립변수가 두 개 이상 있는 경우의 회귀분석을 다중선형회귀분석 간단하게 다중회귀분석이라고 한다. 다중회귀분석은 단순회귀분석에서 독립변수의 개수만 늘어난 경우로 기본적인 분석방법에는 별다른 차이가 없다.

종속변수 y의 변동을 설명해주는 독립변수가 $x_1, x_2, \cdots, x_k$인 경우의 다중회귀모형을 다음과 같이 나타낸다.

$$y = \beta_0 + \beta_1 x_1 + \beta_2 x_2 + \cdots + \beta_k x_k + \varepsilon \tag{7.1}$$

식(7.1)을 n개 관측값에 대하여 다음과 같이 쓸 수 있다.

• 독립변수가 k개인 다중회귀모형

$$y_i = \beta_0 + \beta_1 x_{1i} + \beta_2 x_{2i} + \cdots + \beta_k x_{ki} + \varepsilon_i\,,\quad i = 1, 2 \cdots, n \tag{7.2}$$

- y_i는 i번째 측정된 종속변수 y의 값.
- $x_{1i}, x_{2i}, \cdots, x_{ki}$ 는 i번째 주어진 k개 독립변수 $x_1, x_2, \cdots, x_k$의 고정된 값.
- $\beta_0, \beta_1, \cdots, \beta_k$ 는 모집단 회귀계수로서 추정해야 할 모수임.
- ε_i는 i번째 측정된 y_i의 오차항으로 서로 독립이며 정규분포 $N(0, \sigma^2)$을 따른다.

단순회귀모형의 경우와 마찬가지로 $E(\varepsilon_i)=0$ 이므로 다중회귀모형에서 종속변수의 평균은 다음과 같으며 이를 다중회귀모형의 모집단 회귀식이라고 한다.

$$\mu_y = E(y_i) = \beta_0 + \beta_1 x_{1i} + \beta_2 x_{2i} + \cdots + \beta_k x_{ki} \tag{7.3}$$

$k=1$ 이면 단순회귀모형이 되며 단순회귀분석에서 회귀계수 β_0과 β_1을 추정하기 위해서는 식(3.11)과 같은 2개의 정규방정식을 풀어야 한다. 따라서 독립변수가 k개인 다중회귀분석에서는 $k+1$개의 정규방정식을 풀어야 하므로 식의 표현이나 계산의 편리를 위해 다음과 같이 행렬과 벡터를 사용한다. 식(7.1)을 n개 관측값에 대하여 구체적으로 표현하면 다음과 같다.

$$\begin{aligned}
y_1 &= \beta_0 + \beta_1 x_{11} + \beta_2 x_{21} + \cdots + \beta_k x_{k1} + \varepsilon_1 \\
y_2 &= \beta_0 + \beta_1 x_{12} + \beta_2 x_{22} + \cdots + \beta_k x_{k2} + \varepsilon_2 \\
&\vdots \\
y_n &= \beta_0 + \beta_1 x_{1n} + \beta_2 x_{2n} + \cdots + \beta_k x_{kn} + \varepsilon_n
\end{aligned}$$

위의 식을 행렬과 벡터를 이용하여 다음과 같이 쓸 수 있다.

$$\boldsymbol{y} = \boldsymbol{X\beta} + \boldsymbol{\varepsilon} \tag{7.4}$$

여기서,

$$\boldsymbol{y} = \begin{bmatrix} y_1 \\ y_2 \\ \vdots \\ y_n \end{bmatrix}, \quad \boldsymbol{X} = \begin{bmatrix} 1 & x_{11} & x_{21} & \cdots & x_{k1} \\ 1 & x_{12} & x_{22} & \cdots & x_{k2} \\ \vdots & \vdots & \vdots & \vdots & \vdots \\ 1 & x_{1n} & x_{2n} & \cdots & x_{kn} \end{bmatrix}, \quad \boldsymbol{\beta} = \begin{bmatrix} \beta_0 \\ \beta_1 \\ \vdots \\ \beta_k \end{bmatrix}, \quad \boldsymbol{\varepsilon} = \begin{bmatrix} \varepsilon_1 \\ \varepsilon_2 \\ \vdots \\ \varepsilon_n \end{bmatrix} \tag{7.5}$$

이며, $\boldsymbol{\varepsilon}$은 오차항의 벡터로서 정규분포 $N(\mathbf{0}, \sigma^2\boldsymbol{I})$를 따른다고 가정한다. 그리고 $\boldsymbol{I}$는 대각선의 원소들은 모두 1이고 나머지 원소들은 0인 단위행렬(identity or unit matrix)이다.

행렬 이론에 익숙하지 않은 독자들은 식(7.4)의 표현이 생소하겠지만 일반적으로 다중회귀모형은 독립변수의 수가 많으므로 분석의 편이를 위해 이렇게 행렬과 벡터를 이용하여 표현하며 결국은 식(7.2)의 n개 관측값에 대하여 풀어 쓴 것이나 식(7.4)는 같은 것이다. 물론 $k=1$이면 식(7.4)는 식(3.4)와 동일한 단순회귀모형이 된다.

$E(\boldsymbol{\varepsilon})=\mathbf{0}$이 성립하므로 식(7.3)의 모집단 회귀식은

$$E(\boldsymbol{y}) = \boldsymbol{X\beta} \tag{7.6}$$

와 같이 나타낼 수 있다.

7.2 회귀계수의 추정과 해석

다중회귀분석에서 회귀계수 $\beta_0, \beta_1, \cdots, \beta_k$의 추정은 단순회귀분석에서와 같이 최소제곱법을 이용한다. 즉, 오차제곱합

$$\sum \varepsilon_i^2 = \sum [y_i - (\beta_0 + \beta_1 x_{1i} + \beta_2 x_{2i} + \cdots + \beta_k x_{ki})]^2$$

을 최소로 하는 $\beta_0, \beta_1, \cdots, \beta_k$의 추정량을 구하는 것이다. 오차제곱합을 $k+1$번 편미분하여 정규방정식을 만들어 최소제곱추정량을 구하는 절차는 상당히 번거로우며, 따라서 행렬에 의한 오차제곱합의 표현은 다음과 같다.

$$\boldsymbol{\varepsilon}'\boldsymbol{\varepsilon} = (\boldsymbol{y} - \boldsymbol{X\beta})'(\boldsymbol{Y} - \boldsymbol{X\beta}) \tag{7.7}$$

식(7.7)을 $\boldsymbol{\beta} = (\beta_0, \beta_1, \cdots, \beta_k)'$에 대하여 미분해서 $\mathbf{0}$으로 놓고 이를 만족시

키는 $\boldsymbol{\beta}=(\beta_0, \beta_1, \cdots, \beta_k)'$ 를 $\boldsymbol{b}=(b_0, b_1, \cdots, b_k)'$ 로 표시하면 다음의 정규방정식을 얻을 수 있다.

$$\boldsymbol{X}'\boldsymbol{X}\boldsymbol{b}=\boldsymbol{X}'\boldsymbol{y} \tag{7.8}$$

$(\boldsymbol{X}'\boldsymbol{X})$의 역행렬이 존재한다면 위 식의 양변에 $(\boldsymbol{X}'\boldsymbol{X})^{-1}$을 곱하여 다음의 최소제곱추정량 $\boldsymbol{b}=(b_0, b_1, \cdots, b_k)'$ 를 얻게 되며, 이는 단순회귀분석의 경우와 마찬가지로 Gauss-Markov 정리에 의해 최량선형불편추정량이 된다.

$$\boldsymbol{b}=(\boldsymbol{X}'\boldsymbol{X})^{-1}\boldsymbol{X}'\boldsymbol{y} \tag{7.9}$$

다중회귀모형에서 i번째 독립변수 x_i의 회귀계수 β_i는 x_i를 제외한 모든 다른 독립변수들의 값은 일정한 수준으로 고정하고 i번째 독립변수의 값을 한 단위 변화시켰을 때 대응되는 종속변수의 평균 변화값으로 해석된다.

예제 7.1 [예제 3.1]의 단순회귀모형에서 추정된 회귀선 $\hat{y}=-0.1+0.7x$ 을 식(7.9)의 정규방적식으로 풀어 보아라.

해설

$$\boldsymbol{X}=\begin{bmatrix}1&3\\1&5\\1&1\\1&4\\1&2\end{bmatrix},\quad \boldsymbol{X}'\boldsymbol{X}=\begin{bmatrix}1&1&1&1&1\\3&5&1&4&2\end{bmatrix}\begin{bmatrix}1&3\\1&5\\1&1\\1&4\\1&2\end{bmatrix}=\begin{bmatrix}5&15\\15&55\end{bmatrix}$$

$\boldsymbol{X}'\boldsymbol{X}$의 행렬식은 $\boldsymbol{X}'\boldsymbol{X}=\begin{vmatrix}5&15\\15&55\end{vmatrix}=50$

$$(\boldsymbol{X'X})^{-1} = \frac{1}{50}\begin{bmatrix} 55 & -15 \\ -15 & 5 \end{bmatrix} = \begin{bmatrix} 1.1 & -0.3 \\ -0.3 & 0.1 \end{bmatrix}$$

$$\boldsymbol{X'y} = \begin{bmatrix} 1 & 1 & 1 & 1 & 1 \\ 3 & 5 & 1 & 4 & 2 \end{bmatrix}\begin{bmatrix} 2 \\ 4 \\ 1 \\ 2 \\ 1 \end{bmatrix} = \begin{bmatrix} 10 \\ 37 \end{bmatrix}$$

$$\begin{aligned} \boldsymbol{b} &= (\boldsymbol{X'X})^{-1}\boldsymbol{X'y} \\ &= \begin{bmatrix} 1.1 & -0.3 \\ -0.3 & 0.1 \end{bmatrix}\begin{bmatrix} 10 \\ 37 \end{bmatrix} = \begin{bmatrix} -0.1 \\ 0.7 \end{bmatrix} = \begin{bmatrix} b_0 \\ b_1 \end{bmatrix} \end{aligned}$$

$$\therefore\ \hat{y} = -0.1 + 0.7x$$

이제 SAS로 다중회귀에서 이와 같이 번거로운 계산을 해결하여 보자.

[표 7.1] 표적 인구(x_1), 재량소득(x_2), 판매량(y)

지역	x_1	x_2	y
1	274	2450	162
2	180	3254	120
3	375	3802	223
4	205	2838	131
5	86	2347	67
6	265	3782	169
7	98	3008	81
8	330	2450	192
9	195	2137	116
10	53	2560	55
11	430	4020	252
12	372	4427	232
13	236	2660	144
14	157	2088	103
15	370	2605	212

[표 7.1]은 어떤 화장품의 특정 제품에 대한 15개 지역의 표적인구(x_1)와 한달 재량소득(x_2) 그리고 판매량(y)이다. x_1의 단위는 100명, x_2의 단위는 1000원, y의 단위는 10개이다.

예제 7.2 [표 7.1]의 자료에 대하여 다중회귀모형 $y_i = \beta_0 + \beta_1 x_{1i} + \beta_2 x_{2i} + \varepsilon_i$를 가정하고 SAS를 통해 회귀식을 추정하여라.

해설

(1) SAS 프로그램

먼저 확장편집기 창에서 다음과 같은 프로그램을 입력한다.

[프로그램 7.1] ex7_2 라는 이름의 SAS 자료를 생성하는 프로그램

```
DATA ex7_2;
INPUT x1 x2 y;
CARDS;
 274   2450   162
 180   3254   120
 375   3802   223
 205   2838   131
  86   2347   67
 265   3782   169
  98   3008   81
 330   2450   192
 195   2137   116
  53   2560   55
 430   4020   252
 372   4427   232
 236   2660   144
 157   2088   103
 370   2605   212
RUN;
```

생성된 SAS 자료 ex7_12에 대하여 판매량(y)을 종속변수로 하고 표적인구(x_1)와 재량소득(x_2)을 독립변수로 하는 다중회귀분석을 수행하라는 명령문을 다음과 같이 작성한다.

[프로그램 7.2] 다중회귀분석을 수행하는 가장 간단한 PROC REG

```
PROC REG DATA=ex7_2;
MODEL y=x1 x2;
RUN;
```

단순회귀분석의 경우와 같이 많은 출력결과가 나오지만 필요한 부분만 보면 다음과 같다.

[출력결과 7.1]

Parameter Estimates

Variable	DF	Parameter Estimate	Standard Error	t Value	Pr > |t|
Intercept	1	3.45261	2.43065	1.42	0.1809
x1	1	0.49600	0.00605	81.92	<.0001
x2	1	0.00920	0.00096811	9.50	<.0001

최소제곱추정량 : $b_0 = 3.4526,\ b_1 = 0.4960,\ b_2 = 0.0092$

추정된 회귀식 : $\hat{y} = 3.4526 + 0.4960x_1 + 0.0092x_2$

따라서 $b_1 = 0.4960$은 재량소득(X_2)을 일정하게 고정된 상태에서 표적인구(X_1)가 한 단위(100명) 증가함에 따라 판매량은 평균적으로 4.96개 증가하는 것으로 추정된다는 의미이다. 또한 $b_2 = 0.0092$는 표적인구를 일정하게 고정하였을 때 재량소득이 한 단위(1000원) 증가함에 따라 평균 판매량이 0.92개 만큼 증가하는 것으로 추정된다는 것이다.

(2) SAS/INSIGHT

[프로그램 7.1]만 수행한 후 SAS/INSIGHT를 구동하여 적합분석 메뉴를 선택하고 다음과 같이 독립변수와 종속변수의 역할을 할당한다. 즉 **EX7_2** 상자의 변수 목록에서 x1과 x2를 선택한 후 **X** 단추를 눌러 x1과 x2를 독립변수 역할에 할당한다. 그리고 y를 선택하고 **Y** 단추를 눌러 y를 종속변수 y역할에 할당시킨다.

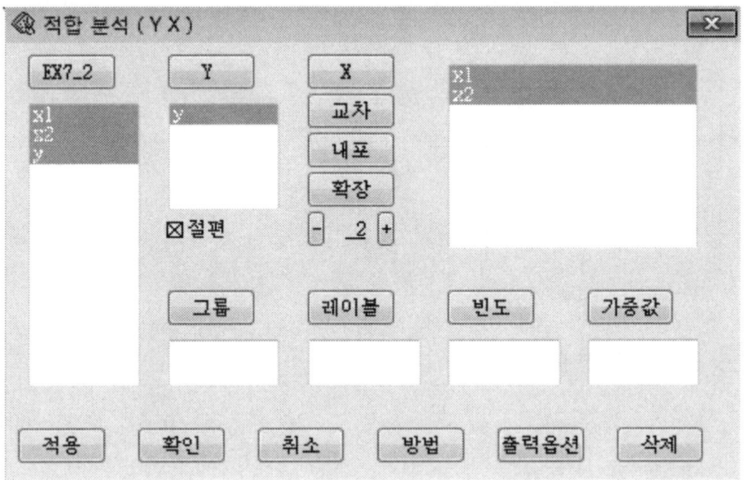

확인 단추를 눌러 필요한 부분만 출력된 결과를 보면 다음과 같다.

[출력결과 7.2]

모형의 식
y = 3.4526 + 0.4960 x1 + 0.0092 x2

모수 추정값							
변수	자유도	추정값	표준 오차	t 통계량	Pr >|t|	허용도(TOL)	분산팽창계수(VIF)
절편	1	3.4526	2.4307	1.42	0.1809	.	0
x1	1	0.4960	0.0061	81.92	<.0001	0.6767	1.4777
x2	1	0.0092	0.0010	9.50	<.0001	0.6767	1.4777

앞의 SAS 프로그램에 의한 출력결과[출력결과 7.1]과 같음을 알 수 있다.

7.3 오차항의 추정

오차 ε의 분산 σ^2을 추정하기 위하여 단순회귀모형에서와 같이 잔차제곱합 SSE를 구하여 보자. 먼저 추정된 회귀식의 값과 잔차를 행렬과 벡터로 표현하여 보자. i번째 추정된 y의 값 $\hat{y}_i$와 잔차 $e_i = y_i - \hat{y}_i$ 를 모든 $i = 1, 2, \cdots, n$ 에 대하여 다음과 같이 나타낼 수 있다.

$$\hat{\boldsymbol{y}} = \begin{bmatrix} \hat{y_1} \\ \hat{y_2} \\ \vdots \\ \hat{y_n} \end{bmatrix}, \qquad \boldsymbol{e} = \begin{bmatrix} e_1 \\ e_2 \\ \vdots \\ e_n \end{bmatrix} \tag{7.10}$$

따라서 추정된 $\hat{y_i}$의 값들은

$$\hat{\boldsymbol{y}} = \boldsymbol{X}\boldsymbol{b} = \boldsymbol{X}(\boldsymbol{X}'\boldsymbol{X})^{-1}\boldsymbol{X}'\boldsymbol{y} \tag{7.11}$$

와 같이 쓸 수 있으며, 식(7.11)에서

$$\boldsymbol{H} = \boldsymbol{X}(\boldsymbol{X}'\boldsymbol{X})^{-1}\boldsymbol{X}' \tag{7.12}$$

를 햇트 행렬(hat matrix)이라 한다. 이 행렬은 이상치의 식별 등 회귀분석의 추론에서 주요하게 쓰이는 값이다.

잔차벡터 $\boldsymbol{e}' = (e_1, e_2, \cdots, e_n)$ 로부터

$$SSE = \sum (y_i - \hat{y}_i)^2 = \boldsymbol{e}'\boldsymbol{e}$$

$$= (\boldsymbol{y} - \boldsymbol{X}\boldsymbol{b})'(\boldsymbol{Y} - \boldsymbol{X}\boldsymbol{b})$$
$$= \boldsymbol{y}'\boldsymbol{y} - \boldsymbol{b}'\boldsymbol{X}'\boldsymbol{y}$$
$$= \boldsymbol{y}'(\boldsymbol{I} - \boldsymbol{H})\boldsymbol{y} \tag{7.13}$$

를 얻을 수 있다. 그런데 식(7.11)의 추정된 회귀선 $\hat{\boldsymbol{y}}$를 구하기 위해서 $(k+1)$개의 모수 $\beta_0, \beta_1, \cdots, \beta_k$ 를 추정해야 하므로 SSE의 자유도는 자료의 수 n에서 $(k+1)$를 차감한 $(n-k-1)$이 된다. 따라서 오차의 분산 σ^2의 추정량은 다음의 잔차평균제곱 MSE가 되며 이는 단순회귀분석에서와 같이 σ^2의 불편추정량이 된다.

$$\widehat{\sigma^2} = MSE = \frac{SSE}{n-k-1} \tag{7.14}$$

예제 7.3 [예제 7.2]에 대하여 SSE의 자유도, σ^2의 추정량 MSE와 추정의 표준오차 $\sqrt{MSE}$를 구하라.

해설

[프로그램 7.2]를 수행하여 관련된 출력결과 부분을 보면 다음과 같다.

Analysis of Variance					
Source	DF	Sum of Squares	Mean Square	F Value	Pr > F
Model	2	53845	26922	5679.47	<.0001
Error	12	56.88357	4.74030		
Corrected Total	14	53902			

Root MSE	2.17722	R-Square	0.9989
Dependent Mean	150.60000	Adj R-Sq	0.9988
Coeff Var	1.44570		

자료의 수 $n=15$, 독립변수의 수 $k=2$이므로 자유도는 $n-k-1=12$로 출력

되어 있음을 알 수 있다.

$SSE = 56.8836,\quad MSE = 4.7403,\quad \sqrt{MSE} = 2.1772$

SAS/INSIGHT에서도 다음과 같은 결과를 얻을 수 있으며 출력값 들은 동일하다.

적합분석의 요약			
반응변수의 평균	150.6000	결정계수(R-Sq)	0.9989
평균제곱오차의 제곱근	2.1772	수정결정계수(Adj R-Sq)	0.9988

분산분석					
요인	자유도	제곱합	평균제곱	F 통계량	Pr > F
모형	2	53844.7164	26922.3582	5679.47	<.0001
오차	12	56.8836	4.7403		
수정합	14	53901.6000			

또한 다중회귀모형에서 잔차의 특성은 식(3.24)부터 식(3.27)에 있는 단순회귀모형에서의 잔차의 특성과 동일하게 된다.

연 습 문 제

【7.1】 다음은 어느 자동차 회사의 A라는 자동차 제품에 대한 15개 도시의 광고비(x_1), 브랜드 인지도(x_2), 시장점유율(y) 자료이다. 다중회귀모형 $y_i = \beta_0 + \beta_1 x_{1i} + \beta_2 x_{2i} + \varepsilon_i$ 를 가정하고 다음 질문에 답하라.

도시	광고비(x_1)	브랜드 인지도(x_2)	시장점유율(y)
1	21.0	21.33	0.291
2	21.8	19.81	0.291
3	22.3	19.20	0.288
4	26.6	21.94	0.464
5	27.1	24.68	0.532
6	27.4	25.29	0.557
7	27.9	20.11	0.441
8	27.9	22.86	0.515
9	29.7	21.03	0.603
10	32.7	22.55	0.628
11	32.7	25.90	0.956
12	33.7	26.21	0.775
13	34.7	21.64	0.727
14	35.0	19.50	0.704
15	40.6	21.94	0.804

① 회귀식을 추정하라.

② SSE, $\widehat{\sigma^2} = MSE$, $\hat{\sigma} = \sqrt{MSE}$ 를 구하라.

③ $x_1 = 27.1$, $x_2 = 24.68$일 때 시장점유율을 추정하라.

④ x_1에 대한 y, x_2에 대한 y의 산점도를 그리고 각각의 상관계수 $r_{x_1,y}$, $r_{x_2,y}$를 구하라.

⑤ $y_i = \beta_0 + \beta_1 x_{1i} + \varepsilon_i$ 를 가정하고 회귀계수와 MSE를 구하라.

⑥ $y_i = \beta_0 + \beta_2 x_{2i} + \varepsilon_i$ 를 가정하고 회귀계수와 MSE를 구하라.

⑦ ②, ⑤, ⑥의 MSE를 비교하고 그 결과를 논의하라.

【7.2】 아래 표의 자료에 대하여 $y_i = \beta_0 + \beta_1 x_{1i} + \beta_2 x_{2i} + \varepsilon_i$ 를 가정하고 다음 질문에 답하라.

학생	회귀분석 성적(y)	통계학 점수(x_1)	결석 수(x_2)
1	85	65	1
2	74	50	7
3	76	55	5
4	90	65	2
5	85	55	6
6	87	70	3
7	94	65	2
8	98	70	5
9	81	55	4
10	91	70	3
11	76	50	1
12	74	55	4

① 회귀식을 추정하라.

② SSE, $\widehat{\sigma^2} = MSE$, $\hat{\sigma} = \sqrt{MSE}$ 를 구하라.

③ $x_1 = 70$, $x_2 = 3$일 때 회귀분석 성적을 추정하라.

【7.3】 연습문제 [5.5]에 A 자동차의 주가(y), 종합주가지수(x_1), 환율(원/달러 : x_2), 다우지수(x_3)의 자료가 있다. $y_i = \beta_0 + \beta_1 x_{1i} + \beta_2 x_{2i} + \beta_3 x_{3i} + \varepsilon_i$ 를 가정하고 다음 질문에 답하라.

① 회귀식을 추정하라.

② SSE, $\widehat{\sigma^2} = MSE$, $\hat{\sigma} = \sqrt{MSE}$ 를 구하라.

【7.4】 다음은 어느 회사 직원들의 연간 지출액(y)에 대한 음식비(x_1), 주식 투자비(x_2), 휴가비(x_3), 예금액(x_4)의 자료이다.

직원	x_1	x_2	x_3	x_4	y
1	7	26	6	60	78.5
2	1	29	15	52	74.3
3	11	56	8	20	104.3
4	11	31	8	47	87.6
5	7	52	6	33	95.9
6	11	55	9	22	109.2
7	3	71	17	6	102.7
8	1	31	22	44	72.5
9	2	54	18	22	93.1
10	21	47	4	26	115.9
11	1	40	23	34	83.8
12	11	66	9	12	113.3
13	10	68	8	12	109.4

① $y_i = \beta_0 + \beta_1 x_{1i} + \beta_2 x_{2i} + \beta_3 x_{3i} + \beta_4 x_{4i} + \varepsilon_i$ 를 가정하고 회귀식을 추정하라.

② SSE, $\widehat{\sigma^2} = MSE$, $\hat{\sigma} = \sqrt{MSE}$ 를 구하라.

【7.5】 아파트 가격(y)과 평수(x_1 : m^2), 경과년수(x_2 : 개월)와의 관계를 알아보기 위해 13개 아파트를 대상으로 다음과 같은 자료를 얻었다. $y_i = \beta_0 + \beta_1 x_{1i} + \beta_2 x_{2i} + \varepsilon_i$ 를 가정하고 다음 질문에 답하라.

x_1	152	183	171	165	158	161	149	158	170	153	164	190	185
x_2	50	20	20	30	30	50	60	50	40	55	40	40	20
y	120	141	124	126	117	129	123	125	132	123	132	155	147

① 회귀식을 추정하라.

② $SSE,\ \widehat{\sigma^2} = MSE,\ \hat{\sigma} = \sqrt{MSE}$ 를 구하라.

③ x_1에 대한 y, x_2에 대한 y의 산점도를 그리고 각각의 상관계수 $r_{x_1,y}$, $r_{x_2,y}$를 구하라.

④ $y_i = \beta_0 + \beta_1 x_{1i} + \varepsilon_i$ 를 가정하고 회귀계수와 MSE를 구하라.

⑤ $y_i = \beta_0 + \beta_2 x_{2i} + \varepsilon_i$ 를 가정하고 회귀계수와 MSE를 구하라.

8장 다중회귀모형의 추론과 SAS 분석

8.1 결정계수

8.2 회귀모형의 유의성 검정

8.3 회귀계수에 관한 추론

8.4 종속변수에 관한 추론

8.5 절편 없는 다중회귀모형

8.1 결정계수

단순회귀분석의 경우와 마찬가지로 다중회귀분석에서도 추정된 회귀식의 적합성을 측정하는 방법으로 오차항의 분산 σ^2에 대한 추정치와 결정계수, 분산분석 등이 있다.

다중회귀분석에서 잔차가 갖는 성질은 7.3절에서 설명한 바와 같이 단순회귀분석에서의 경우와 동일하며, 세 가지 제곱합 SST, SSR, SSE도 잔차 벡터 $\boldsymbol{e}' = (e_1, e_2, \cdots, e_n)$를 이용하여 구할 수 있다. 그런데 단순회귀분석에서 정의한 SST, SSR, SSE의 식들은 y의 관측값 y_i와 예측값 $\hat{y}_i$의 함수로 주어지므로 독립변수의 개수와 관계없이 다중회귀분석에서도 동일하게 정의한다. 즉,

$$\sum_{i=1}^{n}(y_i - \bar{y})^2 = \sum_{i=1}^{n}(y_i - \hat{y}_i)^2 + \sum_{i=1}^{n}(\hat{y}_i - \bar{y})^2 \tag{8.1}$$

$$SST \quad = \quad SSE \quad + \quad SSR$$

$$\text{자유도}:\ (n-1) \quad = \quad (n-k-1) \quad + \quad k$$

회귀제곱합 SSR은 다중회귀분석에서도 총변동 SST 중에서 추정된 회귀식에 의해 설명되는 변동을 나타내고, 잔차제곱합 SSE는 설명되지 않는 변동을 나타낸다.

• 제곱합의 간편 계산식

▸ $$SST = \sum_{i=1}^{n}(y_i - \bar{y})^2 = \boldsymbol{y}'\boldsymbol{y} - n(\bar{y})^2 \tag{8.2}$$

▸ $$SSE = \sum_{i=1}^{n}(y_i - \hat{y}_i)^2 = \boldsymbol{y}'\boldsymbol{y} - \boldsymbol{b}'\boldsymbol{X}'\boldsymbol{y} \tag{8.3}$$

▸ $$SSR = \sum_{i=1}^{n}(\hat{y}_i - \bar{y})^2 = \boldsymbol{b}'\boldsymbol{X}'\boldsymbol{y} - n(\bar{y})^2 \tag{8.4}$$

추정의 표준오차는 다음과 같이 정의하며 이 값이 작을수록 적합성이 좋은 모형이라고 판단할 수 있다.

$$\hat{\sigma} = \sqrt{MSE} = \sqrt{\frac{SSE}{n-k-1}} \tag{8.5}$$

결정계수는

$$R^2 = \frac{SSR}{SST} = 1 - \frac{SSE}{SST} \tag{8.6}$$

로 정의되며 이는 독립변수 $x_1, x_2, \cdots, x_k$에 의해 설명되는 종속변수 y가 추정된 회귀식에 의해 설명되는 정도를 나타내고 이 값이 크면 추정된 회귀식이 자료를 잘 설명한다고 해석한다. 결정계수의 일반적 성질은 단순회귀분석에서와 같으며 다만 다음과 같은 사항을 주의한다.

다중회귀모형에서는 어떤 종류의 독립변수의 수를 늘리더라도 R^2의 값은 항상 커진다. 따라서 R^2의 값을 크게 하기 위해서는 독립변수의 수를 늘리면 되나 이때의 모형의 적합도나 추정 및 예측의 정도는 떨어질 수도 있다. 그러므로 동일한 종속변수 y자료에 대해 독립변수의 수가 다른 여러 회귀모형들의 적합성을 결정계수 R^2으로 비교하는 것은 바람직하지 못하다. 이러한 단점을 보완하기 위하여 결정계수 R^2을 수정할 필요가 있다.

수정결정계수는 결정계수를 구하는데 필요한 각 제곱합들의 자유도를 고려하여, 단순히 독립변수를 추가함으로써 증가되는 결정계수의 단점을 보완한 통계량으로 k개의 독립변수가 있는 경우 수정결정계수(adjusted coefficient of determination) R^2_{adj}는 다음과 같이 정의한다.

$$R_{adj}^2 = 1 - \frac{SSE/(n-k-1)}{SST/(n-1)} \quad (8.7)$$
$$= 1 - \frac{n-k-1}{n-1}(1-R^2)$$

수정결정계수 R_{adj}^2는 결정계수 R^2과는 달리 단순히 독립변수의 수가 증가한다고 하여 그 값이 커지지는 않는다. 수정결정계수는 단지 모형 간의 적합성을 비교하기 위한 수치로서 수정결정계수 값 자체에 대해 어떤 해석이 필요한 통계량은 아니다. 그러나 앞에서 설명한 바와 같이 동일한 자료에 대해 독립변수의 수가 다른 여러 회귀모형들의 적합성을 비교할 때 수정결정계수는 결정계수보다 적절한 판단 기준이 될 수 있다.

예제 8.1 [표 7.1]의 자료에 대하여

① $y_i = \beta_0 + \beta_1 x_{1i} + \varepsilon_i$를 가정하고 추정된 회귀식, $\sqrt{MSE}$, 결정계수, 수정결정계수를 구하라.

② $y_i = \beta_0 + \beta_2 x_{2i} + \varepsilon_i$를 가정하고 추정된 회귀식, $\sqrt{MSE}$, 결정계수, 수정결정계수를 구하라.

③ $y_i = \beta_0 + \beta_1 x_{1i} + \beta_2 x_{2i} + \varepsilon_i$ 를 가정하고 추정된 회귀식, $\sqrt{MSE}$, 결정계수, 수정결정계수를 구하라.

해설

[예제 7.2]를 이용하여 다음과 같은 결과를 얻을 수 있다.

① $y_i = \beta_0 + \beta_1 x_{1i} + \varepsilon_i$를 가정한 결과

모형의 식				
y	=	22.7922	+	0.5287 x1

적합분석의 요약			
반응변수의 평균	150.6000	결정계수(R-Sq)	0.9910
평균제곱오차의 제곱근	6.1073	수정결정계수(Adj R-Sq)	0.9903

② $y_i = \beta_0 + \beta_2 x_{2i} + \varepsilon_i$를 가정한 결과

모형의 식						
y	=	-	10.2075	+	0.0543	x2

적합분석의 요약			
반응변수의 평균	150.6000	결정계수(R-Sq)	0.4087
평균제곱오차의 제곱근	49.5143	수정결정계수(Adj R-Sq)	0.3632

③ $y_i = \beta_0 + \beta_1 x_{1i} + \beta_2 x_{2i} + \varepsilon_i$ 를 가정한 결과

모형의 식								
y	=	3.4526	+	0.4960	x1	+	0.0092	x2

적합분석의 요약			
반응변수의 평균	150.6000	결정계수(R-Sq)	0.9989
평균제곱오차의 제곱근	2.1772	수정결정계수(Adj R-Sq)	0.9988

위의 결과로부터 독립변수를 증가함에 따라 결정계수와 수정결정계수의 값이 증가함을 알 수 있다. 즉 x_1에 x_2를 추가하면 결정계수와 수정결정계수의 값이 조금씩 증가하나, 반대로 x_2에 x_1을 추가하였다고 가정하면 그 값이 크게 증가하고 있다. 그러나 어떤 경우에도 $\sqrt{MSE}$는 많이 작아졌음을 알 수 있다. 이로부터 이 경우는 독립변수를 추가함에 따라 추정된 회귀식의 설명력이 좋아진다고 볼 수 있다.

다음의 예제는 앞의 예제와는 달리 독립변수를 증가하더라도 추정된 회귀식의 설명력이 좋아지지 않는다는 것을 확인할 수 있는 예제이다.

예제 8.2 연습문제 [7.4]의 자료에 대하여

① $y_i = \beta_0 + \beta_1 x_{1i} + \varepsilon_i$를 가정하고 추정된 회귀식, 결정계수, 수정결정계수를 구하라.

② $y_i = \beta_0 + \beta_1 x_{1i} + \beta_3 x_{3i} + \varepsilon_i$ 를 가정하고 추정된 회귀식, 결정계수, 수정결정계수를 구하라.

해설

① $y_i = \beta_0 + \beta_1 x_{1i} + \varepsilon_i$를 가정한 결과

모형의 식				
y	=	81.4793	+	1.8687 x1

적합분석의 요약			
반응변수의 평균	95.4231	결정계수(R-Sq)	0.5339
평균제곱오차의 제곱근	10.7267	수정결정계수(Adj R-Sq)	0.4916

② $y_i = \beta_0 + \beta_1 x_{1i} + \beta_3 x_{3i} + \varepsilon_i$ 를 가정한 결과

모형의 식						
y	=	72.3490	+	2.3125 x1	+	0.4945 x3

적합분석의 요약			
반응변수의 평균	95.4231	결정계수(R-Sq)	0.5482
평균제곱오차의 제곱근	11.0773	수정결정계수(Adj R-Sq)	0.4578

①, ②로부터 독립변수 x_1에 x_3를 추가함으로써 결정계수는 0.5339에서 0.5482로 증가하였으나 수정결정계수는 0.4916에서 0.4578로 감소되었음을 알 수 있다. 또한 추정의 표준오차 $\hat{\sigma} = \sqrt{MSE}$는 작아져야 하는데 오히려 증가하였다. 이로부터 독립변수를 추가하였다고 반드시 모형의 설명력이 좋아지는 것이 아님을 알 수 있다.

8.2 회귀모형의 유의성 검정

단순회귀분석의 경우와 마찬가지로 다중회귀분석에서도 분산분석표를 이용하여 다중회귀모형의 유의성을 검정한다. 앞에서와 같이 y의 총변동 SST는 추정된 회귀선에 의해 설명되는 변동 SSR과 설명되지 않는 변동 SSE로 분할 할 수 있다. 이제 제곱합과 자유도를 다음과 같이 분산분석표로 정리하여 보자.

[표 8.1] 분산분석표

요인	자유도	제곱합	평균제곱	F_0
회귀	k	SSR	$MSR=\dfrac{SSR}{k}$	$F_0=\dfrac{MSR}{MSE}$
잔차	$n-k-1$	SSE	$MSE=\dfrac{SSE}{n-k-1}$	
합	$n-1$	SST		

위의 분산분석표를 이용하여 다중회귀모형의 유의성을 검정한다. 이것은 독립변수 $x_1, x_2, \cdots, x_k$와 종속변수 y사이에 선형회귀관계가 있는지를 알아보는 검정으로 귀무가설과 대립가설을 다음과 같이 쓸 수 있다.

$H_0 : y$를 예측함에 있어 어떤 독립변수도 유의하지 않다.
$H_1 : y$를 예측함에 있어 유의한 독립변수가 있다.

이것을 회귀계수 β항으로 표현하면 다음과 같다.

$H_0 : \beta_1 = \beta_2 = \cdots = \beta_k = 0$
$H_1 :$ 적어도 한 개 이상의 β_i는 0이 아니다. $i = 1, 2, \cdots, n$

위 가설에 대한 검정통계량 F_0는 자유도가 $(k, n-k-1)$인 F분포를 따르게 되며 유의수준 α에서

$$F_0 > F_\alpha(k, n-k-1)$$

이면 귀무가설 H_0은 기각되며 설정된 다중회귀모형은 유의하다고 말한다. 이것은 k개의 독립변수 중에서 적어도 하나는 종속변수 y의 변동에 영향을

주고 있음을 나타내기는 하지만 모형에서 고려된 모든 독립변수들이 y의 변동에 영향을 주고 있다는 의미는 아니다.

예제 8.3 [표 7.1]의 자료에 대하여 다중회귀모형 $y_i = \beta_0 + \beta_1 x_{1i} + \beta_2 x_{2i} + \varepsilon_i$를 가정하고 유의수준 $\alpha = 0.05, 0.01$에서 회귀모형의 유의성을 검정하라.

해설

[예제 7.2]를 통해 다음과 같은 정보를 얻을 수 있다.

분산분석					
요인	자유도	제곱합	평균제곱	F 통계량	Pr > F
모형	2	53844.7164	26922.3582	5679.47	<.0001
오차	12	56.8836	4.7403		
수정합	14	53901.6000			

- $SSR = 53844.72$, $SSE = 56.88$, $SST = 53901.6$
- $F_0 = MSR/MSE = 5679.5$, $p-$값 < 0.0001

유의수준이 $\alpha = 0.05$ 또는 $\alpha = 0.01$일 때 $p-$값이 모두 유의수준 보다 매우 작으므로 모형은 매우 유의하다. 즉, 귀무가설 $H_0 : \beta_1 = \beta_2 = 0$은 기각된다. 따라서 판매량($y$)을 설명함에 있어 표적 인구($x_1$)와 한달 재량소득($x_2$) 두 변수 중 한 개 이상은 유의하다.

8.3 회귀계수에 관한 추론

다중회귀모형 식(7.2)에서 오차 ε_i가 서로 독립이며 정규분포 $N(0, \sigma^2)$을 따른다고 가정하므로 관측치 y_i의 분포는 평균과 분산이 각각

$$\mu_y = E(y_i) = \beta_0 + \beta_1 x_{1i} + \beta_2 x_{2i} + \cdots + \beta_k x_{ki}$$
$$Var(y_i) = \sigma^2$$

인 정규분포를 따른다.

그런데 $\boldsymbol{\beta} = (\beta_0, \beta_1, \cdots, \beta_k)'$ 의 추정량 $\boldsymbol{b} = (b_0, b_1, \cdots, b_k)'$ 는 식(7.7)에서 알 수 있듯이 $\boldsymbol{b} = (\boldsymbol{X}'\boldsymbol{X})^{-1}\boldsymbol{X}'\boldsymbol{y}$로 표현되는 $\boldsymbol{y}$의 선형함수 이므로 $\boldsymbol{b}$는 평균과 분산-공분산행렬(variance-covariance matrix)이 각각 다음과 같은 정규분포를 따른다.

$$E(\boldsymbol{b}) = E[\boldsymbol{X}(\boldsymbol{X}'\boldsymbol{X})^{-1}\boldsymbol{X}'\boldsymbol{y}] = \boldsymbol{\beta} \tag{8.8}$$
$$Cov(\boldsymbol{b}) = Cov[\boldsymbol{X}(\boldsymbol{X}'\boldsymbol{X})^{-1}\boldsymbol{X}'\boldsymbol{Y}] = (\boldsymbol{X}'\boldsymbol{X})^{-1}\sigma^2 \tag{8.9}$$

식(8.9)는 구체적으로

$$Cov(\boldsymbol{b}) = \begin{bmatrix} Var(b_0) & Cov(b_0, b_1) \ldots & Cov(b_0, b_k) \\ Cov(b_1, b_0) & Var(b_1) \ \cdots & Cov(b_1, b_k) \\ \cdots & \cdots \ \cdots & \cdots \\ Cov(b_k, b_0) & Cov(b_k, b_1) \cdots & Var(b_k) \end{bmatrix} \tag{8.10}$$

을 의미한다. 식(8.9)의 $(\boldsymbol{X}'\boldsymbol{X})^{-1}$을 다음과 같이 표현하자.

$$(\boldsymbol{X}'\boldsymbol{X})^{-1} = \begin{bmatrix} c_{00} & c_{01} \ldots & c_{0k} \\ c_{10} & c_{11} \cdots & c_{1k} \\ \cdots & \cdots \ \cdots & \cdots \\ c_{k0} & c_{k1} \cdots & c_{kk} \end{bmatrix} = (c_{ij})$$

그러면 추정량 $\boldsymbol{b} = (b_0, b_1, \cdots, b_k)'$ 의 분산은 다음과 같이 쓸 수 있다.

$$Var(b_i) = (c_{ii})\sigma^2 \tag{8.11}$$

따라서 b_i를 표준화한 통계량 Z는 표준정규분포 $N(0,1)$을 따른다. 즉,

$$Z = \frac{b_i - \beta_i}{\sqrt{Var(b_i)}} = \frac{b_i - \beta_i}{\sqrt{c_{ii}\,\sigma^2}} \sim N(0,1) \tag{8.12}$$

분산 σ^2이 알려져 있으면 이 통계량으로 신뢰구간을 구하거나 검정을 할 수 있으나 일반적으로 σ^2은 모르는 값이기 때문에 σ^2의 불편추정량인 잔차제곱합 MSE를 대신 사용한다. 따라서 식(8.11)에 있는 $Var(b_i)$의 추정량을

$$S^2(b_i) = c_{ii}\,MSE \tag{8.13}$$

로 정의하며 $S(b_i) = \sqrt{S^2(b_i)}$를 b_i의 표준오차라고 한다. 식(8.13)은 $Var(b_i)$ 대신 추정량 $S^2(b_i)$를 대입하면 자유도가 $n-k-1$인 $t-$분포를 따르게 된다. 즉,

$$t = \frac{b_i - \beta_i}{\sqrt{S^2(b_i)}} = \frac{b_i - \beta_i}{\sqrt{c_{ii}\,MSE}} \sim t(n-k-1) \tag{8.14}$$

식(8.14)의 통계량을 이용하여 β_i의 검정을 하거나 신뢰구간을 구할 수 있다.

• β_i의 $100(1-\alpha)\%$ 신뢰구간

$$b_i \pm t_{\alpha/2}(n-k-1)\sqrt{c_{ii}\,MSE} \tag{8.15}$$

귀무가설 $H_0: \beta_i = 0$ 에 대한 검정통계량, 대립가설, 유의수준 α 인 기각역을

<표 8.3>과 같이 요약할 수 있다.

[표 8.2] $H_0 : \beta_i = 0$ 의 검정

귀무가설	검정통계량	대립가설	기각역(유의수준 α)
$H_0 : \beta_i = 0$	$t = \dfrac{b_i}{\sqrt{c_{ii}\, MSE}}$	$H_1 : \beta_i \neq 0$ $H_1 : \beta_i > 0$ $H_1 : \beta_i < 0$	$\lvert t \rvert > t_{\alpha/2}(n-k-1)$ $t > t_\alpha(n-k-1)$ $t < -t_\alpha(n-k-1)$

예제 8.4 [예제 8.3]의 문제에서

(1) 귀무가설 $H_0 : \beta_i = 0$ 과 대립가설 $H_1 : \beta_i \neq 0$ 에 대하여 유의수준 $\alpha = 0.05$ 로 검정하라.

(2) β_i 의 95%, 90% 신뢰구간을 구하라.

(3) $\boldsymbol{b} = (b_0, b_1, b_2)'$ 의 분산-공분산 행렬을 추정하라.

해설

[예제 7.2]를 통해 다음과 같은 정보를 얻을 수 있다.

모수 추정값

변수	자유도	추정값	표준 오차	t 통계량	Pr >|t|	허용도(TOL)	분산팽창계수(VIF)
절편	1	3.4526	2.4307	1.42	0.1809	.	0
x1	1	0.4960	0.0061	81.92	<.0001	0.6767	1.4777
x2	1	0.0092	0.0010	9.50	<.0001	0.6767	1.4777

(1) 예제 7.2]를 통해 다음과 같은 정보를 얻을 수 있다.

- 절편:

  β_0의 추정량 $b_0 = 3.4526$

  b_0의 표준오차 $S(b_0) = 2.4307$(식(8.13) 참조)

$H_0 : \beta_0 = 0$에 대한 검정통계량의 값 $t = 1.42$(식(8.14) 참조)

$p-$값 $= 0.1809$

➡ $p-$값이 유의수준 $\alpha = 0.05$보다 크므로 $H_0 : \beta_1 = 0$ 을 기각하지 못한다.

- x_1:

β_1의 추정량 $b_1 = 0.4960$

b_1의 표준오차 $S(b_1) = 0.0061$(식(8.13) 참조)

$H_0 : \beta_1 = 0$에 대한 검정통계량의 값 $t = 81.92$(식(8.14) 참조)

$p-$값은 0.0001보다 작은 값이다

➡ $p-$값이 유의수준 $\alpha = 0.05$보다 작으므로 $H_0 : \beta_1 = 0$ 을 기각한다.

- x_2:

β_2의 추정량 $b_2 = 0.0092$

b_2의 표준오차 $S(b_2) = 0.0010$(식(8.13) 참조)

$H_0 : \beta_2 = 0$에 대한 검정통계량의 값 $t = 9.50$(식(8.14) 참조)

$p-$값은 0.0001보다 작은 값이다

➡ $p-$값이 유의수준 $\alpha = 0.05$보다 작으므로 $H_0 : \beta_2 = 0$ 을 기각한다.

(2) β_i의 95%, 90% 신뢰구간을 구하기 위하여 단순회귀분석의 [프로그램 5.4]를 이용하여 다음과 같이 프로그램을 작성한다.

[프로그램 8.1] β_i의 95% 신뢰구간을 구하기 선택사항(CLB)

```
PROC REG DATA=ex7_2;
MODEL y=x1 x2/CLB;
RUN;
```

만일 90% 신뢰구간을 구하려면 다음과 같이 추가로 ALPHA=0.10을 입력해야 한다.

```
PROC REG DATA=ex7_2;
MODEL y=x1 x2/CLB ALPHA=0.10;
RUN;
```

SAS/INSIGHT를 이용하려면 [그림 5.3]를 참조하여 다음과 같이 테이블 ➡ 신뢰구간 ➡ 95%를 선택하면 β_1과 β_0의 95% 신뢰구간을 얻을 수 있다. 같은 방법으로 90%를 선택하면 90% 신뢰구간을 얻는다.

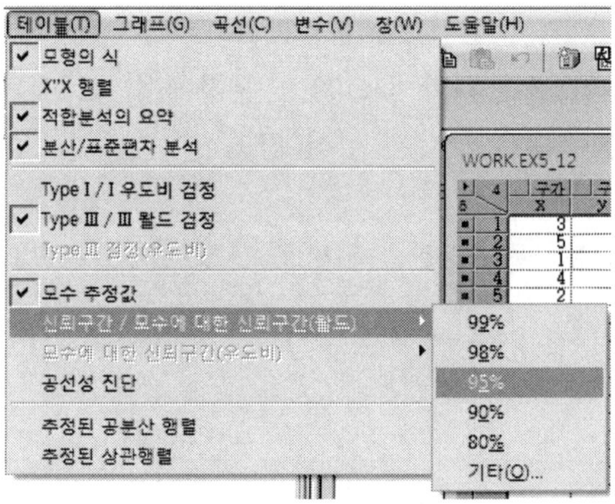

95% 모수에 대한 신뢰구간			
변수	추정값	하한값	상한값
절편	3.4526	-1.8433	8.7485
x1	0.4960	0.4828	0.5092
x2	0.0092	0.0071	0.0113

- 절편:

  β_0의 95% 신뢰구간 $=(-1.8433\ ,\ 8.7485)$ (식(8.15) 참조)

- x_1:

β_1의 95% 신뢰구간 $=(0.4828\ ,\ 0.5092)$ (식(8.15) 참조)

- x_2 :

β_2의 95% 신뢰구간 $=(0.0071\ ,\ 0.0113)$ (식(8.15) 참조)

β_0, β_1, β_2의 90% 신뢰구간을 구하면 다음과 같다.

90% 모수에 대한 신뢰구간			
변수	추정값	하한값	상한값
절편	3.4526	-0.8795	7.7847
x1	0.4960	0.4852	0.5068
x2	0.0092	0.0075	0.0109

(3) $\boldsymbol{b}=(b_0\,,\, b_1\,,\, b_2)'$ 의 추정된 분산-공분산 행렬

다음과 같이 [프로그램 8.1]의 MODEL 문장에서 "COVB"를 추가로 입력한다(3.8절의 PROC REG의 사용 형식 참조).

[프로그램 8.2] 추정된 분산-공분산 행렬을 구하기 선택사항(COVB)

```
PROC REG DATA=ex7_2;
MODEL y=x1 x2/CLB COVB;
RUN;
```

[b_0, b_1, b_2의 추정된 분산-공분산 행렬]

Covariance of Estimates			
Variable	**Intercept**	**x1**	**x2**
Intercept	5.9080618212	0.0010095241	-0.001970405
x1	0.0010095241	0.0000366563	-3.332548E-6
x2	-0.001970405	-3.332548E-6	9.372445E-7

SAS/INSIGHT를 이용하려면 다음과 같이 테이블 ➡ 추정된 공분산 행렬을

누른다.

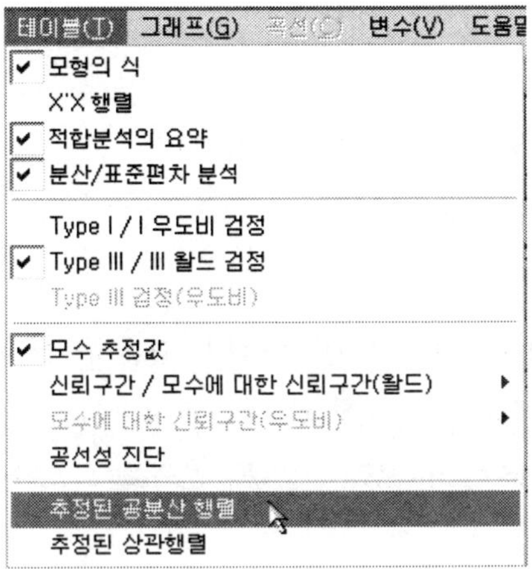

[b_0, b_1, b_2 의 추정된 분산-공분산 행렬]

추정된 공분산행렬

	절편	x1	x2
절편	5.9081	0.0010	-0.0020
x1	0.0010	3.666E-05	-3.333E-06
x2	-0.0020	-3.333E-06	9.372E-07

위의 b_0, b_1, b_2 의 추정된 분산-공분산 행렬은 식(8.9)의 분산-공분산 행렬을 추정한 것으로 식으로 보면

$$\widehat{Cov}(\boldsymbol{b}) = (\boldsymbol{X}'\boldsymbol{X})^{-1}\, MSE \tag{8.16}$$

을 의미한다. 즉, b_0, b_1, b_2 의 분산과 공분산의 추정치는 각각 다음과 같다.

$$S^2(b_0) = 5.9081 \qquad \widehat{Cov}(b_0, b_1) = 0.0010 \qquad \widehat{Cov}(b_0, b_2) = -0.0020$$

$$S^2(b_1) = 3.666(10)^{-5} \qquad \widehat{Cov}(b_1, b_2) = -3.333(10)^{-6}$$

$$S^2(b_2) = 9.372(10)^{-7}$$

이외에도 회귀분석에 필요한 각종 행렬을 출력할 필요가 있는 경우에는 3.8절의 PROC REG의 사용 형식을 참조하여 MODE문장에 선택사항으로 **XPX**와 **I**를 추가로 입력하면 된다.

- XPX : $(X'X)$, $(X'Y)$, $(Y'Y)$를 출력한다.
- I : $(X'X)^{-1}$을 출력한다.

예제 8.5 [예제 7.1]에서 SAS를 이용하여 다음을 구하라.

① $\boldsymbol{X'X}$, $\boldsymbol{X'y}$, $\boldsymbol{y'y}$, $(\boldsymbol{X'X})^{-1}$

② ①을 이용하여 SST, SSE, SSR을 구하라.

해설 [프로그램 3.2]의 MODEL문장에 다음과 같이 XPX와 I를 추가로 입력하면 원하는 출력결과를 얻을 수 있다.

```
PROC REG DATA=ex3_6;
MODEL y=x/ XPX I ;
RUN;
```

①

Model Crossproducts X'X X'Y Y'Y				
Variable	**Intercept**	**x**	**y**	
Intercept	(1) 5	15	10	(2)
x	15	55	37	
y	10	37	26	(3)

(1) $\boldsymbol{X'X} = \begin{bmatrix} 5 & 15 \\ 15 & 55 \end{bmatrix}$

(2) $\boldsymbol{X}'\boldsymbol{y} = \begin{bmatrix} 10 \\ 37 \end{bmatrix}$

(3) $\boldsymbol{y}'\boldsymbol{y} = \sum y_i^2 = 26$

X'X Inverse, Parameter Estimates, and SSE			
Variable	Intercept	x	y
Intercept	(4) 1.1	-0.3	-0.1 (5)
x	-0.3	0.1	0.7
y	-0.1	0.7	1.1 (6)

(4) $(\boldsymbol{X}'\boldsymbol{X})^{-1} = \begin{bmatrix} 1.1 & -0.3 \\ -0.3 & 0.1 \end{bmatrix}$

(5) $\boldsymbol{b} = \begin{bmatrix} b_0 \\ b_1 \end{bmatrix} = \begin{bmatrix} -0.1 \\ 0.7 \end{bmatrix} \quad \therefore \ \hat{y} = -0.1 + 0.7x$

(6) $SSE = \boldsymbol{y}'\boldsymbol{y} - \boldsymbol{b}'\boldsymbol{X}'\boldsymbol{y} = 1.1$

따라서

$$SST = \sum (y_i - \bar{y})^2$$
$$= \boldsymbol{y}'\boldsymbol{y} - n(\bar{y})^2 = 26 - 5(2)^2 = 6$$
$$SSR = SST - SSE$$
$$= 6 - 1.1 = 4.9$$

예제 8.6 [예제 7.2]에서 SAS를 이용하여 다음을 구하라.

① $\boldsymbol{X}'\boldsymbol{X}$, $\boldsymbol{X}'\boldsymbol{y}$, $\boldsymbol{y}'\boldsymbol{y}$, $(\boldsymbol{X}'\boldsymbol{X})^{-1}$

② ①을 이용하여 SST, SSE, SSR을 구하고 [예제 8.3]의 관련된 값을 비교하라.

해설 [프로그램 7.2]의 MODEL문장에 다음과 같이 XPX와 I를 추가로 입력하면 원하는 출력결과를 얻을 수 있다.

```
PROC REG DATA=ex7_2;
MODEL y=x1 x2/ XPX I ;
RUN;
```

①

Model Crossproducts X'X X'Y Y'Y				
Variable	Intercept	x1	x2	y
Intercept	15	3626	44428	2259
x1	3626	1067614	11419181	647107
x2	44428	11419181	139063428	7096619
y	2259	647107	7096619	394107

(1) (X'X: Intercept~x2 행·열), (2) (X'y: y 열의 Intercept~x2), (3) (y'y: 394107)

(1) $X'X = \begin{bmatrix} 15 & 3626 & 4428 \\ 13626 & 106714 & 11419181 \\ 4428 & 11419181 & 139063428 \end{bmatrix}$

(2) $X'y = \begin{bmatrix} 2259 \\ 647107 \\ 7096619 \end{bmatrix}$

(3) $y'y = \sum y_i^2 = 394107$

X'X Inverse, Parameter Estimates, and SSE				
Variable	Intercept	x1	x2	y
Intercept	1.2463484164	0.0002129664	-0.000415671	3.4526127899
x1	0.0002129664	7.732903E-6	-7.030252E-7	0.4960049761
x2	-0.000415671	-7.030252E-7	1.9771851E-7	0.0091990809
y	3.4526127899	0.4960049761	0.0091990809	56.883565559

(4) (X'X Inverse: Intercept~x2 행·열), (5) (Parameter Estimates: y 열의 Intercept~x2), (6) (SSE: 56.883565559)

(4) $(\boldsymbol{X}'\boldsymbol{X})^{-1} = \begin{bmatrix} 1.246348 & 0.002213 & -0.00042 \\ 0.002213 & 7.73E-6 & -7.03E-7 \\ -0.00042 & -7.03E-7 & 1.978E-7 \end{bmatrix}$

(5) $\boldsymbol{b} = \begin{bmatrix} b_0 \\ b_1 \\ b_2 \end{bmatrix} = \begin{bmatrix} 3.4526 \\ 0.4960 \\ 0.0092 \end{bmatrix} \quad \therefore \; \hat{y} = 3.4526 + 0.4960x_1 + 0.0092x_2$

(6) $SSE = \boldsymbol{y}'\boldsymbol{y} - \boldsymbol{b}'\boldsymbol{X}'\boldsymbol{y} = 56.8836$

따라서

$$SST = \sum (y_i - \bar{y})^2$$
$$= \boldsymbol{y}'\boldsymbol{y} - n(\bar{y})^2 = 394107 - 15(150.6)^2 = 53901.6$$

$$SSR = SST - SSE$$
$$= 53901.6 - 56.8836 = 34844.7164$$

SST, SSE, SSR의 값들은 [예제 8.3]의 분산분석표의 관련된 값들과 같다.

8.4 종속변수에 관한 추론

독립변수의 특정한 값 $\boldsymbol{x_0}' = (1, x_{10}, x_{20}, \cdots, x_{k0})$ 에서 종속변수의 y의 값을

$$y_0 = \beta_0 + \beta_1 x_{10} + \beta_2 x_{20} + \cdots + \beta_k x_{k0} + \varepsilon_0 = \boldsymbol{x_0}'\boldsymbol{\beta} + \boldsymbol{\varepsilon} \tag{8.17}$$
$$= \boldsymbol{x_0}'\boldsymbol{\beta} + \boldsymbol{\varepsilon}$$

라고 하자. 그러면 y의 평균값은

$$E(\boldsymbol{y_0}) = \mu_{y_0} = \boldsymbol{X_0}'\boldsymbol{\beta} \tag{8.18}$$

이고, $\boldsymbol{x_0}'$에서 이것의 추정량 즉, 평균반응량의 추정량은

$$\widehat{\mu_{Y_0}} = b_0 + b_1 x_{10} + b_2 x_{20} + \cdots + b_k x_{k0} = \boldsymbol{x_0}'\boldsymbol{b} \tag{8.19}$$

이다. $\boldsymbol{b}$가 정규분포를 따르므로 $\widehat{\mu_{y_0}}$는 다음과 같은 정규분포를 따르게 된다.

$$\widehat{\mu_{y_0}} \sim N(\boldsymbol{X_0}'\boldsymbol{\beta}\,,\ \sigma^2 \boldsymbol{X_0}'(\boldsymbol{X'X})^{-1}\boldsymbol{X_0}) \tag{8.20}$$

식(8.20)에서 σ^2의 값을 모르므로 $\widehat{\mu_{y_0}}$의 추정된 분산은

$$\widehat{Var}(\widehat{\mu_{Y_0}}) = MSE\,\boldsymbol{x_0}'(\boldsymbol{X'X})^{-1}\boldsymbol{x_0} \tag{8.21}$$

와 같이 쓸 수 있다. 따라서 $\boldsymbol{x_0}' = (1, x_{10}, x_{20}, \cdots, x_{k0})$에서 평균반응 μ_{y_0}의 $100(1-\alpha)\%$ 신뢰구간은 다음과 같이 주어진다.

$$\boldsymbol{x_0}'\boldsymbol{b} \pm t_{\alpha/2}(n-k-1)\sqrt{MSE\,\boldsymbol{x_0}'(\boldsymbol{X'X})^{-1}\boldsymbol{x_0}} \tag{8.22}$$

$\boldsymbol{x_0}' = (1, x_{10}, x_{20}, \cdots, x_{k0})$에서 대응되는 하나의 새로운 관측치 y_0는 식(8.17)과 같으며 식(8.19) ~ (8.21)과 같은 방법에 의해 y_0의 $100(1-\alpha)\%$ 예측구간을 다음과 같이 구할 수 있다.

$$\boldsymbol{x_0}'\boldsymbol{b} \pm t_{\alpha/2}(n-k-1)\sqrt{MSE\,(1 + \boldsymbol{x_0}'(\boldsymbol{X'X})^{-1}\boldsymbol{x_0})} \tag{8.23}$$

예제 8.7 [예제 8.4]의 문제의 주어진 자료에 대하여 평균반응량의 95% 신뢰구간과 하나의 새로운 관측값의 95% 예측구간을 구하라.

해설

[프로그램 8.2]에서 다음과 같이 추가로 선택사항 CLM과 CLI를 입력한다.

- CLM : 평균반응량의 95% 신뢰구간을 출력한다.
- CLI : 새로운 관측값의 95% 예측구간을 출력한다.

[프로그램 8.3] CLM과 CLI를 추가 선택한 프로그램

```
PROC REG DATA=ex7_2;
MODEL y=x1 x2/CLB COVB CLM CLI ;
RUN;
```

출력결과는 다음과 같다.

Output Statistics								
Obs	Dependent Variable	Predicted Value	Std Error Mean Predict	95% CL Mean		95% CL Predict		Residual
1	162.0000	161.8957	0.8425	160.0600	163.7314	156.8092	166.9823	0.1043
2	120.0000	122.6673	0.8099	120.9027	124.4319	117.6060	127.7286	-2.6673
3	223.0000	224.4294	0.9393	222.3828	226.4760	219.2630	229.5958	-1.4294
4	131.0000	131.2406	0.5912	129.9525	132.5288	126.3251	136.1562	-0.2406
5	67.0000	67.6993	0.9598	65.6081	69.7904	62.5151	72.8835	-0.6993
6	169.0000	169.6849	0.9160	167.6890	171.6807	164.5383	174.8314	-0.6849
7	81.0000	79.7319	1.0581	77.4266	82.0373	74.4577	85.0062	1.2681
8	192.0000	189.6720	1.0716	187.3372	192.0068	184.3848	194.9592	2.3280
9	116.0000	119.8320	0.8814	117.9116	121.7524	114.7143	124.9497	-3.8320
10	55.0000	53.2905	1.1259	50.8375	55.7436	47.9500	58.6310	1.7095
11	252.0000	253.7151	1.1562	251.1958	256.2343	248.3439	259.0863	-1.7151
12	232.0000	228.6908	1.2953	225.8685	231.5131	223.1710	234.2106	3.3092
13	144.0000	144.9793	0.6254	143.6168	146.3419	140.0438	149.9149	-0.9793
14	103.0000	100.5331	0.8952	98.5826	102.4836	95.4040	105.6622	2.4669
15	212.0000	210.9381	1.1591	208.4126	213.4636	205.5639	216.3122	1.0619

위 출력결과의 네모 박스 왼쪽이 주어진 자료에 대한 평균반응량의 95% 신뢰구간, 오른쪽이 새로운 관측값의 95% 예측구간이다.

만일 주어진 자료에 없는 새로운 자료 $x_{10} = 371, x_{20} = 2600$에서 평균반응량의 95% 신뢰구간, 새로운 관측값의 95% 예측구간을 구하려면 다음과 같이 하면 된다. [프로그램 8.4]와 같이 SAS 자료를 생성하는 프로그램에서 x1의 해당되는 부분에 371을, x2 부분에 2600을 입력하고, 그에 대응되는 y 값은 .(마침표)를 입력하여 7장의 [프로그램 7.1]을 다음과 같이 수정하면 된다.

[프로그램 8.4] 추가된 자료 $x_{10} = 371, x_{20} = 2600$을 입력하는 프로그램

```
DATA ex7_2;
INPUT x1 x2 y;
CARDS;
 274   2450   162
 180   3254   120
 375   3802   223
 205   2838   131
  86   2347   67
 265   3782   169
  98   3008   81
 330   2450   192
 195   2137   116
  53   2560   55
 430   4020   252
 372   4427   232
 236   2660   144
 157   2088   103
 370   2605   212
 371   2600    .
RUN;
```

출력결과의 맨 밑줄에 추가된 자료 $x_{10}=371$, $x_{20}=2600$에 대한 예측값, 평균반응량의 95% 신뢰구간, 새로운 관측값의 95% 예측구간이 차례대로 나타나 있음을 알 수 있다.

Output Statistics								
Obs	Dependent Variable	Predicted Value	Std Error Mean Predict	95% CL Mean		95% CL Predict		Residual
1	162.0000	161.8957	0.8425	160.0600	163.7314	156.8092	166.9823	0.1043
2	120.0000	122.6673	0.8099	120.9027	124.4319	117.6060	127.7286	-2.6673
3	223.0000	224.4294	0.9393	222.3828	226.4760	219.2630	229.5958	-1.4294
4	131.0000	131.2406	0.5912	129.9525	132.5288	126.3251	136.1562	-0.2406
5	67.0000	67.6993	0.9598	65.6081	69.7904	62.5151	72.8835	-0.6993
6	169.0000	169.6849	0.9160	167.6890	171.6807	164.5383	174.8314	-0.6849
7	81.0000	79.7319	1.0581	77.4266	82.0373	74.4577	85.0062	1.2681
8	192.0000	189.6720	1.0716	187.3372	192.0068	184.3848	194.9592	2.3280
9	116.0000	119.8320	0.8814	117.9116	121.7524	114.7143	124.9497	-3.8320
10	55.0000	53.2905	1.1259	50.8375	55.7436	47.9500	58.6310	1.7095
11	252.0000	253.7151	1.1562	251.1958	256.2343	248.3439	259.0863	-1.7151
12	232.0000	228.6908	1.2953	225.8685	231.5131	223.1710	234.2106	3.3092
13	144.0000	144.9793	0.6254	143.6168	146.3419	140.0438	149.9149	-0.9793
14	103.0000	100.5331	0.8952	98.5826	102.4836	95.4040	105.6622	2.4669
15	212.0000	210.9381	1.1591	208.4126	213.4636	205.5639	216.3122	1.0619
16	.	211.3881	1.1675	208.8443	213.9318	206.0053	216.7708	.

8.5 절편 없는 다중회귀모형

다중회귀모형에서 절편항 β_0이 없는 모형은

$$y_i=\beta_1 x_{1i}+\beta_2 x_{2i}+\cdots+\beta_k x_{ki}+\varepsilon_i\ ,\quad i=1,2\cdots,n \tag{8.24}$$

와 같다. 이를 n개 관측값에 대하여 행렬로 표현하면 다음과 같다.

$$\begin{bmatrix} y_1 \\ y_2 \\ \vdots \\ y_n \end{bmatrix} = \begin{bmatrix} x_{11} & x_{21} & \cdots & x_{k1} \\ x_{12} & x_{22} & \cdots & x_{k2} \\ \vdots & \vdots & \vdots & \vdots \\ x_{1n} & x_{2n} & \cdots & x_{kn} \end{bmatrix} \begin{bmatrix} b_1 \\ b_2 \\ \vdots \\ b_k \end{bmatrix} + \begin{bmatrix} \varepsilon_1 \\ \varepsilon_2 \\ \vdots \\ \varepsilon_n \end{bmatrix}$$

$$\underset{n\times 1}{\boldsymbol{y}} = \underset{n\times k}{\boldsymbol{X}} \; \underset{k\times 1}{\boldsymbol{\beta}} + \underset{n\times 1}{\boldsymbol{\varepsilon}} \tag{8.25}$$

식(8.25)가 식(7.4)의 일반적인 다중회귀모형과 다른 점은 $\boldsymbol{X}$행렬의 첫 번째 열에 $\mathbf{1}' = (1, 1, \cdots, 1)$ 벡터가 없다는 점이다. 즉 $\boldsymbol{X}$행렬의 차수가 하나 줄어든 것이다.

또한 절편이 없는 다중회귀모형에서는 다음과 같이 변동 계산 시 수정항 $n(\bar{y})^2$을 빼지 않는 것이 다른 점이다.

• 절편이 없는 다중회귀모형에서 제곱합

▸ $SST = \sum_{i=1}^{n} y_i^2 = \boldsymbol{y}'\boldsymbol{y}$ (8.26)

▸ $SSE = \sum_{i=1}^{n} (y_i - \hat{y}_i)^2 = \boldsymbol{y}'\boldsymbol{y} - \boldsymbol{b}'\boldsymbol{X}'\boldsymbol{y}$ (8.27)

▸ $SSR = \sum_{i=1}^{n} \hat{y}_i^2 = \hat{\boldsymbol{y}}'\hat{\boldsymbol{y}} = \boldsymbol{b}'\boldsymbol{X}'\boldsymbol{y}$ (8.28)

따라서 SST의 자유도는 n이고 SSE의 자유도는 k개의 회귀모수만 추정하므로 $n-k$이 되므로 SSR의 자유도는 k가 된다.

이를 정리하여 분산분석표를 마들면 다음과 같다.

[표 8.3] 절편 없는 다중회귀모형의 분산분석표

요인	자유도	제곱합	평균제곱	F_0
회귀	k	SSR	$MSR=\dfrac{SSR}{k}$	$F_0=\dfrac{MSR}{MSE}$
잔차	$n-k$	SSE	$MSE=\dfrac{SSE}{n-k}$	
합	n	SST		

위의 분산분석표를 이용하여 유의성을 검정한다.

$H_0 : \beta_1 = \beta_2 = \cdots = \beta_k = 0$

$H_1 :$ 적어도 한 개 이상의 β_i는 0이 아니다. $i = 1, 2, \cdots, n$

위 가설에 대한 검정통계량 F_0는 자유도가 $(k, n-k)$인 F분포를 따르게 되며 유의수준 α에서

$$F_0 > F_\alpha(k, n-k)$$

이면 귀무가설 H_0은 기각되며 설정된 다중회귀모형은 유의하다고 말한다. 즉 k개의 독립변수 중에서 적어도 하나는 종속변수 y에 영향을 주고 있다고 판단한다.

절편이 없는 다중회귀모형에서 회귀계수에 대한 추론 등 기타분석은 식 (8.26), (8.27), (8.28)을 적용하여 수행하면 된다.

예제 8.8 [표 7.1]의 자료에 대하여 다중회귀모형 $y_i = \beta_1 x_{1i} + \beta_2 x_{2i} + \varepsilon_i$ 를 가정하고

① 회귀식을 추정하여라.

② 결정계수를 구하라.

③ 분산분석표를 작성하고 유의수준 $\alpha = 0.05$에서 가정한 회귀모형의 의성을 검정하라.

④ β_1과 β_2의 95% 신뢰구간을 구하라.

⑤ 다음의 가설을 유의수준 $\alpha = 0.05$에서 검정하라.

$H_0: \beta_i = 0$, $H_1: \beta_i \neq 0$ $(i = 1, 2)$

해설

원점을 지나는 단순회귀모형의 [예제 5.14]를 이용하여 [프로그램 7.1] 밑에 다음과 같이 PROC REG의 명령문을 작성한다.

```
PROC REG DATA=ex7_2;
MODEL y=x1 x2 / NOINT CLB ;
RUN;
```

다음과 같은 출력결과를 얻을 수 있다.

Parameter Estimates							
Variable	DF	Parameter Estimate	Standard Error	t Value	Pr > |t|	95% Confidence Limits	
x1	1	0.49542	0.00627	78.99	<.0001	0.48186	0.50897
x2	1	0.01035	0.00054956	18.83	<.0001	0.00916	0.01154

(1) Parameter Estimate, (2) t Value / Pr > |t|, (3) 95% Confidence Limits

Root MSE	2.26084	R-Square	0.9998 (4)
Dependent Mean	150.60000	Adj R-Sq	0.9998
Coeff Var	1.50122		

Analysis of Variance					
Source	DF	Sum of Squares	Mean Square	F Value	Pr > F
Model	2	394041	197020	38545.4	<.0001
Error	13	66.44793	5.11138		
Uncorrected Total	15	394107			

(5) DF, (6) Sum of Squares, (7) F Value / Pr > F

① (1)로부터 추정된 회귀식 $\hat{y} = 0.49542x_1 + 0.01035x_2$

② (4)로부터 결정계수 $R^2 = 0.9998$

③ 분산분석표에 의한 회귀모형의 유의성 검정

$H_0 : \beta_1 = \beta_2 = 0$

H_1 : 적어도 한 개 이상의 β_i는 0이 아니다. $i = 1, 2$

(7)로부터 $F_0 = 38545.4$, $p-$값 < 0.0001이므로 귀무가설 기각.
또한 (6)으로부터 $SSR = 394041$, $SSE = 66.45$, $SST = 394107$ 이며 (5)로부터 각각의 자유도는 $k = 2$, $n - k = 13$, $n = 15$임을 알 수 있다.

④ β_1과 β_2의 95% 신뢰구간은 (3)으로부터

β_1의 95% 신뢰구간 $= (0.48186\ ,\ 0.50897)$

β_2의 95% 신뢰구간 $= (0.00916\ ,\ 0.01154)$

⑤ 다음의 가설을 유의수준 $\alpha = 0.05$에서 가설검정.
(2)로부터 다음의 결론을 얻을 수 있다.

- $H_0 : \beta_1 = 0$, $H_1 : \beta_1 \neq 0$

검정통계량의 값 $t = 78.99$
$p-$값이 유의수준 $\alpha = 0.05$보다 작으므로 $H_0 : \beta_1 = 0$ 을 기각한다.

- $H_0 : \beta_2 = 0$, $H_1 : \beta_2 \neq 0$

검정통계량의 값 $t = 18.83$
$p-$값이 유의수준 $\alpha = 0.05$보다 작으므로 $H_0 : \beta_2 = 0$ 을 기각한다.

연 습 문 제

【8.1】 다음은 종합주가지수 변화율(x_1), 환율 변화율(원/달러 : x_2), 금리 변화율(x_3)에 대한 어떤 자산의 수익 변화율(y) 자료이다. 다중회귀모형 $y_i = \beta_0 + \beta_1 x_{1i} + \beta_2 x_{2i} + \beta_3 x_{3i} + \varepsilon_i$ 를 가정하고 다음 질문에 답하라.

일	x_1	x_2	x_3	y
1	1	−1	−1	7
2	2	−1	0	8
3	3	−1	1	10
4	1	1	1	15
5	2	1	0	18
6	3	1	−1	26

① 회귀식을 추정하라.

② 결정계수를 구하라.

③ 분산분석표를 작성하고 회귀의 유의성을 검정하라(유의수준 $\alpha = 0.05$)

④ 다음의 가설을 유의수준 $\alpha = 0.05$에서 검정하라.

$H_0 : \beta_i = 0$, $H_1 : \beta_i \neq 0$ $(i = 0, 1, 2, 3)$

⑤ β_0, β_1, β_2, β_3의 95% 신뢰구간을 구하라.

⑥ 표의 주어진 자료에 대한 평균반응량의 95% 신뢰구간과 하나의 새로운 관측값의 95% 예측구간을 구하라.

⑦ 표에 없는 새로운 자료 $x_{10} = 1.5$, $x_{20} = 0$, $x_{30} = 1$에서 평균반응량의 95% 신뢰구간과 하나의 새로운 관측값의 95% 예측구간을 구하라.

【8.2】 다음 표는 어떤 은행 특정 펀드상품에 대한 표본지점 홍보비용(x_1), 고객 상담횟수(x_2), 판매액(y)에 대한 자료이다.

지점	홍보비용(x_1)	상담횟수(x_2)	판매액(y)
1	40	15	87
2	50	20	108
3	30	14	69
4	60	22	135
5	70	30	148
6	60	24	132
7	30	16	73
8	60	20	128
9	20	14	50
10	80	32	170

$y_i = \beta_0 + \beta_1 x_{1i} + \beta_2 x_{2i} + \varepsilon_i$ 를 가정하고 다음 질문에 답하라.

① 회귀식을 추정하라.

② 결정계수를 구하라.

③ 분산분석표를 작성하고 회귀의 유의성을 검정하라(유의수준 $\alpha = 0.05$)

④ 다음의 가설을 유의수준 $\alpha = 0.05$에서 검정하라.

$H_0 : \beta_i = 0$, $H_1 : \beta_i \neq 0$ $(i = 1, 2)$

⑤ β_1, β_2의 95% 신뢰구간을 구하라.

⑥ 표의 주어진 자료에 대한 평균반응량의 95% 신뢰구간과 하나의 새로운 관측값의 95% 예측구간을 구하라.

【8.3】 다음은 주택의 크기(y : 평) 결정이 세대주의 연소득(x_1 : 100만원), 가족 수(x_2), 교육년수(x_3)에 영향을 받는지 알아보기 위하여 임의로 10가구를 조사하여 얻은 자료이다. $y_i = \beta_0 + \beta_1 x_{1i} + \beta_2 x_{2i} + \beta_3 x_{3i} + \varepsilon_i$ 를 가정하고 다음 질문에 답하라.

세대	주택 크기(y)	연소득(x_1)	가족 수(x_2)	교육년수(x_3)
1	16	22	2	12
2	17	26	2	16
3	26	45	3	15
4	24	37	4	9
5	22	28	4	11
6	21	50	3	18
7	32	56	6	16
8	18	34	3	16
9	30	60	5	10
10	20	40	3	12

① 회귀식을 추정하라.

② 결정계수, $\sqrt{MSE}$를 구하라.

③ 분산분석표를 작성하고 회귀의 유의성을 검정하라(유의수준 $\alpha = 0.05$)

④ 다음의 가설을 유의수준 $\alpha = 0.05$에서 검정하라.

$H_0 : \beta_i = 0$, $H_1 : \beta_i \neq 0$ $(i = 1, 2, 3)$

⑤ β_1, β_2, β_3의 95% 신뢰구간을 구하라.

⑥ ③과 ④결과에 대하여 논하라.

【8.4】 [연습문제 7.4]의 자료를 이용하여 다음 질문에 답하라.

(1) $y_i = \beta_0 + \beta_1 x_{1i} + \beta_2 x_{2i} + \beta_3 x_{3i} + \beta_4 x_{4i} + \varepsilon_i$ 를 가정하고

① 결정계수, 수정결정계수를 구하라.

② 분산분석표를 작성하여 유의수준 $\alpha = 0.05$에서 회귀의 유의성을 검정하라.

③ 다음의 가설을 유의수준 $\alpha = 0.05$에서 검정하라.

$H_0 : \beta_i = 0$, $H_1 : \beta_i \neq 0$ $(i = 1, 2, 3, 4)$

(2) $y_i = \beta_0 + \beta_2 x_{2i} + \varepsilon_i$ 를 가정하고

① 결정계수, 수정결정계수를 구하라.

② 분산분석표를 작성하여 유의수준 $\alpha = 0.05$에서 회귀의 유의성을 검정하라.

(3) $y_i = \beta_0 + \beta_2 x_{2i} + \beta_4 x_{4i} + \varepsilon_i$ 를 가정하고

① 결정계수, 수정결정계수를 구하라.

② 분산분석표를 작성하여 유의수준 $\alpha = 0.05$에서 회귀의 유의성을 검정하라.

③ (2)와 (3)에서 구한 결정계수와 수정결정계수를 비교하여 어떤 결론을 내릴 수 있는가?

【8.5】 [연습문제 5.5]의 자료를 이용하여 다음 질문에 답하라.

(1) $y_i = \beta_0 + \beta_1 x_{1i} + \beta_2 x_{2i} + \beta_3 x_{3i} + \varepsilon_i$ 를 가정하고

① 결정계수, 수정결정계수를 구하라.

② 분산분석표를 작성하여 유의수준 $\alpha = 0.05$에서 회귀의 유의성을 검정하라.

③ 다음의 가설을 유의수준 $\alpha = 0.05$에서 검정하라.

$H_0 : \beta_i = 0$, $H_1 : \beta_i \neq 0 \quad (i = 1, 2, 3)$

(2) $y_i = \beta_0 + \beta_2 x_{2i} + \varepsilon_i$ 를 가정하고

① 결정계수, 수정결정계수를 구하라.

② 분산분석표를 작성하여 유의수준 $\alpha = 0.05$에서 회귀의 유의성을 검정하라.

(3) $y_i = \beta_0 + \beta_2 x_{2i} + \beta_3 x_{3i} + \varepsilon_i$ 를 가정하고

① 결정계수, 수정결정계수를 구하라.

② 분산분석표를 작성하여 유의수준 $\alpha = 0.05$에서 회귀의 유의성을 검정하라.

(4) $y_i = \beta_0 + \beta_1 x_{1i} + \beta_2 x_{2i} + \varepsilon_i$ 를 가정하고

① 결정계수, 수정결정계수를 구하라.

② 분산분석표를 작성하여 유의수준 $\alpha = 0.05$에서 회귀의 유의성을 검정하

라.

(5) (1), (2), (3), (4)로부터 어떤 결론을 내릴 수 있는가?

【8.6】 [연습문제 7.1]의 주어진 자료를 이용하여 절편 없는 다중회귀모형 $y_i = \beta_1 x_{1i} + \beta_2 x_{2i} + \varepsilon_i$ 를 가정하고 다음 질문에 답하라.

① 회귀식을 추정하여라.

② 결정계수와 수정결정계수를 구하라.

③ 분산분석표를 작성하고 유의수준 $\alpha = 0.05$에서 가정한 회귀모형의 유의성을 검정하라.

④ 다음의 가설을 유의수준 $\alpha = 0.05$에서 검정하라.

$H_0 : \beta_i = 0$, $H_1 : \beta_i \neq 0$ $(i = 1, 2)$

⑤ b_1, b_2의 추정된 분산-공분산 행렬을 구하라.

⑥ β_1과 β_2의 95% 신뢰구간을 구하라.

⑦ $\boldsymbol{X'X}$, $\boldsymbol{X'y}$, $\boldsymbol{y'y}$, $(\boldsymbol{X'X})^{-1}$를 구하고 이를 이용하여 회귀식을 추정하여라.

⑧ ⑦을 이용하여 SST, SSE, SSR을 구하라.

【8.7】 [연습문제 7.1]의 자료를 이용하여 다음 질문에 답하라.

① 회귀식을 추정하여라.

② 결정계수와 수정결정계수를 구하라.

③ 분산분석표를 작성하여 유의수준 $\alpha = 0.05$에서 가정한 회귀모형의 유의성을 검정하라.

④ 다음의 가설을 유의수준 $\alpha = 0.05$에서 검정하라.

$H_0 : \beta_i = 0$, $H_1 : \beta_i \neq 0$ $(i = 1, 2)$

⑤ b_0, b_1, b_2의 추정된 분산-공분산 행렬을 구하라.

⑥ β_0, β_1, β_2의 90% 신뢰구간을 구하라.

⑦ $\boldsymbol{X'X}$, $\boldsymbol{X'y}$, $\boldsymbol{y'y}$, $(\boldsymbol{X'X})^{-1}$를 구하고 이를 이용하여 회귀식을 추정하여라.

⑧ ⑦을 이용하여 SST, SSE, SSR을 구하라.

【8.8】 어떤 증권분석자는 기업의 주가가 종합주가지수(x_1), 원/달러 환율(x_2), 엔/달러 환율(x_3), 미국 다우지수(x_4)에 영향을 받는지 분석하려고 한다. 기업의 주가로는 국내 A자동차 주가(y_1), B반도체 주가(y_2)를 선택하여 다음과 같이 21일 간의 표본자료를 얻었다.

일	A자동차 주가(y_1)	B반도체 주가(y_2)	종합주가 지수(x_1)	환율(x_2) (원/달러)	환율(x_3) (엔/달러)	다우지수 (x_4)
1	192,500	6,120	1,923.84	1,117.50	97.74	14,618.59
2	188,500	5,970	1,900.06	1,122.00	98.13	14,537.14
3	183,500	5,920	1,906.75	1,118.50	99.20	14,547.51
4	183,000	6,010	1,926.31	1,121.50	99.13	14,567.17
5	184,000	6,330	1,918.63	1,121.50	99.28	14,719.46
6	185,000	6,380	1,935.31	1,117.00	99.33	14,676.30
7	195,500	6,220	1,951.60	1,110.50	99.46	14,700.80
8	194,000	6,280	1,944.56	1,110.50	97.84	14,712.55
9	197,000	6,420	1,940.70	1,107.00	98.03	14,818.75
10	199,500	6,300	1,963.95	1,104.50	97.23	14,839.80
11	197,500	6,130	1,957.21	1,101.50	97.19	14,700.95
12	202,000	6,200	1,965.71	1,095.50	97.95	14,831.58
13	199,000	6,270	1,961.48	1,096.50	99.05	14,973.96
14	194,500	6,300	1,954.35	1,089.50	99.06	14,968.89
15	193,000	6,270	1,956.45	1,084.00	98.75	15,056.20
16	193,500	6,250	1,979.45	1,090.00	99.23	15,105.12
17	189,000	6,130	1,944.75	1,108.00	101.68	15,082.62
18	188,500	6,080	1,948.70	1,110.50	101.61	15,118.49
19	193,500	6,130	1,968.83	1,108.00	101.97	15,215.25
20	193,000	6,410	1,971.26	1,116.00	102.32	15,275.69
21	196,000	6,400	1,986.81	1,117.50	102.09	15,233.22

(1) $y_{1i} = \beta_0 + \beta_1 x_{1i} + \beta_2 x_{2i} + \beta_3 x_{3i} + \beta_4 x_{4i} + \varepsilon_i$ 를 가정하고 다음 질문에 답하라.

① 회귀식을 추정하라.

② 결정계수를 구하라.

③ 분산분석표를 작성하고 회귀의 유의성을 검정하라(유의수준 $\alpha = 0.05$)

④ 다음의 가설을 유의수준 $\alpha = 0.05$에서 검정하라.

$H_0 : \beta_i = 0$, $H_1 : \beta_i \neq 0$ $(i = 1, 2, 3, 4)$

⑤ β_1, β_2, β_3, β_4의 95% 신뢰구간을 구하라.

(2) $y_{2i} = \beta_0 + \beta_1 x_{1i} + \beta_2 x_{2i} + \beta_3 x_{3i} + \beta_4 x_{4i} + \varepsilon_i$ 를 가정하고 다음 질문에 답하라.

① 회귀식을 추정하라.

② 결정계수를 구하라.

③ 분산분석표를 작성하고 회귀의 유의성을 검정하라(유의수준 $\alpha = 0.05$)

④ 다음의 가설을 유의수준 $\alpha = 0.05$에서 검정하라.

$H_0 : \beta_i = 0$, $H_1 : \beta_i \neq 0$ $(i = 1, 2, 3, 4)$

⑤ β_1, β_2, β_3, β_4의 95% 신뢰구간을 구하라.

9장 기타 논제 및 SAS 분석

9.1 부분 F 검정

앞의 8.2절에서 취급한 분산분석에 의한 검정은 주어진 가설에서 알 수 있듯이 k개 회귀계수 전체에 대한 검정으로 귀무가설이 기각 또는 채택되었다고 하더라도 모형에서 설정한 k개의 독립변수가 모두 유의하거나 유의하지 않은 것은 아니다. 예를 들면 연습문제 [8.4]에서 모형에 4개의 독립변수 x_1, x_2, x_3, x_4를 모두 포함시켰을 때 이 모형은 유의하지만 개별적인 한 개씩의 회귀계수에 대한 검정에서는 x_2변수만이 어느 정도 유의하고 나머지 변수들은 모두 유의하지 않음을 확인할 수 있을 것이다.

이와 같은 경우 다중회귀모형에 어떤 특정한 독립변수를 포함 또는 제거시키는 것이 바람직한가를 결정해야 하며 여기서는 그러한 방법 중의 하나인 부분 F 검정을 살펴보기로 한다.

언급한 바와 같이 다중회귀분석에서 모형에 어떤 특정한 독립변수를 포함시켜야 할지 또는 제거시켜야 할지에 대한 의문을 종종 가지게 된다. 그럴 때 이 변수를 포함시킨 모형과 포함시키지 않은 모형에서 각각 회귀제곱합과 잔차제곱합을 구할 수 있다. 특정한 변수를 포함시키지 않은 모형을 축소모형(reduced model)이라 하고 이에 대응되는 개념으로 특정 변수를 포함시킨 모형을 완전모형(full model)이라고 한다.

일반적으로 모형에 독립변수를 추가하면 회귀제곱합 SSR은 커지고 잔차제곱합 SSE는 작아진다. 따라서 모형에 어떤 독립변수들을 추가시키는 것이 바람직한가를 결정하는 문제는 특정 독립변수들을 포함시키지 않은 축소모형에서 구한 회귀제곱합 $SSR(R)$에 비하여 특정 독립변수들을 포함시킨 완전모형에서 구한 회귀제곱합 $SSR(F)$이 추가적으로 얼마나 커졌는가를 검토하면 될 것이다.

이때 추가적으로 증가된 회귀제곱합이나 상대적으로 감소한 잔차제곱합을 추가제곱합(extra sum of squares)이라고 한다.

절편항과 x_1을 포함하고 있는 모형에 x_2가 추가로 들어갈 때 추가회귀제곱합을 $SSR(x_2|x_1)$로, 추가잔차제곱합을 $SSE(x_2|x_1)$로 표현하면 다음과 같

이 계산된다.

$$SSR(x_2|x_1) = SSR(x_1,x_2) - SSR(x_1)$$
$$SSE(x_2|x_1) = SSE(x_1) - SSE(x_1,x_2)$$

여기서,

$SSR(x_1)$은 모형에 x_1만 있을 때의 회귀제곱합
$SSR(x_1, x_2)$는 모형에 x_1과 x_2가 있을 때의 회귀제곱합
$SSE(x_1)$은 모형에 x_1만 있을 때의 잔차제곱합
$SSE(x_1, x_2)$는 모형에 x_1과 x_2가 있을 때의 잔차제곱합

같은 방법에 의해 x_1과 x_2가 있는 모형에 x_3이 추가로 포함될 때 추가회귀제곱합은

$$SSR(x_3|x_1, x_2) = SSR(x_1,x_2,x_3) - SSR(x_1,x_2)$$

로 구해지며, x_1만 있는 모형에 x_2와 x_3이 추가로 포함될 때 추가회귀제곱합은

$$SSR(x_2,x_3|x_1) = SSR(x_1,x_2,x_3) - SSR(x_1)$$

와 같이 구한다.

다음의 표는 회귀분석에서 많이 인용되는 자료로 x_1, x_2, x_3, y는 각각 25~34세의 여성 20명에 대한 삼두근 피부겹의 두께, 허벅지 둘레, 중간팔 둘레, 체지방량 자료이다.

[표 9.1] 체지방 자료

여성	x1	x2	x3	y
1	19.5	43.1	29.1	11.9
2	24.7	49.8	28.2	22.8
3	30.7	51.9	37	18.7
4	29.8	54.3	31.1	20.1
5	19.1	42.2	30.9	12.9
6	25.6	53.9	23.7	21.7
7	31.4	58.5	27.6	27.1
8	27.9	52.1	30.6	25.4
9	22.1	49.9	23.2	21.3
10	25.5	53.5	24.8	19.3
11	31.1	56.6	30	25.4
12	30.4	56.7	28.3	27.2
13	18.7	46.5	23	11.7
14	19.7	44.2	28.6	17.8
15	14.6	42.7	21.3	12.8
16	29.5	54.4	30.1	23.9
17	27.7	55.3	25.7	22.6
18	30.2	58.6	24.6	25.4
19	22.7	48.2	27.1	14.8
20	25.2	51.0	27.5	21.1

예제 9.1 [표 9.1]의 자료에 대하여

(1) $SSR(x_3 | x_1, x_2)$을 구하라.

(2) $SSR(x_2, x_3 | x_1)$을 구하라.

해설 $\hat{y} = -1.4961 + 0.8572$ 을 적합한 경우

모형의 식						
y	=	-	1.4961	+	0.8572	x1

분산분석					
요인	자유도	제곱합	평균제곱	F 통계량	Pr > F
모형	1	352.2698	352.2698	44.30	<.0001
오차	18	143.1197	7.9511		
수정합	19	495.3895			

$SSR(x_1) = 352.2698$

$\hat{y} = -19.1742 + 0.2224x_1 + 0.6594x_2$ 를 적합한 경우

모형의 식								
y	=	-	19.1742	+	0.2224 x1	+	0.6594 x2	

분산분석					
요인	자유도	제곱합	평균제곱	F 통계량	Pr > F
모형	2	385.4387	192.7194	29.80	<.0001
오차	17	109.9508	6.4677		
수정합	19	495.3895			

$SSR(x_1, x_2) = 385.4387$

$\hat{y} = 117.085 + 4.3341x_1 - 2.8568x_2 - 2.1861x_3$ 을 적합한 경우

모형의 식							
y	=	117.085	+	4.3341 x1	-	2.8568 x2	- 2.1861 x3

분산분석					
요인	자유도	제곱합	평균제곱	F 통계량	Pr > F
모형	3	396.9846	132.3282	21.52	<.0001
오차	16	98.4049	6.1503		
수정합	19	495.3895			

$SSR(x_1, x_2, x_3) = 398.9846$

(1) $SSR(x_2, x_3 | x_1) = SSR(x_1, x_2, x_3) - SSR(x_1)$

$= 11.5459$

(2) $SSR(x_2, x_3 | x_1) = SSR(x_1, x_2, x_3) - SSR(x_1)$

$= 44.7148$

이와 같은 추가제곱합을 이용하여 축소모형과 완전모형 중 하나를 택하는 검정을 부분 F 검정(partial F test)이라 한다. 두 모형에 대한 부분 F 검정(partial F test)의 가설은 다음과 같다.

$$H_0 : 축소모형(R) \qquad H_1 : 완전모형(F) \qquad (9.1)$$

식(9.1)에서 완전모형이 독립변수가 k개 있는

$$y = \beta_0 + \beta_1 x_1 + \beta_2 x_2 + \cdots + \beta_k x_k + \varepsilon$$

이고 축소모형은 완전모형에서 r개 변수를 제외된 모형이라고 하자. 모형에서 독립변수 x의 순서는 임의로 정할 수 있다. 따라서 r개의 x변수가 모두 모형의 뒤에 놓여 있다고 가정하고 대응하는 회귀계수를 $\beta_{k-r+1}, \cdots, \beta_k$ 라 하면 식(9.1)은 다음과 같이 쓸 수 있다.

H_0 : $\beta_{k-r+1} = \cdots = \beta_k = 0$
H_1 : 최소한 하나의 β_i는 0이 아니다 (9.2)

완전모형의 잔차제곱합을 $MSE(F)$로 나타내면 검정통계량 F는

$$F = \frac{[SSR(F) - SSR(R)]/r}{MSE(F)} \tag{9.3}$$

이며 $F > F_\alpha(r, n-k-1)$이면 귀무가설 H_0을 기각하고 완전모형을 받아들인다. 이것은 추가제곱합을 이용한 부분 F 검정의 일반적인 형태로서 x변수들 자체만의 유의성을 검정하는 것이 아니라 다른 x변수들이 모형에 포함된 상태에서 추가적인 유의성을 검정하는 것이다.

예제 9.2 [표 9.1]의 자료에 대하여 다음 가설을 유의수준 0.05로 검정하라.

(1) $H_0 : \beta_2 = \beta_3 = 0$, $H_1 : \beta_2, \beta_3$이 모두 0은 아니다

(2) $H_0 : \beta_3 = 0$, $H_1 : \beta_3 \neq 0$

해설 (1) 가설을 축소모형과 완전모형으로 쓰면 다음과 같다.

H_0 : $y = \beta_0 + \beta_1 x_1 + \varepsilon$
H_1 : $y = \beta_0 + \beta_1 x_1 + \beta_2 x_2 + \beta_3 x_3 + \varepsilon$

[예제 9.1]의 관련 값들을 이용하면

$$F = \frac{[SSR(F) - SSR(R)]/r}{MSE(F)}$$
$$= \frac{44.7148/2}{6.1503} = 3.635$$

$F < F_{0.05}(2, 16) = 3.633$이고 SAS에 의한 $p-$값이 0.05로 유의수준과 같으므로 귀무가설의 기각여부는 분석자에게 맡긴다.

(2) 가설을 축소모형과 완전모형으로 쓰면 다음과 같다.

H_0 : $y = \beta_0 + \beta_1 x_1 + \beta_2 x_2 + \varepsilon$

H_1 : $y = \beta_0 + \beta_1 x_1 + \beta_2 x_2 + \beta_3 x_3 + \varepsilon$

$$F = \frac{[SSR(F) - SSR(R)]/r}{MSE(F)}$$

$$= \frac{11.5459/1}{6.1503} = 1.877$$

$F < F_{0.05}(1, 16) = 4.494$이므로 귀무가설을 기각한다.

∴ 축소모형을 받아 들인다.

SAS 프로그램에서 다음의 TEST 문장을 사용하면 위의 검정을 수행 할 수 있다.

[프로그램 9.1] 부분 F 검정을 하기 위한 TEST 문장

```
PROC REG DATA=ex9_2 ;
MODEL y=x1 x2 x3 ;
TEST x2=x3=0; /* (1) */
TEST     x3=0; /* (2) */
RUN;
```

물론 지금까지 해왔듯이 다음의 SAS 자료를 생성하는 프로그램[9.2]를 먼저 입력해야 한다.

[프로그램 9.2]

```
data ex9_2 ;
input x1-x3 y;
cards;
 19.5 43.1 29.1 11.9
 24.7 49.8 28.2 22.8
 30.7 51.9 37.0 18.7
 29.8 54.3 31.1 20.1
 19.1 42.2 30.9 12.9
 25.6 53.9 23.7 21.7
 31.4 58.5 27.6 27.1
 27.9 52.1 30.6 25.4
 22.1 49.9 23.2 21.3
 25.5 53.5 24.8 19.3
 31.1 56.6 30.0 25.4
 30.4 56.7 28.3 27.2
 18.7 46.5 23.0 11.7
 19.7 44.2 28.6 17.8
 14.6 42.7 21.3 12.8
 29.5 54.4 30.1 23.9
 27.7 55.3 25.7 22.6
 30.2 58.6 24.6 25.4
 22.7 48.2 27.1 14.8
 25.2 51.0 27.5 21.1
run;
```

출력결과는 다음과 같으며 앞에서 계산한 결과와 같다.

```
                    The REG Procedure
                     Model: MODEL1

         Test 1 Results for Dependent Variable y

                                 Mean
Source              DF         Square    F Value    Pr > F

Numerator            2       22.35741       3.64    0.0500
Denominator         16        6.15031
```

```
                The REG Procedure
                 Model: MODEL1

        Test 2 Results for Dependent Variable y

                                 Mean
Source              DF         Square    F Value    Pr > F

Numerator            1       11.54590       1.88    0.1896
Denominator         16        6.15031
```

[예제 9.2]에서 (1)은 주어진 축소모형에 대해 2개 이상의 독립변수를 완전 모형에 추가하는 가설이며, (2)는 1 개의 독립변수를 완전모형에 추가하는 가설이다.

이제 특별히 독립변수 x를 한 개씩 검정하는 것을 두 가지 측면으로 다루어 보기로 한다. 하나는 모형에 변수를 하나씩 추가하면서 그에 따른 추가제곱합을 구하는 방법이고, 또 다른 하나는 모형에 변수들이 이미 포함되어 있는 상태에서 다른 한 변수가 마지막으로 추가될 때의 추가제곱합을 구하는 방법이다.

다음의 모형을 고려하여 보자.

$$y = \beta_0 + \beta_1 x_1 + \beta_2 x_2 + \beta_3 x_3 + \varepsilon$$

(1) 제1종 부분 F 검정

각 변수항이 추가될 때의 추가제곱합을 다음의 순서대로 구한다.

① x_1로 인한 부분 $SSR(x_1)$

② x_2로 인한 부분 $SSR(x_2|x_1)$

③ x_3으로 인한 부분 $SSR(x_3|x_1, x_2)$

이 경우는 각 항으로 인한 제곱합의 합계가 전체 회귀제곱합과 같다. 즉,

$$SSR(x_1, x_2, x_3) = SSR(x_1) + SSR(x_2|x_1) + SSR(x_3|x_1, x_2)$$

이 성립한다. 이것을 분산분석표로 보면 다음과 같다.

[표 9.2] 순차 F 검정 분산분석표

요 인	자유도	제 곱 합	평균제곱합
회 귀	3	$SSR(x_1,x_2,x_3)$	$MSR(x_1,x_2,x_3)$
x_1	1	$SSR(x_1)$	$MSR(x_1)$
$x_2\|x_1$	1	$SSR(x_2\|x_1)$	$MSR(x_2\|x_1)$
$x_3\|x_1,x_2$	1	$SSR(x_3\|x_1,x_2)$	$MSR(x_3\|x_1,x_2)$
오 차	$n-4$	$SSE(x_1,x_2,x_3)$	$MSE(x_1,x_2,x_3)$
합	$n-1$	SST	

이 분석 방법은 순차적으로 한 개씩의 항을 추가하면서 변하는 추가제곱합을 구하기 때문에 순차제곱합(sequential sum of squares)이라 부르며 SAS 프로그램 분석에서는 Type I SS 라고 하며, SAS/INSIGHT에서는 Type I 검정표로 그 결과가 나타나 있다. 각 항의 가설검정은 앞에서 설명한 부분 F 검정으로 수행하며 이것을 순차 F 검정(sequential F test)이라고 부르기도 한다.

(2) 제2종 부분 F 검정

여기서는 각 변수항으로 인한 추가제곱합을 다음의 형태로 구한다.

① x_1로 인한 부분 $SSR(x_1|x_2,x_3)$

② x_2로 인한 부분 $SSR(x_2|x_1,x_3)$

③ x_3으로 인한 부분 $SSR(x_3|x_1,x_2)$

이것을 부분제곱합(partial sum of squares)이라 부르며 SAS 프로그램 분석에서는 TypeⅡ SS 라고 하며, SAS/INSIGHT에서는 Type Ⅲ 검정표로

그 결과가 제시된다. 이 경우는 제곱합의 합계가 일반적으로 전체 회귀제곱합과 같지 않다.

이 검정은 다른 모든 독립변수 x가 모형에 포함된 상태에서 변수 x_i의 추가적인 유의성을 조사하는 것이다. 또한 이 검정은 양측검정의 경우 [표 8.2]에서 다룬 개별 회귀계수의 t검정과 동일하다. 따라서 이 검정에서 제시하는 t통계량의 값을 제곱하면 F통계량의 값과 동일하며 $p-$값 역시 같게 된다.

예제 9.3 [표 9.1]의 자료에 대하여 회귀제곱합을 순차제곱합과 부분제곱합으로 보여라.

해설

• SAS 프로그램 분석

다음과 같이 MODEL 문장에 SS1과 SS2를 선택사항으로 입력한다.

[프로그램 9.3] 부분 F 검정을 하기 위한 선택사항

```
PROC REG DATA=ex9_2 ;
MODEL y=x1 x2 x3 / SS1 SS2 ;
RUN;
```

출력결과는 다음과 같다.

Analysis of Variance					
Source	DF	Sum of Squares	Mean Square	F Value	Pr > F
Model	3	396.98461	132.32820	21.52	<.0001
Error	16	98.40489	6.15031		
Corrected Total	19	495.38950			

Parameter Estimates							
Variable	DF	Parameter Estimate	Standard Error	t Value	Pr > |t|	Type I SS	Type II SS
Intercept	1	117.08469	99.78240	1.17	0.2578	8156.76050	8.46816
x1	1	4.33409	3.01551	1.44	0.1699	352.26980	12.70489
x2	1	-2.85685	2.58202	-1.11	0.2849	33.16891	7.52928
x3	1	-2.18606	1.59550	-1.37	0.1896	11.54590	11.54590

TypeⅠ SS에서 네모 박스 부분이 순차제곱합이다. 각 독립변수로 인한 추가제곱합의 합은 SSR과 같음을 알 수 있으며 이를 다음 표와 같이 정리할 수 있다.

요 인	자유도	제 곱 합	평균제곱합
회 귀	3	396.9846	132.3282
x_1	1	352.2698	352.2698
$x_2 \| x_1$	1	33.1689	33.1689
$x_3 \| x_1, x_2$	1	11.5459	11.5459
오 차	16	98.4049	6.1503
합	19	495.3895	

TypeⅡ SS에서 네모 박스 부분이 부분제곱합이다. 회귀 부분만 다음과 같이 요약할 수 있다. 여기서는 각 변수로 인한 회귀제곱합의 합은 SSR이 되지 않음을 알 수 있다.

회 귀	3	396.9846	132.3282
$x_1 \| x_2, x_3$	1	12.7049	12.7049
$x_2 \| x_1, x_3$	1	7.5293	7.5293
$x_3 \| x_1, x_2$	1	11.5459	11.5459

• SAS/INSIGHT 분석

SAS/INSIGHT를 구동하여 다음과 같이 x_1, x_2, x_3, y를 독립변수와 종속변수 역할에 할당 시킨다.

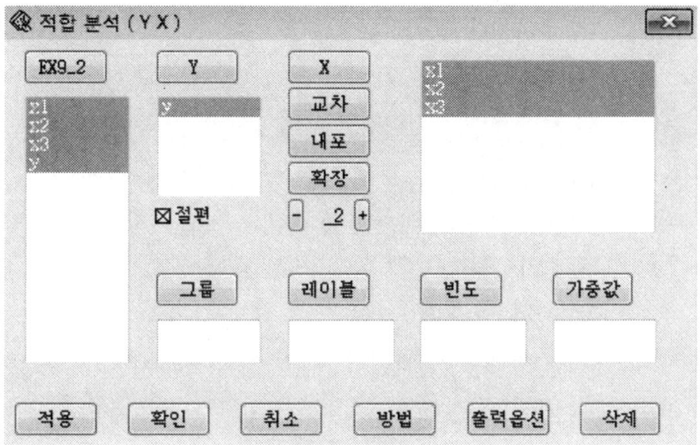

디폴트로 부분제곱합이 Type Ⅲ 검정에 나타나고 있다.

분산분석					
요인	자유도	제곱합	평균제곱	F 통계량	Pr > F
모형	3	396.9846	132.3282	21.52	<.0001
오차	16	98.4049	6.1503		
수정합	19	495.3895			

Type III 검정					
요인	자유도	제곱합	평균제곱	F 통계량	Pr > F
x1	1	12.7049	12.7049	2.07	0.1699
x2	1	7.5293	7.5293	1.22	0.2849
x3	1	11.5459	11.5459	1.88	0.1896

모수 추정값							
변수	자유도	추정값	표준 오차	t 통계량	Pr >|t|	허용도(TOL)	분산팽창계수(VIF)
절편	1	117.0847	99.7824	1.17	0.2578	.	0
x1	1	4.3341	3.0155	1.44	0.1699	0.0014	708.8429
x2	1	-2.8568	2.5820	-1.11	0.2849	0.0018	564.3434
x3	1	-2.1861	1.5955	-1.37	0.1896	0.0096	104.6060

앞에서 말한 대로 Type Ⅲ 검정은 개별 회귀계수의 t검정과 동일하다. 이 검정에서 제시하는 t통계량의 값을 제곱하면 F통계량의 값과 동일하며 $p-$값 역시 같음을 알 수 있다.

순차제곱합의 내용을 출력하기 위해서 다음과 같이 테이블 ➡ Type I / I 우도비 검정을 누른다.

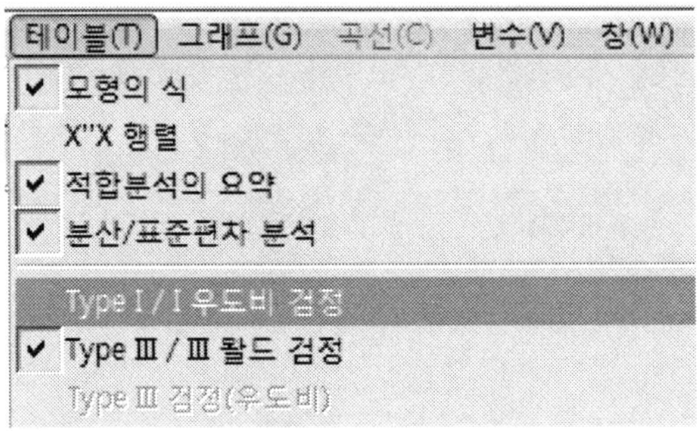

Type I 검정

요인	자유도	제곱합	평균제곱	F 통계량	Pr > F
x1	1	352.2698	352.2698	57.28	<.0001
x2	1	33.1689	33.1689	5.39	0.0337
x3	1	11.5459	11.5459	1.88	0.1896

모든 출력 결과가 SAS 프로그램 분석가 동일함을 알 수 있다.

9.2 표준화 회귀모형

추정된 다중회귀모형

$$\hat{y}_i = b_0 + b_1 x_{1i} + b_2 x_{2i} + \cdots + b_k x_{ki}$$

에서 독립변수 $x_1, x_2, \cdots, x_k$들이 종속변수 y에 미치는 영향의 정도를 알기 위해 추정된 회귀계수들의 크기를 직접 비교하는 것은 별 의미가 없는 경우가 있다. 예를 들어 어떤 다중회귀모형에서 학생들의 키(y)는 m로, 가슴둘레(x_1)는 ㎝로, 발 사이즈(x_2)는 ㎜로 측정된 값이라든가, 어떤 주가의 변화율(y)에 대해 종합주가지수(x_1), 환율(x_2)을 사용하면 이들 추정계수들의 직적접인 비교는 적절하지 않다. 왜냐하면 회귀계수 b_{ki}는 독립변수 x_{ki}의 단위에 영향을 받기 때문이다. 즉 $i=1,2,\cdots,k$에 대하여 종속변수 y_i와 독립변수 x_i들의 값을 변화시켜 단위를 다음과 같이 표준화 시키는 것이 필요하다.

$$y_i' = \frac{y_i - \overline{y}}{s_{y_i}}, \quad s_{y_i} = \sqrt{\frac{1}{n-1}\sum(y_i - \overline{y_i})^2} \tag{9.4}$$

$$x_i' = \frac{x_i - \overline{x_i}}{s_{x_i}}, \quad s_{x_i} = \sqrt{\frac{1}{n-1}\sum(x_i - \overline{x_i})^2} \tag{9.5}$$

이제 표준화된 변수를 다음과 같이 변환시켜 보자.

$$y^* = \frac{1}{\sqrt{n-1}}y' \tag{9.6}$$

$$x_i^* = \frac{1}{\sqrt{n-1}}x_i' \tag{9.7}$$

이것을 상관변환이라 한다. 이렇게 변환된 독립변수 $\boldsymbol{X}$행렬을 $\boldsymbol{X}^*$라 하고 $\boldsymbol{y}$ 벡터를 $\boldsymbol{y}^*$라고 하자. 그러면 $\boldsymbol{X}^{*\prime}\boldsymbol{X}^*$는 독립변수들의 상관계수로 구성된 식 (9.8)과 같은 행렬이 되고 이 행렬을 상관행렬(correlation matrix)이라 한다.

$$\boldsymbol{X}^{*\prime}\boldsymbol{X}^* = \begin{bmatrix} 1 & r_{12}\cdots & r_{1k} \\ & & \\ (\text{대칭}) & 1 \quad \cdots & r_{2k} \\ & & \vdots \\ & & \ddots \; 1 \end{bmatrix} \tag{9.8}$$

이렇게 상관변환된 변수 x_i^*와 y^*를 사용한 회귀모형을 표준화 회귀모형(standard regression model)이라 하며 다음과 같이 표현된다.

$$y_i^* = \beta_1^* x_{1i}^* + \beta_2^* x_{2i}^* + \cdots + \beta_k^* x_{ki}^* + \varepsilon_i^*, \quad i = 1, 2 \cdots, n \tag{9.9}$$

식(9.9)의 표준화 회귀모형은 절편이 없는데 그것은 이와 같이 표준화를 하면 절편이 0이 되기 때문이다. 최소제곱법에 의한 표준화 회귀모형의 정규방정식과 회귀계수는 각각 다음과 같이 얻어진다.

$$\boldsymbol{X}^{*\prime}\boldsymbol{X}^*\boldsymbol{b}^* = \boldsymbol{X}^{*\prime}\boldsymbol{y}^* \tag{9.10}$$

$$\boldsymbol{b}^* = (\boldsymbol{X}^{*\prime}\boldsymbol{X}^*)^{-1}\boldsymbol{X}^{*\prime}\boldsymbol{y}^* \tag{9.11}$$

$\boldsymbol{b}^* = (b_1^*, b_2^*, \cdots, b_k^*)'$ 를 표준화 회귀계수(standard regression coefficient)라고 한다. 이것을 원래 변수의 추정 회귀계수로 바꾸려면 다음의 관계식을 사용하면 된다.

$$b_i = \left(\frac{s_y}{s_{x_i}}\right) b_k^* \tag{9.12}$$

$$b_0 = \bar{y} - \left(b_1 \bar{x}_1 + \cdots + b_k \bar{x}_k\right) \tag{9.13}$$

예제 9.4 [표 9.1]의 자료에 대하여 표준화 회귀모형을 추정하라.

해설

다음과 같이 PROC REG의 MODEL 문장에서 선택사항으로 STB를 입력한다.

[프로그램 9.4] 표준화 회귀모형을 구하기 위한 선택사항(STB)

```
PROC REG DATA=ex9_2 ;
MODEL y=x1 x2 x3 / STB ;
RUN;
```

[출력결과]

Parameter Estimates						
Variable	DF	Parameter Estimate	Standard Error	t Value	Pr > |t|	Standardized Estimate
Intercept	1	117.08469	99.78240	1.17	0.2578	0
x1	1	4.33409	3.01551	1.44	0.1699	4.26370
x2	1	-2.85685	2.58202	-1.11	0.2849	-2.92870
x3	1	-2.18606	1.59550	-1.37	0.1896	-1.56142

출력결과로부터

표준화 회귀모형 : $\widehat{y^*} = 4.2637x_1^* - 2.9287x_2^* - 1.5614x_3^*$

원래 모형 : $\hat{y} = 117.0847 + 4.3341x_1 - 2.8569x_2 - 2.1861x_3$

9.3 다중공선성

다중회귀모형에서 독립변수들이 밀접한 상관관계를 갖고 있으며 완전하지는 않아도 선형결합관계를 가질 수 있다. 이런 경우에 우리는 자료에 공선성(collinearity) 또는 다중공선성(multicollinearity)이 존재한다고 말한다. 다중공선성이 존재하는 경우에는 최소제곱추정량의 계산이 불가능할 수 있고, 회귀계수들의 추정량의 분산이 지나치게 커지게 되어 추정량이 매우 불안정하게 되므로 회귀계수들의 추론에 심각한 문제를 초래한다.

결정계수의 값은 큰 반면에 대부분의 회귀계수들이 유의하지 않은 경우가 다중공선성 발생의 대표적인 경우이며, 회귀분석을 하는 과정에서 다음과 같은 경우들은 독립변수 들 사이에 다중공선성의 존재를 의심할 수 있는 징후이다.

① 어떤 특정 독립변수를 모형에 추가하거나 제거하는 할 때 추정된 회귀계수들이 큰 변화를 일으킬 때
② 중요하다고 생각되는 독립변수의 회귀계수에 대한 검정결과가 유의하지 않게 나타났을 때
③ 추정된 회귀계수의 부호가 과거 경험이나 이론적인 면에서 기대되는 부호와 반대로 나타났을 때
④ 상관행렬에서 독립변수들의 상관계수가 크게 나타날 때

다중공선성의 존재 여부를 검토하는 측도들로는 다음과 같은 것들이 있으며 SAS에서는 이들 값을 제공한다.

(1) 분산팽창계수(variance inflation factor: VIF)

분산팽창계수는 추정된 회귀계수들의 분산이 독립변수들이 선형으로 관련되어 있지 않을 때와 비교하여 얼마나 팽창되었는지를 측정하는 것으로 다음과 같이 정의한다.

$$VIF_i = \frac{1}{1 - R_i^2}$$

여기서 R_i^2은 x_i변수를 종속변수로 하고 x_i이외의 독립변수들을 독립변수로 설정하는 회귀모형에서의 결정계수를 의미한다. 만일 심각한 다중공선성이 존재하면 결정계수 R_i^2이 1로 접근하기 때문에 VIF_i는 커지게 된다. 반대로 다중공선성이 거의 없다면 결정계수는 0으로 접근하기 때문에 VIF_i는 1에 가까워진다. 또한 공차한계(tolerence limit)는 분산팽창계수의 역수이며 추정량에 대하여 허용할 수 있는 한계를 제시하여 준다. SAS/INSIGHT에서는

공차한계를 허용도(TOL)로 나타낸다. 일반적으로 분산팽창계수가 10보다 크거나 공차한계가 1보다 크면 심각한 다중공선성 문제가 있다고 판정한다.

(2) 고유값(eigenvalue)과 조건지표(condition index)

다중공선성이 없는 $(\boldsymbol{X}'\boldsymbol{X})$는 양정치 행렬(positive definite matrix)이어야 하므로 이 행렬의 고유값은 양수여야 한다. 그러므로 변수들 간에 다중공선성이 있는지를 알아보기 위해서 $(\boldsymbol{X}'\boldsymbol{X})$행렬의 고유값을 구하여 각 값이 양수인지를 살펴보는 것이 중요하며 기초적인 분석 방법이라고 할 수 있다. 조건지표는 다음과 같이 정의한다.

$$\eta_i = \left((\boldsymbol{X}'\boldsymbol{X}) \text{ 의 최대 고유값} / \ i \text{ 번째 고유값} \right)^{1/2}$$

일반적으로 조건지표 중에서 30보다 큰 값이 나오면 독립변수들 사이에 강한 선형종속관계가 존재한다고 간주한다.

(3) 분산비율(variance proportion)

분산비율은 각 독립변수에 대응되는 회귀계수의 분산에 대하여 각 고유벡터 방향으로 할당된 비율로서 큰 분산비율(1에 가까운 값)이 존재할 때는 다중공선성에 심각한 문제가 있다고 본다.

예제 9.5 [표 9.1]의 자료에 대하여 다중공선성 여부를 진단하여 보아라.

해설

• SAS 프로그램 분석

다음과 같이 PROC REG의 MODEL 문장에서 선택사항으로 COLLIN과 VIF를 입력한다.

[프로그램 9.5] 다중공선성을 진단하기 위한 선택사항(COLLIN, VIF)

```
PROC REG DATA=ex9_2 ;
MODEL y=x1 x2 x3 / COLLIN  VIF ;
RUN;
```

▶COLLIN : 다중공선성 분석에 필요한 고유치, 조건지표(condition index), 분산비율(variance proportion)을 출력한다.

▶VIF : 분산팽창계수를 출력한다.

<COLLIN 결과>

Collinearity Diagnostics							
			Proportion of Variation				
Number	Eigenvalue	Condition Index	Intercept	x1	x2	x3
1	3.96796	1.00000	0.00000195	0.00000320	0.00000110	0.00000980
2	0.02052	13.90482	0.00037152	0.00132	0.00003262	0.00139
3	0.01151	18.56570	0.00059915	0.00021875	0.00032550	0.00693
4	0.00000865	677.37207	0.99903	0.99846	0.99964	0.99167

<VIF 결과>

Parameter Estimates						
Variable	DF	Parameter Estimate	Standard Error	t Value	Pr > |t|	Variance Inflation
Intercept	1	117.08469	99.78240	1.17	0.2578	0
x1	1	4.33409	3.01551	1.44	0.1699	708.84291
x2	1	-2.85685	2.58202	-1.11	0.2849	564.34339
x3	1	-2.18606	1.59550	-1.37	0.1896	104.60601

• SAS/INSIGHT 분석

적합분석을 하면 디폴트로 다음의 표를 제공한다.

모수 추정값							
변수	자유도	추정값	표준 오차	t 통계량	Pr >|t|	허용도(TOL)	분산팽창계수(VIF)
절편	1	117.0847	99.7824	1.17	0.2578	.	0
x1	1	4.3341	3.0155	1.44	0.1699	0.0014	708.8429
x2	1	-2.8568	2.5820	-1.11	0.2849	0.0018	564.3434
x3	1	-2.1861	1.5955	-1.37	0.1896	0.0096	104.6060

분산팽창계수는 708.8429, 564.3434, 104.6060으로 이들의 평균값은 약 460이다. 따라서 오차제곱합의 기대값은 독립변수들이 상관되어 있지 않은 경우에 비해 460배 크다. 또한 모든 분산팽창계수의 값이 10보다 훨씬 큰 것은 심각한 다중공선성이 있다고 판단되는 징후이다.

이제 다음과 같이 메뉴에서 테이블 ➡ 공선성 진단 옵션을 눌러 보자.

다음의 결과를 얻을 수 있다.

공선성 진단						
			분산비			
개수	고유값	조건지표	절편	X1	X2	X3
1	3.9680	1.0000	1.947E-06	3.196E-06	1.104E-06	9.798E-06
2	0.0205	13.9048	0.0004	0.0013	3.262E-05	0.0014
3	0.0115	18.5657	0.0006	0.0002	0.0003	0.0069
4	8.648E-06	677.3721	0.9990	0.9985	0.9996	0.9917

조건지표 중 30 이상인 것이 677.3721로 한 개 있으며 여기에 대응하는 분산 비율이 모두 크다. 따라서 다중공선성의 문제가 있는 것으로 판단된다.

이제 독립변수들의 상관계수를 구하기 위하여 [그림 2.10]을 참조하여 메뉴에서 다음의 옵션(분석 ➡ 다변량)을 선택하여 보자.

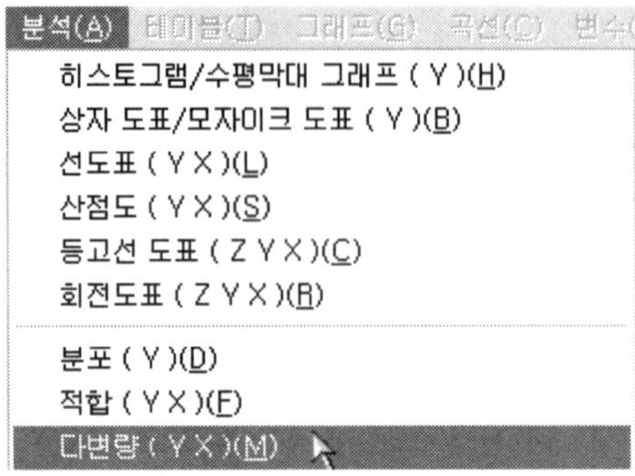

다변량 분석 대화상자에서 변수목록에 있는 변수 x_1, x_2, x_3을 선택하고 Y 단추를 눌러 Y역할에 할당한다.

[출력결과]

상관행렬			
	x1	x2	x3
x1	1.0000	0.9238	0.4578
x2	0.9238	1.0000	0.0847
x3	0.4578	0.0847	1.0000

x_1, x_2, x_3의 상관 행렬을 얻는다. x_1과 x_3의 상관계수, x_2와 x_3의 상관계수가 둘 다 크지 않음에도 $VIF_3 = 104.61$로 큰 것이 이채롭다. 이것은 각각의 단순상관계수(또는 단순 결정계수)는 크지 않더라도 x_3이 x_1과 x_2에 함께(pairwise)는 상관 되어 있는 것으로 판단된다. 각각의 상관계수에서는 이 다중공선성이 드러나지 않는다.

9.4 이상점의 검토

주어진 자료에 대해 회귀분석을 하다보면 종종 특이하거나 극단적인 관측값을 보게 된다. 다른 관측 값들로부터 현저하게 떨어져 있는 관측값을 이상점(outlier) 이라고 한다. 이상점들은 잔차가 크며, 그 값이 너무 극단적이면 전체 분석에 큰 영향을 미치므로 회귀분석 결과에 좋지 않은 영향을 준다. 이상점을 검토하는 측도로 표준화 잔차, 스트던트화 잔차, 스트던트화 제외잔차 등이 있다.

일반적으로 잔차 e_i는 자료의 단위가 크면 큰 값들로 나타나고, 작은 단위이면 작은 값들로 나타난다. 따라서 잔차가 얼마나 커야 이상점인지 판정하는 것이 쉽지 않으므로 표준화 하여 조사하는 것이 바람직하다.

오차 ε_i의 표준편차는 σ이고 이것은 $\sqrt{MSE}$로 추정되므로 잔차 e_i를 표준화 한 것으로

$$e_i = \frac{e_i - \bar{e}}{\sqrt{MSE}} = \frac{e_i}{\sqrt{MSE}} \tag{9.14}$$

을 생각할 수 있다. 그런데 e_i의 표준편차는 정확하게 $\sqrt{MSE}$가 아니고 $i=1,2\cdots,n$에 따라 그 값이 다르게 되며 $\sqrt{MSE}$는 e_i의 표준편차의 근사값이라고 볼 수 있다.

잔차의 분산은 식(7.13)을 참조하 다음과 같이 구할 수 있으며 모두 같은 분산을 갖지 않음을 알 수 있다.

$$Var(e_i) = (1 - h_{ii})\sigma^2 \tag{9.15}$$

식(9.15)에서 h_{ii}는 식(7.12)에서 정의한 햇트 행렬(hat matrix) $\boldsymbol{H} = \boldsymbol{X}(\boldsymbol{X}'\boldsymbol{X})^{-1}\boldsymbol{X}'$의 대각 원소이다. 추정된 잔차의 분산은 σ^2 대신 MSE를 사용한 값으로 다음과 같다.

$$\widehat{Var}(e_i) = (1 - h_{ii})MSE \tag{9.16}$$

이제 식(9.16)을 이용하여 표준화 시킨 잔차

$$r_i = \frac{e_i}{\sqrt{MSE\,(1 - h_{ii})}} \tag{9.17}$$

를 스트던트화 잔차(studentized residual)라고 한다. 스트던트화 잔차의 절대값이 2 이상이면 그 관측값을 이상점으로 생각할 수 있다.

스트던트화 제외잔차(studentized deleted residual)는 i번째 자료를 제외하고 회귀식을 적합 시켰을 때 계산한 잔차로서 다음과 같이 정의한다.

$$t_i = \frac{e_i}{\sqrt{MSE_{(i)}\,(1 - h_{ii})}} \tag{9.18}$$

여기서 $MSE_{(i)}$는 i번째 자료를 제외하고 계산한 MSE이다. 스트던트화 제외잔차의 절대값이 2 이상이면 그 관측값을 이상점으로 판단할 수 있다.

일반적으로 잔차보다는 표준화 잔차가, 표준화 잔차보다는 스트던트화 잔차가, 스트던트화 잔차보다는 스트던트화 제외잔차가 자료의 이상점 여부를 판단하는데 더 많은 정보를 제공한다.

예제 9.6 [표 3.1]의 자료에 대하여 다음을 구하라.

① 잔차

② 햇트 행렬의 대각 원소

③ 스트던트화 잔차

④ 스트던트화 제외잔차

해설

• SAS 프로그램 분석

[프로그램 3.1] 밑에 다음의 [프로그램 9.6]을 추가로 작성한다.

[프로그램 9.6] MODEL 문장의 선택사항(R, INFLUENCE)

```
PROC REG DATA=ex3_6 ;
MODEL y=x  / R  INFLUENCE ;
RUN;
```

▸R : 잔차분석을 수행하고, 위의 P 선택사항에 의해 요구되는 모든 결과를 출력한다. 또한 예측값과 잔차의 표준오차, 표준화된 잔차, Cook의 D 통계량 등도 함께 출력한다.

▸INFLUENCE : 영향력 관찰치 분석결과를 출력한다.

출력결과는 다음과 같다.

<R 결과>

```
                              Output Statistics

     Dependent Predicted    Std Error          Std Error  Student                     Cook's
Obs  Variable      Value Mean Predict Residual  Residual Residual    -2-1 0 1 2          D

  1    2.0000     2.0000       0.2708        0     0.542        0  |     |      |     0.000
  2    4.0000     3.4000       0.4690   0.6000     0.383    1.567  |     |***   |     1.841
  3    1.0000     0.6000       0.4690   0.4000     0.383    1.044  |     |**    |     0.818
  4    2.0000     2.7000       0.3317  -0.7000     0.507   -1.382  |   **|      |     0.409
  5    1.0000     1.3000       0.3317  -0.3000     0.507   -0.592  |    *|      |     0.075

                   Sum of Residuals                        0
                   Sum of Squared Residuals          1.10000
                   Predicted Residual SS (PRESS)     4.43367
```

Residual은 잔차, Student Residual은 스트던트화 잔차이다.

<INFLUENCE 결과>

Output Statistics

Obs	RStudent	Hat Diag H	Cov Ratio	DFFITS	-------DFBETAS------- Intercept	x
1	0	0.2000	2.8125	0.0000	0.0000	0.0000
2	3.0000	0.6000	0.1860	3.6742	-1.8091	3.0000
3	1.0690	0.6000	2.2779	1.3093	1.2893	-1.0690
4	-1.8708	0.3000	0.4250	-1.2247	0.2132	-0.7071
5	-0.5145	0.3000	2.5068	-0.3368	-0.2932	0.1945

RStudent는 스트던트화 제외잔차, Hat Diag H는 햇트 행렬의 대각 원소를 출력한 것이다.

• SAS/INSIGHT 분석

적합분석을 수행하고 다음과 같이 메뉴에서 변수를 선택하고 Hat 행렬의 대각값, 표준화 잔차, 스트던트화 잔차를 선택사항으로 누른다. 그리고 화면을 데이터 창으로 옮기면 다음과 같이 데이터창이 변해 있음을 알 수 있을 것이다.

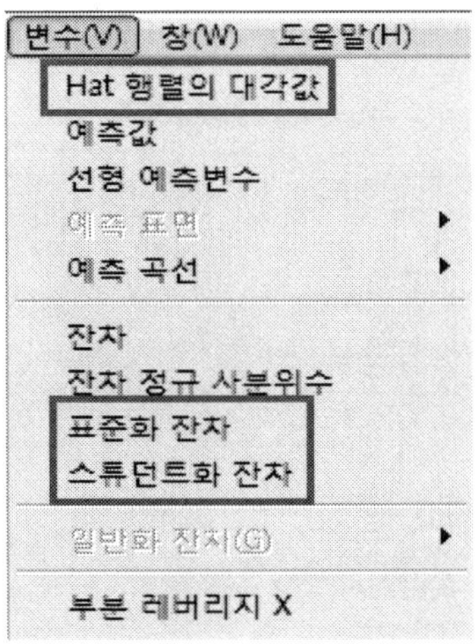

WORK.EX3_6

	x	y	R_y	P_y	H_y	RS_y	RT_y
1	3	2	0.0	2.0	0.2	0.0000	0.0000
2	5	4	0.6	3.4	0.6	1.5667	3.0000
3	1	1	0.4	0.6	0.6	1.0445	1.0690
4	4	2	-0.7	2.7	0.3	-1.3817	-1.8708
5	2	1	-0.3	1.3	0.3	-0.5922	-0.5145

여기서 R_y는 잔차, H_y는 햇트 행렬의 대각 원소, RS_y스트던트화 잔차, RT_y는 스트던트화 제외잔차를 의미한다.

예제 9.7 [예제 9.2]의 체지방 자료에 대한 분석에서 3개의 독립변수 중 2개의 독립변수 x_1, x_2만을 사용한 회귀모형이 채택되었다. 2 개의 독립변수 x_1, x_2만을 고려한 모형 $y = \beta_0 + \beta_1 x_1 + \beta_2 x_2 + \varepsilon$을 사용하여 이상점이 있는지를 조사하여 보라.

해설

- SAS 프로그램 분석

[프로그램 9.2] 밑에 다음의 [프로그램 9.7]을 추가로 작성한다.

[프로그램 9.7] MODEL 문장의 선택사항(R, INFLUENCE)

```
PROC REG DATA=ex9_2 ;
MODEL y=x1 x2  / R  INFLUENCE ;
RUN;
```

Obs	Dependent Variable	Predicted Value	Std Error Mean Predict	Residual	Std Error Residual	Student Residual	-2-1 0 1 2	Cook's D
1	11.9000	13.5827	1.1402	-1.6827	2.273	-0.740	| *| |	0.046
2	22.8000	19.1571	0.6172	3.6429	2.467	1.477	| |** |	0.045
3	18.7000	21.8760	1.5510	-3.1760	2.015	-1.576	| ***| |	0.490
4	20.1000	23.2585	0.8471	-3.1585	2.398	-1.317	| **| |	0.072
5	12.9000	12.9003	1.2665	-0.000289	2.205	-0.0001	| | |	0.000
6	21.7000	22.0608	0.9121	-0.3608	2.374	-0.152	| | |	0.001
7	27.1000	26.3838	1.0029	0.7162	2.337	0.306	| | |	0.006
8	25.4000	21.3853	0.7892	4.0147	2.418	1.661	| |*** |	0.098
9	21.3000	18.6449	0.8611	2.6551	2.393	1.110	| |** |	0.053
10	19.3000	21.7748	0.8444	-2.4748	2.399	-1.032	| **| |	0.044
11	25.4000	25.0642	0.8822	0.3358	2.385	0.141	| | |	0.001
12	27.2000	24.9745	0.8407	2.2255	2.400	0.927	| |* |	0.035
13	11.7000	15.6469	1.0741	-3.9469	2.305	-1.712	| ***| |	0.212
14	17.8000	14.3525	0.9784	3.4475	2.347	1.469	| |** |	0.125
15	12.8000	12.2294	1.4680	0.5706	2.077	0.275	| | |	0.013
16	23.9000	23.2577	0.7850	0.6423	2.419	0.266	| | |	0.002
17	22.6000	23.4509	0.8264	-0.8509	2.405	-0.354	| | |	0.005
18	25.4000	26.1829	1.1282	-0.7829	2.279	-0.344	| | |	0.010
19	14.8000	17.6573	0.6581	-2.8573	2.457	-1.163	| **| |	0.032
20	21.1000	20.0596	0.5692	1.0404	2.479	0.420	| | |	0.003

Obs	RStudent	Hat Diag H	Cov Ratio	DFFITS	DFBETAS Intercept	x1	x2
1	-0.7300	0.2010	1.3607	-0.3661	-0.3052	-0.1315	0.2320
2	1.5343	0.0589	0.8443	0.3838	0.1726	0.1150	-0.1426
3	-1.6543	0.3719	1.1892	-1.2731	-0.8471	-1.1825	1.0669
4	-1.3485	0.1109	0.9768	-0.4763	-0.1016	-0.2935	0.1961
5	-0.000127	0.2480	1.5951	-0.0001	-0.0001	-0.0000	0.0001
6	-0.1475	0.1286	1.3709	-0.0567	0.0397	0.0401	-0.0443
7	0.2981	0.1555	1.3969	0.1279	-0.0775	-0.0156	0.0543
8	1.7601	0.0963	0.7805	0.5745	0.2614	0.3911	-0.3325
9	1.1176	0.1146	1.0812	0.4022	-0.1514	-0.2947	0.2469
10	-1.0337	0.1102	1.1104	-0.3639	0.2377	0.2446	-0.2688
11	0.1367	0.1203	1.3588	0.0505	-0.0090	0.0171	-0.0025
12	0.9232	0.1093	1.1525	0.3233	-0.1305	0.0225	0.0700
13	-1.8259	0.1784	0.8274	-0.8508	0.1194	0.5924	-0.3895
14	1.5248	0.1480	0.9371	0.6355	0.4517	0.1132	-0.2977
15	0.2672	0.3332	1.7750	0.1889	-0.0030	-0.1248	0.0688
16	0.2581	0.0953	1.3094	0.0838	0.0093	0.0431	-0.0251
17	-0.3445	0.1056	1.3117	-0.1184	0.0795	0.0550	-0.0761
18	-0.3344	0.1968	1.4625	-0.1655	0.1321	0.0753	-0.1161
19	-1.1762	0.0670	1.0024	-0.3151	-0.1296	-0.0041	0.0644
20	0.4094	0.0501	1.2238	0.0940	0.0102	0.0023	-0.0033

출력결과에서 모든 통계량은 $\hat{y} = -19.1742 + 0.2224x_1 + 0.6594x_2$를 적용하여 나타낸 것이다. 모든 스트던트화 잔차와 스트던트화 제외잔차의 절대값이 2보다는 작으나 3, 8, 13번째의 값이 가장 크게 나타났다. 그런데 잔차 e_i만으로 조사했다면 2, 8, 13번째의 관측값을 가장 특이한 점으로 판정하였을 것이다.

- SAS/INSIGHT 분석 결과

WORK.EX9_2

5 / 20	x1	x2	x3	y	P_y	R_y	RS_y	RT_y
	구간	구간	구간	구간	구간	구간	구간	구간
1	19.5	43.1	29.1	11.9	13.5827	-1.6827	-0.7402	-0.7300
2	24.7	49.8	28.2	22.8	19.1571	3.6429	1.4766	1.5343
3	30.7	51.9	37.0	18.7	21.8760	-3.1760	-1.5758	-1.6543
4	29.8	54.3	31.1	20.1	23.2585	-3.1585	-1.3172	-1.3485
5	19.1	42.2	30.9	12.9	12.9003	-0.0003	-0.0001	-0.0001
6	25.6	53.9	23.7	21.7	22.0608	-0.3608	-0.1520	-0.1475
7	31.4	58.5	27.6	27.1	26.3838	0.7162	0.3065	0.2981
8	27.9	52.1	30.6	25.4	21.3853	4.0147	1.6606	1.7601
9	22.1	49.9	23.2	21.3	18.6449	2.6551	1.1095	1.1176
10	25.5	53.5	24.8	19.3	21.7748	-2.4748	-1.0316	-1.0337
11	31.1	56.6	30.0	25.4	25.0642	0.3358	0.1408	0.1367
12	30.4	56.7	28.3	27.2	24.9745	2.2255	0.9272	0.9232
13	18.7	46.5	23.0	11.7	15.6469	-3.9469	-1.7122	-1.8259
14	19.7	44.2	28.6	17.8	14.3525	3.4475	1.4686	1.5248
15	14.6	42.7	21.3	12.8	12.2294	0.5706	0.2748	0.2672
16	29.5	54.4	30.1	23.9	23.2577	0.6423	0.2655	0.2581
17	27.7	55.3	25.7	22.6	23.4509	-0.8509	-0.3538	-0.3445
18	30.2	58.6	24.6	25.4	26.1829	-0.7829	-0.3435	-0.3344
19	22.7	48.2	27.1	14.8	17.6573	-2.8573	-1.1631	-1.1762
20	25.2	51.0	27.5	21.1	20.0596	1.0404	0.4198	0.4094

분석결과는 앞과 같음을 알 수 있다.

9.5 다항회귀

지금까지는 독립변수 x와 종속변수 y의 관계가 직선적인 경우에 단순선형회귀모형이나 다중선형회귀모형을 설정하여 분석하였다. 그러나 x와 y의 관계가 [그림 6.1]의 (2), [예제 6.2]와 같이 곡선적인 경우에는 모형을 x의 다항식으로 표현한 다항회귀모형(polynomial regression model)을 설정하여 분석하는 것이 타당할 것이다.

독립변수 x의 개수가 한 개인 경우에 단순선형회귀모형에 x의 2차식을 추가한 모형

$$y_i = \beta_0 + \beta_1 x_i + \beta_2 x_i^2 + \varepsilon_i \ , \ \ i = 1, 2, \cdots, n \tag{9.19}$$

을 독립변수가 한 개인 2차 다항회귀모형이라 한다.

식(9.19)에서 $x_i = x_{1i},\ x_i^2 = x_{2i}$ 라고 놓으면

$$y_i = \beta_0 + \beta_1 x_{1i} + \beta_2 x_{2i} + \varepsilon_i\ ,\quad i = 1, 2 \cdots, n \tag{9.20}$$

이 되어 독립변수가 2개인 다중회귀모형의 형태와 같다. 따라서 다항회귀모형을 분석하는 방법은 다중회귀분석의 경우와 동일하다.

일반적으로 하나의 독립변수를 갖는 k차 다항회귀모형

$$y_i = \beta_0 + \beta_1 x_i + \beta_2 x_i^2 + \cdots + \beta_k x_i^k + \varepsilon_i\ ,\quad i = 1, 2, \cdots, n \tag{9.21}$$

에 대해서도 $x_i = x_{1i}\ ,\ x_i^2 = x_{2i}, \cdots, x_i^k = x_{ki}$ 라고 놓으면 독립변수가 k개인 다중회귀모형과 같게 된다.

예제 9.8 [연습문제 6.2]의 자료에 대하여 식(9.20)의 독립변수가 한 개인 2차 다항회귀모형을 가정하고

① 회귀식을 추정하라.

② 결정계수를 구하라.

③ 분산분석표를 작성하여 가정한 2차 다항회귀모형의 유의성을 검정하라.

해설 다음과 같이 프로그램을 작성한다.

[프로그램 9.8] 프로그램에서 $x2 = x_1^2$ 임

```
DATA ex9_8;
INPUT x1 y;
x2=x1*x1 ;
CARDS;
  80    0.6
 220    6.7
 140    5.3
 120    4
 180    6.55
 100    2.15
 200    6.6
 160    5.75
RUN;
PROC REG DATA=ex9_8 ;
MODEL y=x1 x2;
RUN;
```

SAS 프로그램 분석 결과와 SAS/INSIGHT 분석 결과는 모두 같으므로 여기서는 SAS/INSIGHT 분석 결과를 중심으로 설명한다.

▶ $\hat{y_i} = -10.0277 + 0.1642x_i - 0.0004x_i^2$

모형의 식								
y	=	-	10.0277	+	0.1642	x1	-	0.0004 x2

▶ 결정계수 $R^2 = 0.9951$, 추정의 표준오차 $\sqrt{MSE} = 0.1887$

적합분석의 요약			
반응변수의 평균	4.7063	결정계수(R-Sq)	0.9951
평균제곱오차의 제곱근	0.1887	수정결정계수(Adj R-Sq)	0.9931

▶ $p-$값이 0.0001 보다 작은 값이므로 가정한 2차 다항회귀모형은 매우 유의하다. 즉, 귀무가설 $H_0 : \beta_1 = \beta_2 = 0$ 은 기각된다.

분산분석					
요인	자유도	제곱합	평균제곱	F 통계량	Pr > F
모형	2	36.1191	18.0595	506.98	<.0001
오차	5	0.1781	0.0356		
수정합	7	36.2972			

참고로 잔차의 산점도는 아래와 같으며 단순회귀모형을 가정했을 때처럼 곡선의 형태를 더 이상 갖지 않고 있음을 알 수 있다.

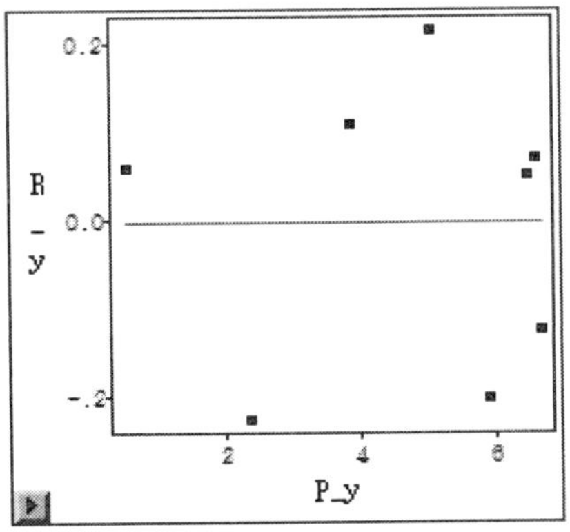

이제 독립변수 x가 두 개인 2차 다항회귀모형

$$y = \beta_0 + \beta_1 x_{1i} + \beta_2 x_{2i} + \beta_{11} x_{1i}^2 + \beta_{22} x_{2i}^2 + \beta_{12} x_{1i} x_{2i} + \varepsilon_i \tag{9.22}$$

을 분석하는 절차를 살펴보자. 이 경우에도

$$x_{1i}^2 = x_{3i},\ x_{2i}^2 = x_{4i},\ x_{1i} x_{2i} = x_{5i}$$

$$\beta_{11} = \beta_3\ ,\ \beta_{22} = \beta_4\ ,\ \beta_{12} = \beta_5$$

로 두면 독립변수가 5개인 다중회귀모형과 같다. 즉,

$$y_i = \beta_0 + \beta_1 x_{1i} + \beta_2 x_{2i} + \beta_3 x_{3i} + \beta_4 x_{4i} + \beta_5 x_{5i} + \varepsilon_i$$

다음의 [표 9.3]은 어떤 신용카드 회사 고객들의 신용카드 이용금액(y), 월수입(x_1), 이용회수(x_2)이다. 식(9.22)의 독립변수가 두 개인 2차 다항회귀모형을 가정하여 회귀분석을 하여 보자.

[표 9.3] 신용카드 회사 고객 자료

고객	x1	x2	y
1	47	7	140
2	29	5	45
3	52	10	180
4	32	6	60
5	40	4	90
6	19	5	10
7	27	4	35
8	25	6	35
9	54	9	190
10	26	5	35
11	38	2	75
12	32	7	70
13	32	4	55
14	21	3	10
15	27	5	40
16	56	1	175
17	37	8	95
18	39	6	95

먼저 다음과 같이 프로그램[9.9]를 작성한다. 프로그램에서 x3, x4, x5 변수는 다음을 의미한다.

$$x_3 = x_1^2,\ x_4 = x_2^2,\ x_5 = x_1 x_2$$

[프로그램 9.9] 프로그램에서 $x2 = x_1^2$임

```
DATA ex9_9;
INPUT x1 x2 y;
x3=x1*x1 ;  x4=x2*x2 ; x5=x1*x2 ;
CARDS;
  47   7   140
  29   5    45
  52  10   180
  32   6    60
  40   4    90
  19   5    10
  27   4    35
  25   6    35
  54   9   190
  26   5    35
  38   2    75
  32   7    70
  32   4    55
  21   3    10
  27   5    40
  56   1   175
  37   8    95
  39   6    95
RUN;
PROC REG DATA=ex9_9;
MODEL y=x1 x2 x3 x4 x5;
RUN;
```

▶ $\hat{y} = -54.2040 + 1.5815x_1 + 3.8036X_2 + 0.0442x_1^2 + 0.1534x_2^2 + 0.0370x_1x_2$

모형의 식
y = - 54.2040 + 1.5815 x1 + 3.8036 x2 + 0.0442 x3
+ 0.1534 x4 - 0.0370 x5

▶ 결정계수 $R^2 = 0.9995$, 추정의 표준오차 $\sqrt{MSE} = 1.5768$

적합분석의 요약			
반응변수의 평균	79.7222	결정계수(R-Sq)	0.9995
평균제곱오차의 제곱근	1.5768	수정결정계수(Adj R-Sq)	0.9992

▶ 분산분석표

분산분석					
요인	자유도	제곱합	평균제곱	F 통계량	Pr > F
모형	5	55093.7751	11018.7550	4431.72	<.0001
오차	12	29.8361	2.4863		
수정합	17	55123.6111			

$p-$값이 0.0001보다 작은 값이므로 가정한 2차 다항회귀모형은 매우 유의하다. 즉, 귀무가설 $H_0 : \beta_1 = \beta_2 = \beta_{11} = \beta_{22} = \beta_{12} = 0$은 기각된다. 그러나 귀무가설이 기각되었다고 모든 회귀계수가 유의하다는 것은 아니므로 개별 회귀계수에 대한 검정 또는 부분 F 검정을 해서 최적의 모형을 찾을 필요가 있다.

▶ 부분 F 검정

Type I 검정					
요인	자유도	제곱합	평균제곱	F 통계량	Pr > F
x1	1	53598.7380	53598.7380	21557.30	<.0001
x2	1	991.6097	991.6097	398.82	<.0001
x3	1	490.4288	490.4288	197.25	<.0001
x4	1	1.7653	1.7653	0.71	0.4159
x5	1	11.2333	11.2333	4.52	0.0550

Type III 검정					
요인	자유도	제곱합	평균제곱	F 통계량	Pr > F
x1	1	77.3036	77.3036	31.09	0.0001
x2	1	24.1888	24.1888	9.73	0.0089
x3	1	320.9753	320.9753	129.10	<.0001
x4	1	4.9402	4.9402	1.99	0.1840
x5	1	11.2333	11.2333	4.52	0.0550

$x_1 x_2$과 x_2^2에 해당되는 $p-$값이 유의수준 0.05보다 크므로 유의수준 0.05에서 이 항들은 가정한 회귀모형에서 제외하는 것이 적절하다고 판단된다.

▶ i번째 개별 회귀계수에 대한 검정

모수 추정값							
변수	자유도	추정값	표준 오차	t 통계량	Pr >|t|	허용도(TOL)	분산팽창계수(VIF)
절편	1	-54.2040	5.3868	-10.06	<.0001	.	0
x1	1	1.5815	0.2836	5.58	0.0001	0.0146	68.3484
x2	1	3.8036	1.2194	3.12	0.0089	0.0185	53.9943
x3	1	0.0442	0.0039	11.36	<.0001	0.0132	75.7362
x4	1	0.1534	0.1088	1.41	0.1840	0.0177	56.3680
x5	1	-0.0370	0.0174	-2.13	0.0550	0.0267	37.4449

i번째 개별 회귀계수에 대한 귀무가설 즉, $H_0 : \beta_i = 0$의 검정 결과는 이미 설명한 바와 같이 Type Ⅲ 검정과 같으므로 역시 $x_1 x_2$과 x_2^2은 가정한 회귀모형에서 제외하는 것이 적절하다고 판단된다. 그러나 이 개별 회귀계수에 대한 검정과 Type Ⅲ 검정이나 Type Ⅰ 검정의 의미는 다르다는 것을 부분 F 검정을 참조하여 다시 한 번 확인하고 주의하기 바란다.

이제 앞의 분석 결과에 따라 $x_1 x_2$과 x_2^2을 제외한 다항회귀모형

$$y = \beta_0 + \beta_1 x_1 + \beta_2 x_2 + \beta_3 x_1^2 + \varepsilon$$

을 가정하고 분석하여 보자.

추정된 회귀식은 다음과 같다.

$$\hat{y}_i = -49.6181 + 1.3444 x_{1i} + 3.6941 x_{2i} + 0.0459 x_{1i}^2$$

모형의 식										
y	=	-	49.6181	+	1.3444	x1	+	3.6941	x2	+	0.0459 x3

결정계수가 근소하게 줄어든 것 이외에는 회귀계수에 대한 모든 측도가 처음 가정한 2차 다항회귀모형 보다 좋다는 것을 알 수 있다.

▶ 결정계수 0.9992

적합분석의 요약			
반응변수의 평균	79.7222	결정계수(R-Sq)	0.9992
평균제곱오차의 제곱근	1.7492	수정결정계수(Adj R-Sq)	0.9991

▶ 분산분석표

분산분석					
요인	자유도	제곱합	평균제곱	F 통계량	Pr > F
모형	3	55080.7765	18360.2588	6000.83	<.0001
오차	14	42.8346	3.0596		
수정합	17	55123.6111			

▶ 부분 F 검정

Type I 검정					
요인	자유도	제곱합	평균제곱	F 통계량	Pr > F
x1	1	53598.7380	53598.7380	17518.12	<.0001
x2	1	991.6097	991.6097	324.10	<.0001
x3	1	490.4288	490.4288	160.29	<.0001

Type III 검정					
요인	자유도	제곱합	평균제곱	F 통계량	Pr > F
x1	1	70.7444	70.7444	23.12	0.0003
x2	1	1132.5082	1132.5082	370.15	<.0001
x3	1	490.4288	490.4288	160.29	<.0001

▶ i번째 개별 회귀계수에 대한 검정

모수 추정값							
변수	자유도	추정값	표준 오차	t 통계량	Pr >|t|	허용도(TOL)	분산팽창계수(VIF)
절편	1	-49.6181	4.9626	-10.00	<.0001	.	0
x1	1	1.3444	0.2796	4.81	0.0003	0.0185	53.9695
x2	1	3.6941	0.1920	19.24	<.0001	0.9193	1.0878
x3	1	0.0459	0.0036	12.66	<.0001	0.0187	53.4809

연 습 문 제

【9.1】 어떤 보험 회사에서 새로 개발한 보험상품의 판매량(y)을 예측하기 위하여 고객상담 횟수(x_1), 판매액(x_2)을 8명의 외판원을 조사하여 다음과 같은 자료를 얻었다.

외판원	x_1	x_2	y
1	27	24	16
2	18	32	12
3	37	38	22
4	20	28	13
5	8	23	6
6	26	37	19
7	9	30	11
8	33	24	5

(1) $y_i = \beta_0 + \beta_1 x_{1i} + \beta_2 x_{2i} + \varepsilon_i$ 를 가정하고 다음 질문에 답하라.

① 회귀식을 추정하고 결정계수를 구하라.

② 분산분석표를 작성하고 회귀의 유의성을 검정하라(유의수준 $\alpha = 0.05$)

③ 다음의 가설을 유의수준 $\alpha = 0.05$에서 검정하라.

$H_0 : \beta_i = 0$, $H_1 : \beta_i \neq 0$ $(i = 1, 2)$

④ 제1종 부분 F 검정, 제2종 부분 F 검정을 수행하고 순차제곱합과 부분제곱합을 구하여 주어진 자료에 적합한 모형은 무엇인지 설명하라. (유의수준 $\alpha = 0.05$)

(2) 주어진 자료에 대하여 표준화 회귀모형을 추정하라.

【9.2】 다음은 어느 도시에서 임의로 수집한 아파트 가격(y:천만 원), 대중교통(지하철, 버스 정류소)시설까지 도보로 걸리는 시간(x_1:분), 아파트의 크기(x_2:평)에 대한 자료이다.

아파트	x_1	x_2	y
1	19.5	57	81.4
2	17.9	61	122.2
3	20.5	60	101.7
4	20.4	62	175.6
5	20.1	61	150.3
6	18.4	54	64.8
7	21.0	58	92.1
8	20.9	61	113.8

$y_i = \beta_0 + \beta_1 x_{1i} + \beta_2 x_{2i} + \varepsilon_i$ 를 가정하고 다음 질문에 답하라.

① 회귀식을 추정하고 결정계수, 수정결정계수를 구하라.

② 분산분석표를 작성하고 회귀의 유의성을 검정하라(유의수준 $\alpha = 0.05$)

③ $SSR(x_1)$, $SSR(x_2|x_1)$, $SSR(x_1|x_2)$, $SSR(x_1, x_2)$를 구하라.

④ x_1과 x_2 중 하나의 변수만을 선택하여 회귀식을 구한다면 어떤 변수를 선택 하겠는가?

⑤ ④에서 선택한 하나의 변수에 대한 회귀식을 추정하고 결정계수, 수정결정계수를 구하라.

⑥ ①과 ⑤의 결과에 대하여 논하라.

⑦ 가정한 회귀모형 $y_i = \beta_0 + \beta_1 x_{1i} + \beta_2 x_{2i} + \varepsilon_i$ 대하여 표준화 회귀모형을 추정하라.

【9.3】 다음은 어느 기업 주가의 변화율(y)과 금리(x)와의 관계를 분석하기 위하여 임의로 선택한 10일 간의 자료이다.

일	1	2	3	4	5	6	7	8	9	10
x	2.6	1.8	2.2	2	2.4	1.6	1.2	1.4	1	0.8
y	0	6	1	5	1	12	10	13	20	24

(1) $y_i = \beta_0 + \beta_1 x_{1i} + \varepsilon_i$ 를 가정하고 다음 질문에 답하라.

① 회귀식을 추정하고 결정계수, 수정결정계수를 구하라.

② 분산분석표를 작성하고 회귀의 유의성을 검정하라(유의수준 $\alpha = 0.05$)

(2) $y_i = \beta_0 + \beta_1 x_{1i} + \beta_2 x_{1i}^2 + \varepsilon_i$를 가정하고 다음 질문에 답하라.

① 회귀식을 추정하고 결정계수, 수정결정계수를 구하라.

② 분산분석표를 작성하고 회귀의 유의성을 검정하라(유의수준 $\alpha = 0.05$)

③ 다음의 가설을 유의수준 $\alpha = 0.05$에서 제1종 부분 F 검정하라.

$H_0 : \beta_i = 0$, $H_1 : \beta_i \neq 0 \quad (i = 1, 2)$

(3) (1)과 (2)의 결과에 대하여 논하라.

【9.4】 [연습문제 8.3]의 자료에 대하여 다음 질문에 답하라.

① $y_i = \beta_0 + \beta_1 x_{1i} + \beta_2 x_{2i} + \beta_3 x_{3i} + \varepsilon_i$ 를 가정하고 회귀식을 추정하라.

② 분산분석표를 작성하고 회귀의 유의성을 검정하라(유의수준 $\alpha = 0.10$)

③ 다음의 가설을 유의수준 $\alpha = 010$에서 검정하라.

$H_0 : \beta_i = 0$, $H_1 : \beta_i \neq 0 \quad (i = 1, 2, 3)$

④ 제1종 부분 F 검정, 제2종 부분 F 검정을 수행하여 주어진 자료에 적합한 모형은 무엇인지 설명하라.(유의수준 $\alpha = 0.10$)

⑤ 가정한 ①의 모형에 대한 표준화 회귀모형을 추정하라.

【9.5】 [연습문제 7.4]의 자료를 이용하여 연간 지출액(y)과 4개의 독립변수 음식비(x_1), 주식 투자비(x_2), 휴가비(x_3), 예금액(x_4)들 간에 적절한 회귀모형을 다음 절차에 따라 구하라.

① $SSR(x_1)$, $SSR(x_2)$, $SSR(x_3)$, $SSR(x_4)$의 크기를 비교하여 가장 큰 값을 갖는 추가제곱합에 대하여 유의수준 $\alpha = 0.05$에서 회귀의 유의성을

검정하라.

② ①에서 찾은 독립변수가 모형에 들어가 있고 나머지 독립변수들을 하나씩 모형에 추가할 때 부분 F 검정으로 회귀의 유의성을 검정하라 (유의수준 $\alpha = 0.05$). 가장 적절한 회귀모형은?

③ 주어진 자료에 대하여 다음 두 모형을 가정하고 분산팽창계수 VIF_i를 각각 구하여 다중공선성 여부를 비교 판단하라.

1) $y_i = \beta_0 + \beta_1 x_{1i} + \beta_2 x_{2i} + \beta_3 x_{3i} + \beta_4 x_{4i} + \varepsilon_i$

2) $y_i = \beta_0 + \beta_1 x_{1i} + \beta_4 x_{4i} + \varepsilon_i$

【9.6】 다음 초등학교 남학생들의 호흡량(y), 신장(x_1), 몸무게(x_2)의 자료를 이용하여 질문에 답하라.

① $y_i = \beta_1 x_{1i} + \beta_2 x_{2i} + \varepsilon_i$ 를 가정하고 회귀식을 추정하라.

② 잔차분석을 실시하여 이상점을 판단하라.

③ 다중공선성을 진단하라.

④ 부분 F 검정을 실시하여 적절한 모형을 선택하라.

⑤ ①의 가정된 회귀모형에 대하여 표준화 회귀모형을 추정하라.

학생	호흡량(y)	신장(x_1)	몸무게(x_2)
1	1.54	132	29.1
2	1.74	135.5	29.7
3	1.32	127.7	28.4
4	1.5	131.1	28.8
5	1.46	130	25.9
6	1.35	127.6	27.6
7	1.53	129.9	29
8	1.71	138.1	33.6
9	1.27	126.6	27.7
10	1.5	131.8	30.8

【9.7】 [연습문제 8.2]의 자료에 대하여 다음 질문에 답하라.

(1) $y_i = \beta_0 + \beta_1 x_{1i} + \beta_2 x_{2i} + \varepsilon_i$ 를 가정하고

① 회귀식을 추정하라.

② 분산분석표를 작성하고 회귀의 유의성을 검정하라(유의수준 $\alpha = 0.05$)

③ 다음의 가설을 유의수준 $\alpha = 0.05$에서 검정하라.

$H_0 : \beta_i = 0$, $H_1 : \beta_i \neq 0$ $(i = 1, 2)$

(2) $y_i = \beta_0 + \beta_1 x_{1i} + \beta_2 x_{2i} + \beta_3 x_{3i} + \beta_4 x_{4i} + \beta_5 x_{5i} + \varepsilon_i$를 가정하고 회귀식을 추정하라. 단, $x_{1i}^2 = x_{3i}$, $x_{2i}^2 = x_{4i}$, $x_{1i} x_{2i} = x_{5i}$

【9.8】 [연습문제 6.2]의 자료에 대하여 $y_i = \beta_0 + \beta_1 x_{1i} + \beta_2 x_{1i}^2 + \varepsilon_i$를 가정하고 다음 질문에 답하라.

① 회귀식을 추정하고 결정계수를 구하라.

② 분산분석표를 작성하고 회귀의 유의성을 검정하라(유의수준 $\alpha = 0.05$)

③ 다음의 가설을 유의수준 $\alpha = 0.05$에서 검정하라.

$H_0 : \beta_i = 0$, $H_1 : \beta_i \neq 0$ $(i = 1, 2)$

④ 잔차의 산점도를 그려 [연습문제 6.2]와 비교하라.

연습문제 풀이

연습문제 풀이

1.1 ① $S = \{UU, UD, DU, DD\}$

②

x	0	1	2	합
$f(x)$	1/4	2/4	1/4	1

③ $E(X) = 2$, $Var(X) = 0.5$

1.2 ① 622.5 ② 375

1.3 ① $\sigma_x^2 = 0.6275$, $\sigma_y^2 = 0.56$

② $E(XY) = 1.1$, $Cov(X, Y) = 1.1 - 0.85(0.8) = 0.42$

③ $\rho = \dfrac{0.42}{\sqrt{0.6275}\sqrt{0.56}} = 0.71$

1.4 ① 0.0228 ② 0.1587 ③ 0.8155

1.5 $56.97 \le \mu \le 59.61$

1.6 $H_0: \mu = 200$, $H_1: \mu \ne 200$

검정통계량 $|Z_0| = \left| \dfrac{195 - 200}{3/\sqrt{49}} \right| = 11.655$

$|z_0| = 11.655 > z_{0.025} = 1.96$ 이므로 H_0을 기각

1.7 ① $\bar{x} \pm t_{\alpha/2}(n-1)\dfrac{s}{\sqrt{n}} = (55.67,\ 92.33)$

② $H_0 : \mu = 70, \quad H_1 : \mu > 70$

검정통계량 $t_0 = \dfrac{(\bar{x} - \mu_0)}{s/\sqrt{n}} = 0.69$

$t_{0.05}(3) = 2.353$ 이므로 H_0 채택

1.8 $10.2 \le \sigma^2 \le 66.13$

1.9 $H_0 : \sigma^2 = 1.44 \ , \quad H_0 : \sigma^2 > 1.44$

검정통계량 $\chi_0^2 = \dfrac{(n-1)s^2}{\sigma^2} = \dfrac{(16-1)2.65}{1.44} = 27.60$

$\chi_{0.05}^2(15) = 25$ 이므로 H_0기각

2.1 ①

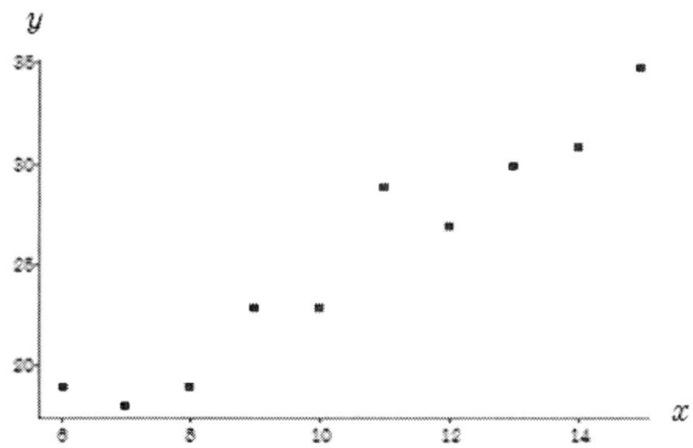

② 공분산 $S_{xy} = 17.11$

③ 상관계수 $r = 0.965$

④ $p-$값 ≤ 0.0001 이므로 $H_0 : \rho = 0$ 기각

2.2 ① $S_x^2 = 6.667,\ S_y^2 = 0.667,\ S_{xy} = 2$

② $r = 0.949$

2.3 ① 분산공분산행렬

	x	y
x	225.07	-30.32
y	-30.32	11.84

② 상관행렬과 $p-$값

	x	y
x	1.00000	-0.58739 0.1258
y	-0.58739 0.1258	1.00000

2.4 ① $S_x^2 = 11$, $S_y^2 = 8.5$, $S_{xy} = 6$

② $r = 0.62$, $p-$값 $= 0.2641$이므로 $H_0 : \rho = 0$ 을 기각하지 못함.

2.5 ① 상관행렬과 $p-$값

	x1	x2	x3	x4
x1	1.00000	0.15268 0.6737	0.90602 0.0003	0.30487 0.3917
x2	0.15268 0.6737	1.00000	0.03699 0.9192	0.90410 0.0003
x3	0.90602 0.0003	0.03699 0.9192	1.00000	0.22641 0.5293
x4	0.30487 0.3917	0.90410 0.0003	0.22641 0.5293	1.00000

② 상관계수와 ($p-$값)은 국어와 영어의 경우는 0.90602(0.0003), 수학과 과학은 0.9041(0.0003)으로 상관이 높다. 그러나 교과목들의 기타 조합은 $p-$값이 모두 0.05보다 크므로 상관이 없다고 말 할 수 있다.

3.1 ① $r = -0.9485$ $H_0 : \rho = 0$ 을 기각

② $\hat{y} = 115.73 - 7.02x$

③ 45.53

④

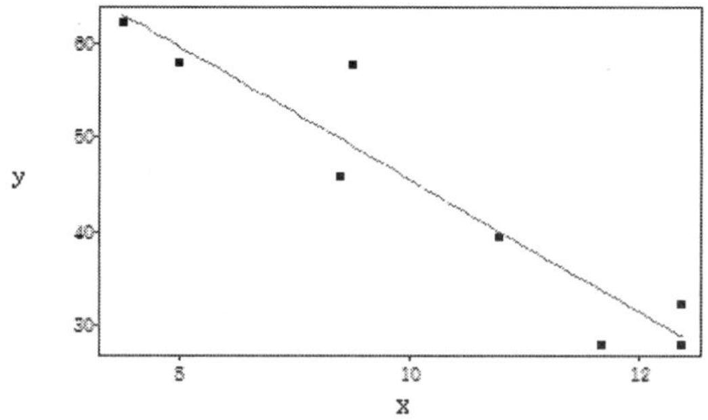

⑤

번호	y_i	$\hat{y}_i$	e_i
1	28.0000	28.6811	-0.6811
2	28.0000	33.5952	-5.5952
3	32.5000	28.6811	3.8189
4	39.5000	39.9132	-0.4132
5	45.9000	49.7413	-3.8413
6	57.8000	49.0393	8.7607
7	58.1000	59.5694	-1.4694
8	62.5000	63.0794	-0.5794

⑥ $SSE = 140.5247$ $\hat{\sigma} = \sqrt{MSE} = 4.8395$

3.2 ① $\hat{y} = 407.031 + 0.8705x$

②

번호	y_i	$\hat{y}_i$	e_i
1	566.5200	818.7225	-252.2025
2	696.8200	1573	-876.5039
3	1033	946.9777	86.1723
4	1604	901.7797	701.8403
5	1611	1711	-99.3671
6	1613	1596	17.2426
7	1854	1876	-21.4454
8	2161	1835	325.9191
9	2306	2907	-601.9007
10	3504	3589	-84.9580
11	3572	2942	629.8754
12	3741	3820	-78.9793
13	4027	3772	254.3071

③ $\widehat{\sigma^2} = MSE = 207807.282$

④ $r = 0.9293$　$H_0 : \rho = 0$ 을 기각

3.3 ① x에 대한 y의 산점도

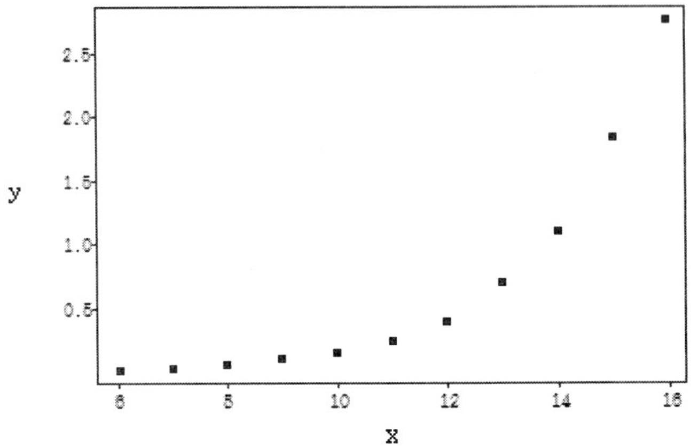

② $r_{xy} = 0.8627$

③ $\hat{y} = -1.8845 + 0.2351x$

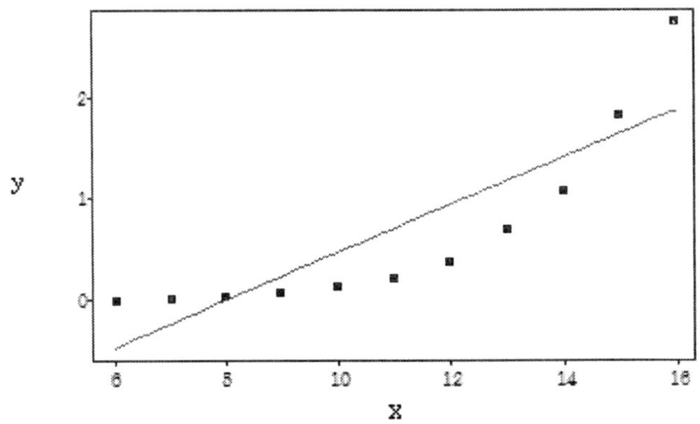

④ x에 대한 $z_i = \ln y_i$의 산점도

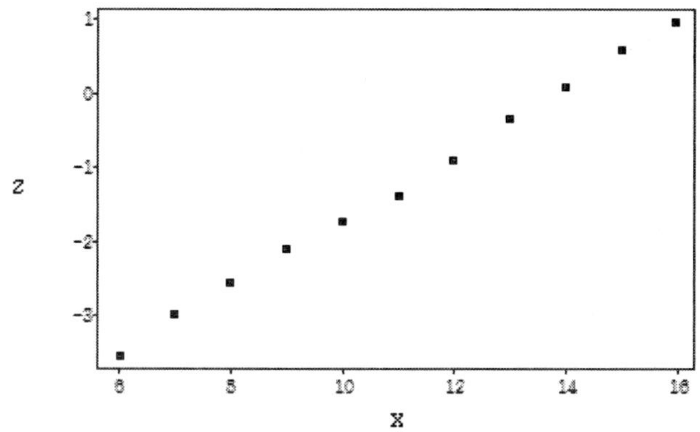

⑤ $r_{xz} = 0.9992$

3.4

① $\hat{y} = 46.391 - 0.1347x$

② $SSE = 52.2809 \quad MSE = 9.0468$

4.1

① $\widehat{R_1} = 1 + 0.7R_m$

② 총위험 6/4, 체계적위험 4.9/4, 비체계적위험 1.1/4

③ 상관계수 0.9037

4.2

① $E(R_i) = 0.06 + 0.04\beta_i$

② $\beta_i = 2.15$

③ 상관계수 0.485

4.3

① $\hat{y} = 712314 + 403.465x_1$

② $\widehat{R_i} = -0.0028 + 1.5492R_m$

③ 상관계수 0.5167

④ $\hat{y} = 2077894.26 - 523.167x_2$

⑤ $\widehat{R_i} = -0.0002 - 0.7208R_m$

⑥ 상관계수 -0.3332

5.1

① $\hat{y} = 3.9754x$

② 0.8035

③ $H_0 : \beta_1 = 0$ 기각

요인	자유도	제곱합	평균제곱	F_0
회귀	1	13590.04	13590.03	$F_0 = 28.62$
잔차	7	3323.97	474.85	
합	8	16914.01		

④ 검정통계량 $t = 5.35$. $H_0 : \beta_1 = 0$ 기각

⑤

번호	y_i	$\hat{y}_i$	e_i
1	28.0000	49.2953	-21.2953
2	28.0000	46.5125	-18.5125
3	32.5000	49.2953	-16.7953
4	39.5000	42.9346	-3.4346
5	45.9000	37.3690	8.5310
6	57.8000	37.7666	20.0334
7	58.1000	31.8034	26.2966
8	62.5000	29.8157	32.6843

⑥ 95% 신뢰구간 (2.22, 5.73), 90% 신뢰구간 (2.57, 5.38)

5.2

① β_0 : 95% 신뢰구간 (91.44, 141.02), 90% 신뢰구간 (96.44, 135.02)

β_1 : 95% 신뢰구간 (−9.36, −4.68), 90% 신뢰구간 (−8.88, −5.16)

② 검정통계량 $t = 11.66$. $H_0 : \beta_0 = 0$ 기각

③ 검정통계량 $t = -7.33$. $H_0 : \beta_1 = 0$ 기각

④ $H_0 : \beta_1 = 0$ 기각. $t^2 = F_0$

요인	자유도	제곱합	평균제곱	F_0
회귀	1	12590.07	12590.07	$F_0 = 53.76$
잔차	6	140.52	23.42	
합	7	1399.59		

⑤ 0.8996

⑥ $\widehat{y}_0 = 52.5493$, (47.49, 57.61)

⑦ $\widehat{y}_0 = 52.5493$, (39.67, 65.43)

5.3

① $\hat{y} = 5.80 + 1.87x$

② 0.9321

③ $H_0 : \beta_1 = 0$ 기각. $t^2 = F_0$

요인	자유도	제곱합	평균제곱	F_0
회귀	1	287.47	287.47	$F_0 = 109.86$
잔차	8	20.93	2.62	
합	9	308.40		

④ 검정통계량 $t = 10.48$. $H_0 : \beta_1 = 0$ 기각.

⑤ $t^2 = F_0$. 결과는 같음.

⑥

번호	y_i	$\hat{y}_i$	e_i
1	30.0000	30.0667	-0.0667
2	23.0000	24.4667	-1.4667
3	23.0000	22.6000	0.4000
4	35.0000	33.8000	1.2000
5	29.0000	26.3333	2.6667
6	31.0000	31.9333	-0.9333
7	27.0000	28.2000	-1.2000
8	18.0000	18.8667	-0.8667
9	19.0000	20.7333	-1.7333
10	19.0000	17.0000	2.0000

⑦ 95% 신뢰구간 (1.46, 2.28), 90% 신뢰구간 (1.54, 2.20)

⑧, ⑨

번호	y_i	$\hat{y}_i$	(95% 신뢰구간)		(95% 예측구간)	
1	30.0000	30.0667	28.5028	31.6305	26.0219	34.1114
2	23.0000	24.4667	23.2693	25.6640	20.5490	28.3843
3	23.0000	22.6000	21.2692	23.9308	18.6395	26.5605
4	35.0000	33.8000	31.6075	35.9925	29.4732	38.1268
5	29.0000	26.3333	25.1360	27.5307	22.4157	30.2510
6	31.0000	31.9333	30.0739	33.7928	27.7654	36.1013
7	27.0000	28.2000	26.8692	29.5308	24.2395	32.1605
8	18.0000	18.8667	17.0072	20.7261	14.6987	23.0346
9	19.0000	20.7333	19.1695	22.2972	16.6886	24.7781
10	19.0000	17.0000	14.8075	19.1925	12.6732	21.3268

5.4

① $\hat{y} = 46.391 + 0.135x$

② 0.345

③ $H_0 : \beta_1 = 0$ 채택.

요인	자유도	제곱합	평균제곱	F_0
회귀	1	28.59	28.59	$F_0 = 3.16$
잔차	6	54.28	9.05	
합	7	82.87		

④ 검정통계량 $t = -1.78$. $H_0 : \beta_1 = 0$ 채택.

⑤ β_1 : 95% 신뢰구간 $(-0.32,\ 0.05)$, 90% 신뢰구간 $(-0.28,\ 0.01)$

⑥ β_0 : 95% 신뢰구간 $(26.24,\ 66.54)$, 90% 신뢰구간 $(30.39,\ 62.39)$

5.5

(1)

① $\hat{y} = -125110 + 163.04x_1$

② 결정계수 0.4683, $\sqrt{MSE} = 4100.2$

③ $H_0 : \beta_1 = 0$ 기각.

요인	자유도	제곱합	평균제곱	F_0
회귀	1	281313101	281313101	$F_0 = 16.73$
잔차	19	319424994	16811841.8	
합	20	600738095		

(2)

① $\hat{y} = 509595 - 286.2x_2$

② 결정계수 0.3547, $\sqrt{MSE} = 4516.9$

③ $H_0 : \beta_1 = 0$ 기각.

요인	자유도	제곱합	평균제곱	F_0
회귀	1	213090058	213090058	$F_0 = 10.44$
잔차	19	387648037	20402528.3	
합	20	600738095		

(3)

① $\hat{y} = 79579.5 + 7.59x_3$

② 결정계수 0.1103, $\sqrt{MSE} = 5303.7$

③ $H_0 : \beta_1 = 0$ 채택.

요인	자유도	제곱합	평균제곱	F_0
회귀	1	66279447.3	66279447.3	$F_0 = 2.36$
잔차	19	534458648	28129402.5	
합	20	600738095		

6.1

①, ②

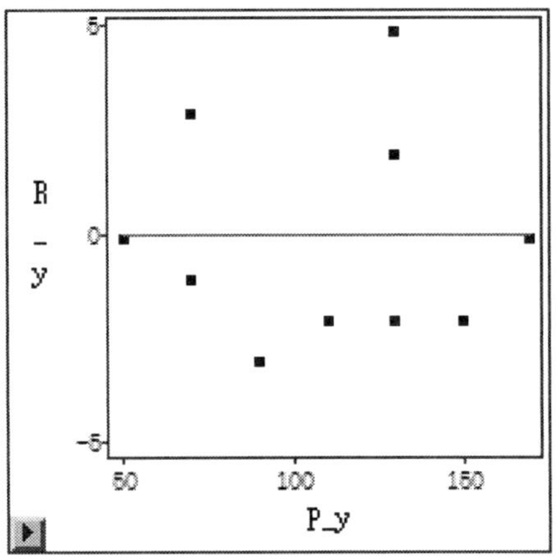

잔차의 산점도

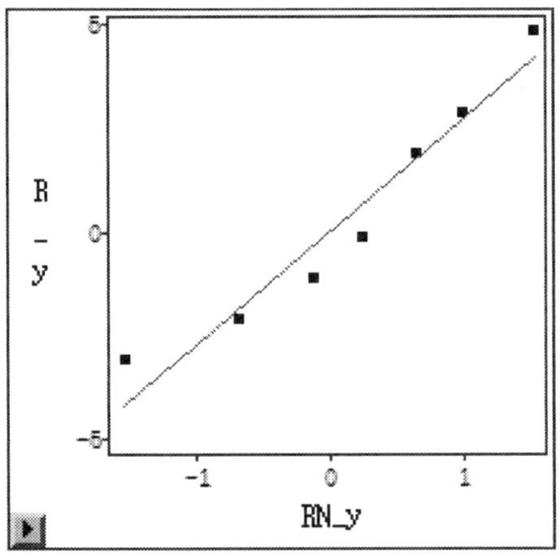

$Q-Q$도

③ Shapiro-Wilk 검정통계량 값 0.91, $p-$값$=0.26$이므로 'H_0 :관측치들이 정규분포를 따른다'를 기각할 수 없다. 즉, 정규분포를 따른다고 볼 수 있다.

④ Durbin-Watson의 검정통계량 값이 2.15로 2에 거의 가까우므로 자기상관이 존재하지 않는다.

⑤ 잔차의 산점도가 특정한 패턴이 없이 0을 중심으로 랜덤하게 흩어져 있으므로 오

차의 등분산성은 만족됨.

6.2

① 0.8751

② $H_0 : \beta_1 = 0$ 기각.

요인	자유도	제곱합	평균제곱	F_0
회귀	1	31.76	31.76	$F_0 = 42.04$
잔차	6	4.53	0.76	
합	7	36.29		

③ 잔차의 산점도가 곡선의 형태이므로 선형성이 만족되지 않음.

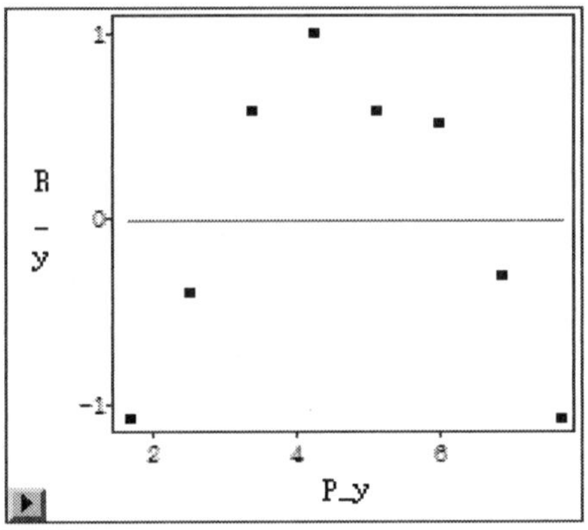

④ 0.6976

⑤ $H_0 : \beta_1 = 0$ 기각.

요인	자유도	제곱합	평균제곱	F_0
회귀	1	3.44	3.44	$F_0 = 13.84$
잔차	6	1.49	0.25	
합	7	4.93		

⑥ ④의 모형에 대한 잔차의 산점도와 거의 비슷함.

⑦ 결정계수 0.6976. ④, ⑥의 결과와 거의 비슷함. 독립변수의 제곱항을 추가하는 것이 필요함(연습문제 9.8 참조).

6.3

① 잔차가 감소하다가 증가하는(음에서 양으로 변하는) 체계적인 형태임.

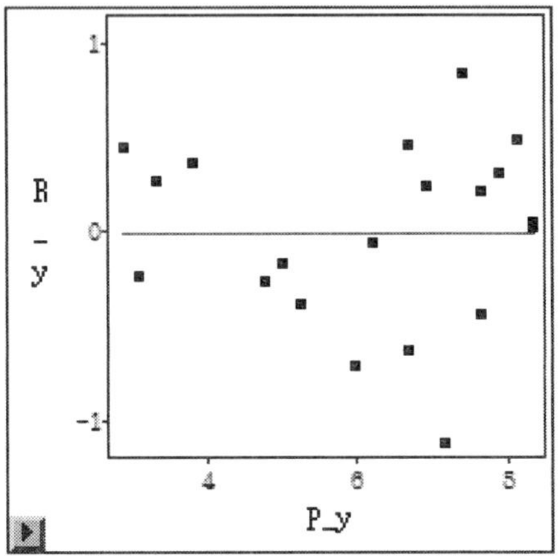

② 0.432

③ Durbin-Watson의 검정통계량 값 $d = 1.129$. $d_L = 1.20$, $d_U = 1.41$이므로 양의 자기상관이 존재함.

④ 오차의 정규성이 크게 위배되지 않는다(그림 생략).

⑤ Shapiro-Wilk 검정통계량 값 0.97, $p-$값$= 0.82$이므로 정규분포를 따른다고 볼 수 있다.

6.4

① $\hat{y} = 141.089 + 2.1426x$

② 결정계수 0.9922,

③ $H_0: \beta_1 = 0$ 기각.

요인	자유도	제곱합	평균제곱	F_0
회귀	1	27898.16	27898.16	$F_0 = 1661.85$
잔차	13	218.24	16.79	
합	14	28116.40		

④ 0.9961

⑤ 0.117

⑥ $H_0: \rho = 0$, $H_1: \rho > 0$

Durbin-Watson의 검정통계량 값 $d = 1.764$. $d_L = 1.08$, $d_U = 1.36$이므로 $H_0: \rho = 0$을 채택. 양의 자기상관이 존재한다고 할 수 없음.

6.5

① $\hat{y} = 115.73 - 7.02x$

② Shapiro-Wilk 검정통계량 값 0.91, $p-$값$= 0.34$이므로 정규분포를 따른다고 볼 수 있다.

③ -0.9485

④ -0.45

⑤ Durbin-Watson의 검정통계량 값 $d = 2.894$로 2에 가까우므로 자기상관이 존재하지 않는다고 볼 수 있음.

⑥ 잔차의 산점도가 특정한 패턴이 없으므로 오차의 등분산성은 만족됨(그림 생략).

7.1

① $\hat{y} = 27.55 + 0.92x_1 + 0.28x_2$

② $SSE = 183.65$, $MSE = 20.41$, $\sqrt{MSE} = 4.52$

③ 0.5773

④ $r_{x_1, y} = 0.8878$, $r_{x_2, y} = 0.5558$

⑤ $\hat{y} = -0.3757 + 0.0322x_1$, $MSE = 0.0091$

⑥ $\hat{y} = -0.4989 + 0.0481x_2$, $MSE = 0.0298$

7.2

① $\hat{y} = -0.945 + 0.0289x_1 + 0.0299x_2$

② $MSE = 0.0047$, $\sqrt{MSE} = 0.0685$

③ 92.9169

7.3

① $\hat{y} = 74167.4 + 228.1x_1 - 129.9x_2 - 12.2x_3$

② $SSE = 217339381$, $MSE = 12784669.5$, $\sqrt{MSE} = 3575.6$

7.4

① $\hat{y} = 62.41 + 1.55x_1 + 0.51x_2 + 0.10x_3 - 0.14x_4$

② $SSE = 47.86$, $MSE = 5.98$, $\sqrt{MSE} = 2.45$

7.5

① $\hat{y} = -65.10 + 1.077x_1 + 0.425x_2$

② $SSE = 62.93$, $MSE = 6.29$, $\sqrt{MSE} = 2.51$

③ $r_{x_1, y} = 0.9025$, $r_{x_2, y} = -0.3619$

④ $\hat{y} = 3.553 + 0.763x_1$, $MSE = 25.07$

⑤ $\hat{y} = 141.593 - 0.291x_2$, $MSE = 117.46$

8.1

① $\hat{y} = 7.0 + 3.5x_1 + 5.7x_2 - 2.0x_3$

② 0.9835

③ $H_0 : \beta_1 = \beta_2 = \beta_3 = 0$ 기각

요인	자유도	제곱합	평균제곱	F_0
회귀	3	257.67	85.89	$F_0 = 39.64$
잔차	2	4.33	2.17	
합	5	262.0		

④

H_0	검정통계량 t	$p-$값	결과
$\beta_0 = 0$	4.40	0.0479	H_0 기각
$\beta_1 = 0$	4.76	0.0415	H_0 기각
$\beta_2 = 0$	9.43	0.0111	H_0 기각
$\beta_3 = 0$	-2.72	0.1129	H_0 채택

⑤

	신뢰구간
β_0	(0.1592, 13.8408)
β_1	(0.3333, 6.6667)
β_2	(3.0811, 8.2522)
β_3	(-5.1667, 1.1667)

⑥

종속변수	95% 신뢰구간		95% 예측구간	
7	1.0518	12.6148	-1.7420	15.4087
8	4.6768	11.9899	1.0202	15.6464
10	4.0518	15.6148	1.2580	18.4087
15	8.3852	19.9482	5.5913	22.7420
18	16.0101	23.3232	12.3536	26.9798
26	19.3852	30.9482	16.5913	33.7420

⑥ 95% 신뢰구간 (5.8659, 14.6341)

95% 예측구간 (2.5473, 17.9527)

8.2

① $\hat{y} = 9.230 + 1.955x_1 + 0.146x_2$

② 0.9957

③ $H_0 : \beta_1 = \beta_2 = 0$ 기각

요인	자유도	제곱합	평균제곱	F_0
회귀	2	13601.0	6800.5	$F_0 = 807.2$
잔차	7	59.0	8.4	
합	9	13660.0		

④

H_0	검정통계량 t	$p-$값	결과
$\beta_1 = 0$	14.08	<0.0001	H_0 기각
$\beta_2 = 0$	0.35	0.7376	H_0 채택

⑤

	신뢰구간
β_1	(1.6265, 2.2831)
β_2	(-0.846, 1.1387)

⑥

종속변수	95% 신뢰구간		95% 예측구간	
87	86.0381	93.1975	81.8768	97.3588
108	107.6187	112.1765	102.6656	117.1296
69	66.6795	73.1673	62.3319	77.5149
135	126.6977	132.7790	122.2314	137.2453
148	146.0005	154.9137	142.2736	158.6406
132	127.5530	132.5090	122.7338	137.3282
73	66.6947	73.7374	62.5019	77.9302
128	124.9480	133.9433	121.2397	137.6516
50	45.5113	55.2393	41.9630	58.7876
170	165.6870	174.9087	162.0293	178.5664

8.3

① $\hat{y} = 8.362 + 0.182x_1 + 2.473x_2 - 0.121x_3$

② 결정계수 0.902, $\sqrt{MSE} = 2.07$

③ $H_0 : \beta_1 = \beta_2 = \beta_3 = 0$ 기각

요인	자유도	제곱합	평균제곱	F_0
회귀	3	236.7	78.9	$F_0 = 18.41$
잔차	6	25.7	4.3	
합	9	262.4		

④

H_0	검정통계량 t	$p-$값	결과
$\beta_1 = 0$	2.14	0.0761	H_0 채택
$\beta_2 = 0$	2.83	0.0299	H_0 기각
$\beta_3 = 0$	-0.48	0.6477	H_0 채택

⑤

	신뢰구간
β_1	(-0.026, 0.389)
β_2	(0.336, 4.610)
β_3	(-0.739, 0.496)

8.4

(1)

① $\hat{y} = 62.405 + 1.551x_1 + 0.510x_2 + 0.102x_3 - 0.144x_4$

결정계수 0.9824, 수정결정계수 0.9736

② $H_0: \beta_1 = \beta_2 = \beta_3 = \beta_4 = 0$ 기각

요인	자유도	제곱합	평균제곱	F_0
회귀	4	2667.9	666.97	$F_0 = 111.48$
잔차	8	47.9	5.98	
합	12	2715.8		

③

H_0	검정통계량 t	$p-$값	결과
$\beta_1 = 0$	2.08	0.0708	H_0 채택
$\beta_2 = 0$	0.70	0.5009	H_0 채택
$\beta_3 = 0$	0.14	0.8959	H_0 채택
$\beta_4 = 0$	-0.20	0.8441	H_0 채택

(2)

① $\hat{y} = 57.424 + 0.789x_2$

결정계수 0.6663, 수정결정계수 0.6359

② $H_0: \beta_2 = 0$ 기각

요인	자유도	제곱합	평균제곱	F_0
회귀	1	1809.5	1809.5	$F_0 = 21.96$
잔차	11	906.3	82.4	
합	12	2715.8		

(3)

① $\hat{y} = 94.160 + 0.311x_2 - 0.457x_4$

결정계수 0.6801, 수정결정계수 0.6161

② $H_0 : \beta_2 = \beta_4 = 0$ 기각

요인	자유도	제곱합	평균제곱	F_0
회귀	2	1846.9	923.4	$F_0 = 10.63$
잔차	10	868.9	86.9	
합	12	2715.8		

8.5

(1)

① $\hat{y} = 74167.4 + 228.1x_1 - 129.9x_2 - 12.2x_3$

결정계수 0.6382, 수정결정계수 0.5744

② $H_0 : \beta_1 = \beta_2 = \beta_3 = 0$ 기각

요인	자유도	제곱합	평균제곱	F_0
회귀	3	383398714	127799571	$F_0 = 10.0$
잔차	17	217339381	12784669.5	
합	20	600738095		

③

H_0	검정통계량 t	$p-$값	결과
$\beta_1 = 0$	3.58	0.0023	H_0 기각
$\beta_2 = 0$	-1.53	0.1456	H_0 채택
$\beta_3 = 0$	-2.22	0.0402	H_0 기각

(2)

① $\hat{y} = 509595 - 286.2x_2$

결정계수 0.3547, 수정결정계수 0.3208

② $H_0 : \beta_2 = 0$ 기각

요인	자유도	제곱합	평균제곱	F_0
회귀	3	213090058	213090058	$F_0 = 10.4$
잔차	17	387648037	20402528.3	
합	20	600738095		

(3)

① $\hat{y} = 447319 - 264.6x_2 + 2.6x_3$

결정계수 0.3654, 수정결정계수 0.2949

② $H_0 : \beta_2 = \beta_3 = 0$ 기각

요인	자유도	제곱합	평균제곱	F_0
회귀	2	219523639	109761819	$F_0 = 5.2$
잔차	18	381214457	21178580.9	
합	20	600738095		

(4)

① $\hat{y} = 119405 + 121.7x_1 + 148.1x_2$

결정계수 0.5332, 수정결정계수 0.4813

② $H_0 : \beta_1 = \beta_2 = 0$ 기각

요인	자유도	제곱합	평균제곱	F_0
회귀	2	320301291	160150646	$F_0 = 10.3$
잔차	18	280436904	15579822.4	
합	20	600738095		

8.6

① $\hat{y} = 0.0239x_1 - 0.0054x_2$

② 결정계수 0.9673, 수정결정계수 0.9622

③ $H_0: \beta_1 = \beta_2 = 0$ 기각

요인	자유도	제곱합	평균제곱	F_0
회귀	2	5.28	2.64	$F_0 = 192.1$
잔차	13	0.18	0.01	
합	15	5.46		

④

H_0	검정통계량 t	$p-$값	결과
$\beta_1 = 0$	4.23	0.0010	H_0 기각
$\beta_2 = 0$	-0.72	0.4830	H_0 채택

⑤

$S^2(b_1) = 3.186(10)^{-5}$ $\widehat{Cov}(b_1, b_2) = -4.186(10)^{-5}$

$S^2(b_2) = 5.683(10)^{-5}$

⑥

	신뢰구간
β_1	(0.0117, 0.0361)
β_2	(-0.0217, 0.0108)

⑦

$$\boldsymbol{X'X} = \begin{bmatrix} 13396.9 & 9868.5 \\ 9868.5 & 7511.5 \end{bmatrix} \qquad \boldsymbol{X'y} = \begin{bmatrix} 265.9 \\ 194.6 \end{bmatrix} \qquad \boldsymbol{y'y} = 5.46$$

$$(\boldsymbol{X'X})^{-1} = \begin{bmatrix} 0.00232 & -0.00304 \\ -0.00304 & 0.00413 \end{bmatrix}$$

8.7

① $\hat{y} = -0.945 + 0.0289x_1 + 0.0299x_2$

② 결정계수 0.8996, 수정결정계수 0.8829

③ $H_0 : \beta_1 = \beta_2 = 0$ 기각

요인	자유도	제곱합	평균제곱	F_0
회귀	2	0.504	0.252	$F_0 = 53.78$
잔차	12	0.056	0.005	
합	14	0.560		

④

H_0	검정통계량 t	$p-$값	결과
$\beta_0 = 0$	-5.11	0.0003	H_0 기각
$\beta_1 = 0$	8.40	<0.0001	H_0 기각
$\beta_2 = 0$	3.65	0.0033	H_0 기각

⑤

$S^2(b_0) = 0.0342$ $\widehat{Cov}(b_0, b_1) = -0.0002$ $\widehat{Cov}(b_0, b_2) = -0.0013$

$S^2(b_1) = 1.184(10)^{-5}$ $\widehat{Cov}(b_1, b_2) = -7.428(10)^{-6}$

$S^2(b_2) = 6.725(10)^{-5}$

⑥

	신뢰구간
β_0	(-1.274, -0.616)
β_1	(0.023, 0.035)
β_2	(0.015, 0.045)

⑦

$$(\boldsymbol{X'X}) = \begin{bmatrix} 15 & 441.1 & 334.0 \\ 441.1 & 13396.9 & 9868.5 \\ 334.0 & 9868.5 & 7511.5 \end{bmatrix} \quad \boldsymbol{X'y} = \begin{bmatrix} 8.58 \\ 265.90 \\ 194.55 \end{bmatrix} \quad \boldsymbol{y'y} = 5.46$$

$$(\boldsymbol{X'X})^{-1} = \begin{bmatrix} 7.2865 & -0.0389 & -0.2728 \\ -0.0389 & 0.0025 & -0.0016 \\ -0.2728 & -0.0016 & 0.0143 \end{bmatrix}$$

8.8

(1)

① $\hat{y_1} = -89448.0 + 171.08x_1 + 73.05x_2 - 2769.35x_3 + 9.61x_4$

② 결정계수 0.7442

③ $H_0 : \beta_1 = \beta_2 = \beta_3 = \beta_4 = 0$ 기각

요인	자유도	제곱합	평균제곱	F_0
회귀	4	447079227	111769807	$F_0 = 11.64$
잔차	16	153658868	9603679.3	
합	20	600738095		

④

H_0	검정통계량 t	$p-$값	결과
$\beta_1 = 0$	2.88	0.0110	H_0 기각
$\beta_2 = 0$	0.68	0.5085	H_0 채택
$\beta_3 = 0$	-2.58	0.0203	H_0 기각
$\beta_4 = 0$	0.99	0.3384	H_0 채택

⑤

	신뢰구간
β_1	(44.997, 297.161)
β_2	(-155.907, 302.012)
β_3	(-5049.218, -489.481)
β_4	(-11.027, 30.239)

(2)

① $\hat{y_2} = -6875.39 + 2.52x_1 + 6.43x_2 - 69.58x_3 + 0.54x_4$

② 결정계수 0.4083

③ $H_0 : \beta_1 = \beta_2 = \beta_3 = \beta_4 = 0$ 채택($p-$값$= 0.0641$)

요인	자유도	제곱합	평균제곱	F_0
회귀	4	171030.1	42757.5	$F_0 = 2.76$
잔차	16	247893.7	15493.4	
합	20	418923.8		

④

H_0	검정통계량 t	$p-$값	결과
$\beta_1 = 0$	1.06	0.3066	H_0 채택
$\beta_2 = 0$	1.48	0.1577	H_0 채택
$\beta_3 = 0$	-1.61	0.1268	H_0 채택
$\beta_4 = 0$	1.37	0.1897	H_0 채택

⑤

	신뢰구간
β_1	(-2.541, 7.587)
β_2	(-2.766, 15.626)
β_3	(-161.149, 21.995)
β_4	(-0.293, 1.364)

9.1

(1)

① $\hat{y} = -11.072 + 0.142x_1 + 0.709x_2$, 결정계수 0.6796

② $H_0 : \beta_1 = \beta_2 = 0$ 채택($p-$값$= 0.0581$)

요인	자유도	제곱합	평균제곱	F_0
회귀	2	165.81	82.91	$F_0 = 5.30$
잔차	5	78.16	15.64	
합	7	244.00		

③

H_0	검정통계량 t	$p-$값	결과
$\beta_1=0$	0.94	0.3905	H_0 채택
$\beta_2=0$	2.61	0.0477	H_0 기각

④ 제1종 부분 F 검정

요인	자유도	제곱합	평균제곱합	F_0	$p-$값
회귀	2	165.81	82.91		
x_2	1	152.00	152.00	9.72	0.0263
$x_1 \mid x_2$	1	13.81	13.81	0.88	0.3905
오차	5	78.16	15.64		
합	7	244.00			

제2종 부분 F 검정

회귀	2	165.81	82.91	F_0	$p-$값
$x_2 \mid x_1$	1	106.45	106.45	6.81	0.0477
$x_1 \mid x_2$	1	13.81	13.81	0.88	0.3905

적합한 모형 $\hat{y} = -10.477 + 0.796x_2$

(2) $\widehat{y^*} = 0.253x_1^* + 0.703x_2^*$

9.2

(1)

① $\hat{y} = -553.31 - 1.80x_1 + 11.86x_2$,

결정계수 0.7478, 수정결정계수 0.6469

② $H_0 : \beta_1 = \beta_2 = 0$ 기각($p-$값$=0.0319$)

요인	자유도	제곱합	평균제곱	F_0
회귀	2	6940.19	3470.09	$F_0 = 7.41$
잔차	5	2340.88	468.18	
합	7	9281.07		

③ $SSR(x_1) = 628.47$, $SSR(x_2 \mid x_1) = 6311.72$,

$SSR(x_1 \mid x_2) = 26.0$, $SSR(x_1, x_2) = 6940.19$

④ 부분 F 검정 결과 x_2 선택

⑤ $\hat{y} = -573.79 + 11.59x_2$

결정계수 0.7450, 수정결정계수 0.7025

⑦ $\hat{y^*} = -0.057x_1^* + 0.883x_2^*$

9.3

(1)

① $\hat{y} = 31.042 - 12.849x_1$,

결정계수 0.8996, 수정결정계수 0.8870

② $H_0 : \beta_1 = 0$ 기각($p-$값< 0.0001)

요인	자유도	제곱합	평균제곱	F_0
회귀	1	544.78	544.78	$F_0 = 71.65$
잔차	8	60.82	7.60	
합	9	605.60		

(2)

① $\hat{y} = 42.92 - 28.63x_1 + 4.64x_1^2$,

결정계수 0.9296, 수정결정계수 0.9095

② $H_0 : \beta_1 = \beta_2 = 0$ 기각($p-$값< 0.0001)

요인	자유도	제곱합	평균제곱	F_0
회귀	2	562.97	281.48	$F_0 = 46.22$
잔차	7	42.63	6.09	
합	9	605.60		

③ $H_0 : \beta_2 = 0$ 기각

요인	자유도	제곱합	평균제곱합	F_0	$p-$값
회귀	2	562.97	281.48		
x_1	1	544.78	544.78	89.44	<0.0001
$x_2 \| x_1$	1	18.19	18.19	2.99	0.1276
오차	7	42.63	6.09		
합	9	605.60			

9.4

① $\hat{y} = 8.3620 + 0.1815x_1 + 2.4727x_2 - 0.1214x_3$

② $H_0: \beta_1 = \beta_2 = \beta_3 = 0$ 기각($p-$값$=0.002$)

요인	자유도	제곱합	평균제곱	F_0
회귀	3	236.69	78.90	$F_0 = 18.41$
잔차	6	25.71	4.29	
합	9	262.4		

③

H_0	검정통계량 t	$p-$값	결과
$\beta_1 = 0$	2.14	0.0761	H_0 기각
$\beta_2 = 0$	2.83	0.0299	H_0 기각
$\beta_3 = 0$	-0.48	0.6477	H_0 채택

④ $\hat{y} = 6.7396 + 0.1649x_1 + 2.6569x_2$

⑤ $\widehat{y^*} = 0.4324x_1^* + 0.5813x_2^* - 0.0689x_3^*$

9.5

① $SSR(x_1) = 1450.0763$, $SSR(x_2) = 1809.4267$,
$SSR(x_3) = 773.3626$, $SSR(x_4) = 1831.8962$

② $\hat{y} = 62.405 - 0.144x_4 + 1.551x_1 + 0.510x_2 + 0.102x_3$

가장 적절한 회귀모형은 $\hat{y} = 103.097 + 1.440x_1 - 0.614x_4$

③

1) 모든 회귀계수들의 분산팽창계수가 10보다 매우 크므로 다중공선성의 문제가 있음.

2) 모든 회귀계수들의 분산팽창계수가 1에 매우 가까운 값을 가지므로 다중공선성이 거의 없음.

9.6

① $\hat{y} = -4.4096 + 0.0492x_1 - 0.0186x_2$

② 5, 7, 8번째 관측값의 스트던트화 제외잔차의 절대값이 상대적으로 크며, 특히 8번째 관측값의 스트던트화 제외잔차 값이 2보다 크므로 이상점으로 판단함.

③ 모든 회귀계수들의 분산팽창계수가 10보다 작다. 그러나 x_2, x_3 변수의 고유값이 0에 가깝고 조건지표도 30보다 크므로 다중공선성이 존재한다고 할 수 있음.

④ $\hat{y} = -3.8433 + 0.0407x_1$

⑤ $\widehat{y^*} = 1.1489x_1^* - 0.2497x_2^*$

9.7

(1)

① $\hat{y} = 9.2304 + 1.9548x_1 + 0.1463x_2$

② $H_0: \beta_1 = \beta_2 = 0$ 기각($p-$값<0.0001)

요인	자유도	제곱합	평균제곱	F_0
회귀	2	13601.0	6800.5	$F_0 = 807.2$
잔차	7	59.0	8.4	
합	9	13660.0		

③

H_0	검정통계량 t	$p-$값	결과
$\beta_1 = 0$	14.08	<0.0001	H_0 기각
$\beta_2 = 0$	0.35	0.7376	H_0 채택

(2) $\hat{y} = -16.20 + 0.41x_1 + 6.25x_2 - 0.02x_3 - 0.34x_4 + 0.16x_5$

9.8

① $\hat{y} = -10.0277 - 0.1642x_1 + 0.0004x_1^2$, 결정계수 0.9951

② $H_0 : \beta_1 = \beta_2 = 0$ 기각($p-$값 < 0.0001)

요인	자유도	제곱합	평균제곱	F_0
회귀	2	36.12	18.06	$F_0 = 506.98$
잔차	5	0.18	0.036	
합	7	36.30		

③

H_0	검정통계량 t	$p-$값	결과
$\beta_1 = 0$	14.91	<0.0001	H_0 기각
$\beta_2 = 0$	-11.06	0.0001	H_0 기각

④

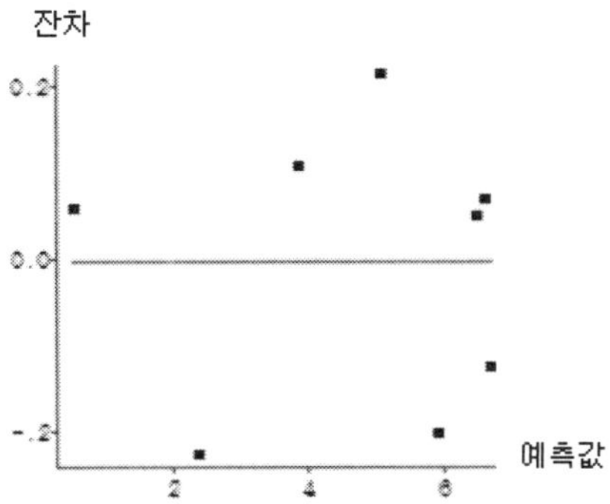

부록

[표 1] 표준정규분포

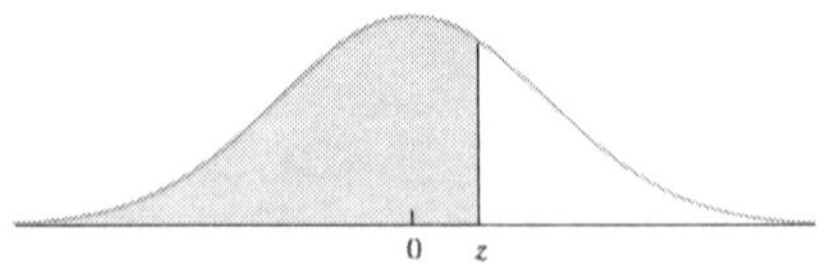

Z	0.00	0.01	0.02	0.03	0.04	0.05	0.06	0.07	0.08	0.09
0.0	0.5000	0.5040	0.5080	0.5120	0.5160	0.5199	0.5239	0.5279	0.5319	0.5359
0.1	0.5398	0.5438	0.5478	0.5517	0.5557	0.5596	0.5636	0.5675	0.5714	0.5753
0.2	0.5793	0.5832	0.5871	0.5910	0.5948	0.5987	0.6026	0.6064	0.6103	0.6141
0.3	0.6179	0.6217	0.6255	0.6293	0.6331	0.6368	0.6406	0.6443	0.6480	0.6517
0.4	0.6554	0.6591	0.6628	0.6664	0.6700	0.6736	0.6772	0.6808	0.6844	0.6879
0.5	0.6915	0.6950	0.6985	0.7019	0.7054	0.7088	0.7123	0.7157	0.7190	0.7224
0.6	0.7257	0.7291	0.7324	0.7357	0.7389	0.7422	0.7454	0.7486	0.7517	0.7549
0.7	0.7580	0.7611	0.7642	0.7673	0.7703	0.7734	0.7764	0.7794	0.7823	0.7852
0.8	0.7881	0.7910	0.7939	0.7967	0.7995	0.8023	0.8051	0.9078	0.8106	0.8133
0.9	0.8159	0.8186	0.8212	0.8238	0.8264	0.8289	0.8315	0.9340	0.8365	0.8389
1.0	0.8413	0.8438	0.8461	0.8485	0.8508	0.8531	0.8554	0.8577	0.8599	0.8621
1.1	0.8643	0.8665	0.8686	0.8708	0.8729	0.8749	0.8770	0.8790	0.8810	0.8830
1.2	0.8849	0.8869	0.8888	0.8907	0.8925	0.8944	0.8962	0.8980	0.8997	0.9015
1.3	0.9032	0.9049	0.9066	0.9082	0.9099	0.9115	0.9131	0.9147	0.9162	0.9177
1.4	0.9192	0.9207	0.9222	0.9236	0.9251	0.9265	0.9279	0.9292	0.9306	0.9319
1.5	0.9332	0.9345	0.9357	0.9370	0.9382	0.9394	0.9406	0.9418	0.9429	0.9441
1.6	0.9452	0.9463	0.9474	0.9484	0.9495	0.9505	0.9515	0.9525	0.9535	0.9545
1.7	0.9554	0.9564	0.9573	0.9582	0.9591	0.9599	0.9608	0.9616	0.9625	0.9633
1.8	0.9641	0.9649	0.9656	0.9664	0.9671	0.9678	0.9686	0.9693	0.9699	0.9706
1.9	0.9713	0.9719	0.9726	0.9732	0.9738	0.9744	0.9750	0.9756	0.9761	0.9767
2.0	0.9772	0.9778	0.9783	0.9788	0.9793	0.9798	0.9803	0.9808	0.9812	0.9817
2.1	0.9821	0.9826	0.9830	0.9834	0.9838	0.9842	0.9846	0.9850	0.9854	0.9857
2.2	0.9861	0.9864	0.9868	0.9871	0.9875	0.9878	0.9881	0.9884	0.9887	0.9890
2.3	0.9893	0.9896	0.9898	0.9901	0.9904	0.9906	0.9909	0.9911	0.9913	0.9916
2.4	0.9918	0.9920	0.9922	0.9925	0.9927	0.9929	0.9931	0.9932	0.9934	0.9936
2.5	0.9938	0.9940	0.9941	0.9943	0.9945	0.9946	0.9948	0.9949	0.9951	0.9952
2.6	0.9953	0.9955	0.9956	0.9957	0.9959	0.9960	0.9962	0.9962	0.9963	0.9964
2.7	0.9965	0.9966	0.9967	0.9968	0.9969	0.9970	0.9972	0.9972	0.9973	0.9974
2.8	0.9974	0.9975	0.9976	0.9977	0.9977	0.9978	0.9979	0.9979	0.9980	0.9981
2.9	0.9981	0.9982	0.9982	0.9983	0.9984	0.9984	0.9985	0.9985	0.9986	0.9986
3.0	0.9987	0.9987	0.9987	0.9988	0.9988	0.9989	0.9989	0.9989	0.9990	0.9990

α	0.400	0.300	0.200	0.100	0.050	0.025	0.010	0.005	0.001
z_{α}	0.253	0.524	0.842	1.282	1.645	1.960	2.326	2.575	3.090
$z_{\alpha/2}$	0.842	1.036	1.282	1.645	1.960	2.240	2.576	2.807	3.291

[표 2] χ^2 분포표

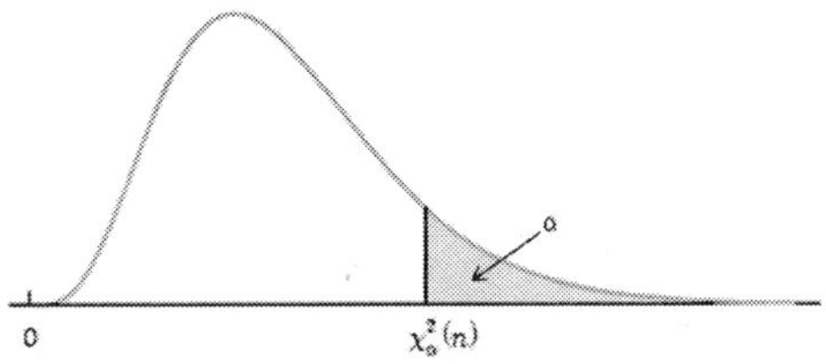

	$P(X \le x)$						
	0.60	0.75	0.90	0.95	0.975	0.99	0.995
n	$t_{0.40}(n)$	$t_{0.25}(n)$	$t_{0.10}(n)$	$t_{0.05}(n)$	$t_{0.025}(n)$	$t_{0.01}(n)$	$t_{0.005}(n)$
1	0.325	1.000	3.078	6.314	12.706	31.821	63.657
2	0.289	0.846	1.886	2.920	4.303	6.965	9.925
3	0.277	0.765	1.638	2.353	3.182	4.541	5.841
4	0.271	0.741	1.533	2.132	2.776	3.747	4.604
5	0.267	0.727	1.476	2.015	2.571	3.365	4.032
6	0.265	0.718	1.440	1.943	2.447	3.146	3.707
7	0.263	0.711	1.415	1.895	2.365	2.998	3.499
8	0.262	0.706	1.397	1.860	2.306	2.896	3.355
9	0.261	0.703	1.383	1.833	2.262	2.821	3.250
10	0.260	0.700	1.372	1.812	2.228	2.764	3.169
11	0.260	0.697	1.363	1.796	2.210	2.718	3.106
12	0.258	0.695	1.356	1.782	2.179	2.681	3.055
13	0.259	0.694	1.350	1.771	2.160	2.650	3.012
14	0.258	0.692	1.345	1.761	2.145	2.624	2.997
15	0.258	0.691	1.341	1.753	2.131	2.602	2.947
16	0.258	0.690	1.337	1.746	2.120	2.583	2.921
17	0.257	0.689	1.333	1.740	2.110	2.567	2.898
18	0.257	0.688	1.330	1.734	2.101	2.552	2.878
19	0.257	0.688	1.328	1.729	2.093	2.539	2.861
20	0.257	0.687	1.325	1.725	2.086	2.528	2.845
21	0.257	0.686	1.323	1.721	2.080	2.518	2.831
22	0.256	0.686	1.321	1.717	2.074	2.508	2.819
23	0.256	0.685	1.317	1.714	2.069	2.500	2.807
24	0.256	0.685	1.318	1.711	2.064	2.492	2.797
25	0.256	0.687	1.316	1.708	2.060	2.185	2.787
26	0.256	0.684	1.315	1.716	2.056	2.479	2.779
27	0.256	0.684	1.314	1.703	2.052	2.473	2.771
28	0.256	0.683	1.313	1.701	2.048	2.467	2.763
29	0.256	0.683	1.311	1.699	2.045	2.462	2.756
30	0.256	0.683	1.310	1.697	2.042	2.457	2.750
∞	0.253	0.674	1.282	1.645	1.960	2.326	2.576

[표 3] t 분포표

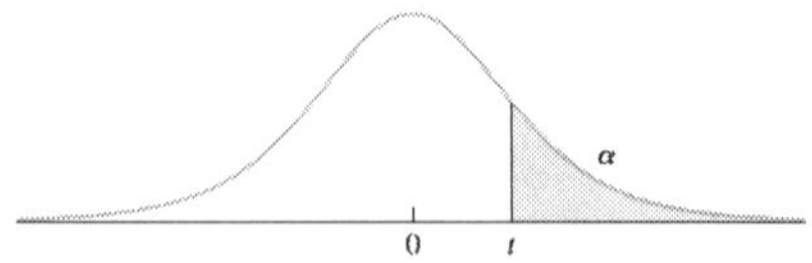

	$P(X \le x)$							
	0.010	0.025	0.050	0.100	0.900	0.950	0.975	0.990
n	$\chi^2_{0.99}(n)$	$\chi^2_{0.975}(n)$	$\chi^2_{0.95}(n)$	$\chi^2_{0.90}(n)$	$\chi^2_{0.10}(n)$	$\chi^2_{0.05}(n)$	$\chi^2_{0.025}(n)$	$\chi^2_{0.01}(n)$
1	0.000	0.001	0.004	0.016	2.706	3.841	5.024	6.635
2	0.020	0.051	0.103	0.211	4.605	5.991	7.378	9.210
3	0.115	0.216	0.352	0.584	6.251	7.815	9.348	11.34
4	0.297	0.484	0.711	1.064	7.779	9.488	11.14	13.28
5	0.554	0.831	1.145	1.410	9.236	11.07	12.83	15.09
6	0.872	1.237	1.635	2.204	10.64	12.59	14.45	16.80
7	1.239	1.690	2.167	2.833	12.02	14.07	16.01	18.48
8	1.646	2.180	2.733	3.490	13.36	15.51	17.54	20.09
9	2.088	2.700	3.325	4.168	14.68	16.92	19.02	21.67
10	2.558	3.247	3.940	4.865	15.99	18.31	20.48	23.21
11	3.053	3.816	4.575	5.578	17.28	19.68	21.92	24.72
12	3.571	4.404	5.226	6.304	18.55	21.03	23.34	26.22
13	4.107	5.009	5.892	7.042	19.82	22.36	24.74	27.49
14	4.660	5.629	6.571	7.790	21.06	23.68	26.12	29.14
15	5.229	6.262	7.261	8.547	22.31	25.00	27.49	30.58
16	5.812	6.908	7.962	9.312	23.54	26.30	28.84	32.00
17	6.408	7.564	8.672	10.08	24.77	27.59	30.19	33.41
18	7.015	8.231	9.390	10.86	25.99	28.87	31.53	34.80
19	7.633	8.907	10.12	11.65	27.20	30.14	32.85	36.19
20	8.260	9.591	10.85	12.44	28.41	31.41	34.17	37.57
21	8.897	10.28	11.59	13.24	29.62	32.67	35.48	38.93
22	9.542	10.98	12.34	14.04	30.72	33.92	36.78	40.29
23	10.20	11.69	13.09	14.85	32.01	35.17	38.08	41.64
24	10.86	12.40	13.85	15.66	33.20	36.42	39.36	42.98
25	11.52	13.12	14.61	16.47	34.38	37.65	40.65	44.31
26	12.20	13.84	15.38	17.29	35.56	38.88	41.92	45.61
27	12.88	14.57	16.15	18.11	36.74	40.11	43.19	46.96
28	13.56	15.31	16.93	18.94	37.92	41.34	44.43	48.28
29	14.26	16.05	17.71	19.77	39.09	42.56	45.72	49.59
30	14.95	16.79	18.49	20.60	40.26	43.77	46.98	50.89
40	22.16	24.43	26.51	29.05	51.80	55.76	59.34	63.69
50	29.72	32.36	34.76	37.69	63.17	67.50	71.42	76.15
60	37.48	40.48	43.19	46.46	74.40	79.08	83.30	88.28
70	45.44	48.76	51.74	55.33	85.53	90.53	95.02	100.4
80	53.34	57.15	60.39	64.28	96.58	101.9	106.6	112.3

[표 4] F 분포표

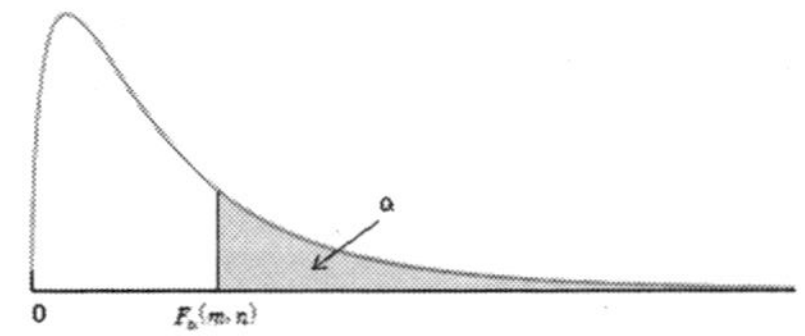

α	$P(F \le f)$	분모의 자유도 n	분자의 자유도 m 1	2	3	4	5	6	7	8	9
0.05	0.95	1	161.4	199.5	215.7	224.6	230.2	234.0	236.8	238.9	240.5
0.025	0.975		647.79	799.50	864.16	899.58	921.85	937.11	948.22	956.66	963.28
0.01	0.99		4052	4999.5	5403	5625	5764	5859	5928	5981	6022
0.05	0.95	2	18.51	19.00	19.16	19.25	19.30	19.33	19.35	19.37	19.38
0.025	0.975		38.51	39.00	39.17	39.25	39.30	39.33	39.36	39.37	39.39
0.01	0.99		98.50	99.00	99.17	99.25	99.30	99.33	99.36	99.37	99.39
0.05	0.95	3	10.13	9.55	9.28	9.12	9.01	8.94	8.89	8.85	8.81
0.025	0.975		17.44	16.04	15.44	15.10	14.88	14.73	14.62	14.54	14.47
0.01	0.99		34.12	30.82	29.46	28.71	28.24	27.91	27.67	27.49	27.35
0.05	0.95	4	7.71	6.94	6.59	6.39	6.26	6.16	6.09	6.04	6.00
0.025	0.975		12.22	10.65	9.98	9.60	9.36	9.20	9.07	8.98	8.90
0.01	0.99		21.20	18.00	16.69	15.98	15.52	14.21	14.98	14.80	14.66
0.05	0.95	5	6.61	5.79	5.41	5.19	4.05	4.95	4.88	4.82	4.77
0.025	0.975		10.01	8.43	4.76	7.39	6.15	6.98	6.85	6.76	6.68
0.01	0.99		16.26	13.27	12.06	11.39	10.97	10.67	10.46	10.29	10.16
0.05	0.95	6	5.99	5.14	4.76	4.53	4.39	4.28	4.21	4.15	4.10
0.025	0.975		8.81	7.26	6.60	6.23	5.99	5.82	5.70	5.60	5.52
0.01	0.99		13.75	10.92	9.78	9.15	8.75	8.47	8.26	8.10	7.98

0.05	0.95	7	5.59	4.74	4.35	4.12	3.97	3.87	3.79	3.73	3.68	3.64
0.025	0.975		8.07	6.54	5.89	5.52	5.29	8.12	7.99	4.90	4.82	4.76
0.01	0.99		12.25	9.55	8.45	7.85	7.46	7.19	9.99	6.84	6.72	6.62
0.05	0.95	8	5.32	4.46	4.07	3.84	3.69	3.58	3.50	3.44	3.39	3.35
0.025	0.975		7.57	6.06	5.42	5.05	4.82	4.65	4.53	4.43	4.36	4.30
0.01	0.99		11.26	8.65	7.59	7.01	6.63	6.37	6.18	5.03	5.91	5.81
0.05	0.95	9	5.12	4.26	3.86	3.63	3.48	3.37	3.29	3.23	3.18	3.14
0.025	0.975		7.21	5.71	5.08	4.72	4.48	4.32	4.20	4.10	4.03	3.96
0.01	0.99		10.56	8.02	6.99	6.42	6.06	5.80	5.61	5.47	5.35	5.26
0.05	0.95	10	4.96	4.10	3.71	3.48	3.33	3.22	3.14	3.07	3.02	2.98
0.025	0.975		6.94	5.46	4.83	4.47	4.24	4.07	3.95	3.85	3.78	3.72
0.01	0.99		10.04	7.56	6.55	5.99	6.64	5.39	5.20	5.06	4.94	4.85
0.05	0.95	12	4.75	3.89	3.49	3.26	3.11	3.00	2.91	2.85	2.80	2.75
0.025	0.975		6.55	5.10	4.47	4.12	4.89	3.73	3.61	3.51	3.44	3.37
0.01	0.99		9.33	6.93	5.95	5.41	5.06	4.82	4.64	4.50	4.39	4.30
0.05	0.95	15	4.54	3.68	3.29	3.06	3.90	2.79	2.71	2.64	2.59	2.54
0.025	0.975		6.20	4.77	4.15	3.80	3.58	3.41	3.29	3.20	3.12	3.06
0.01	0.99		8.68	6.36	5.42	4.89	5.56	4.32	4.14	3.00	3.89	3.80
0.05	0.95	20	4.35	3.49	3.10	2.87	2.71	2.60	2.51	2.45	2.39	2.35
0.025	0.975		5.87	4.46	3.86	3.51	3.29	3.13	3.01	2.91	2.84	2.77
0.01	0.99		8.10	5.85	4.94	4.43	4.10	3.87	3.70	3.56	3.46	3.37
0.05	0.95	24	4.26	3.40	3.01	2.78	2.62	2.51	2.42	2.36	2.30	2.25
0.025	0.975		5.72	4.32	3.72	3.38	3.15	2.99	2.87	2.78	2.70	2.64
0.01	0.99		7.82	5.61	4.72	4.22	3.90	3.67	3.50	3.36	3.26	3.17
0.05	0.95	30	4.17	3.32	2.92	2.69	2.53	2.42	2.33	2.27	2.21	2.16
0.025	0.975		5.57	4.18	3.59	3.25	3.03	2.87	2.75	2.65	2.57	2.51
0.01	0.99		7.56	5.39	4.51	4.02	4.70	3.47	3.30	3.17	3.07	2.98
0.05	0.95	40	4.08	3.23	2.84	2.61	2.45	2.34	2.25	2.18	2.12	2.08
0.025	0.975		5.42	4.05	3.46	3.13	3.90	2.74	2.62	2.53	2.45	2.39
0.01	0.99		7.31	5.18	4.31	3.83	3.51	3.29	3.12	2.99	2.89	2.80
0.05	0.95	60	4.00	3.15	2.76	2.53	2.37	2.25	2.17	2.10	2.04	1.99
0.025	0.975		5.29	3.93	3.34	3.01	3.79	2.63	2.51	2.41	2.33	2.27
0.01	0.99		7.08	4.98	4.13	3.65	3.34	3.12	2.95	2.82	2.72	2.63
0.05	0.95	120	3.92	3.07	2.68	2.45	2.29	2.17	2.09	2.02	1.96	1.91
0.025	0.975		5.15	3.80	3.23	2.89	2.67	2.52	2.39	2.30	2.22	2.16
0.01	0.99		6.85	4.79	3.95	3.48	3.17	2.96	2.79	2.66	2.56	2.47
0.05	0.95	∞	3.84	3.00	2.60	2.37	2.21	2.10	2.01	1.94	1.88	1.83
0.025	0.975		5.02	3.69	3.12	2.79	2.57	2.41	2.29	2.19	2.11	2.05
0.01	0.99		6.63	4.61	3.78	3.32	3.02	2.80	2.64	2.51	241	2.32

α	$P(F \le f)$	분모의 자유도 n	분자의 자유도 m								
			12	15	20	24	30	40	60	120	∞
0.05	0.95	1	243.9	245.9	248.0	249.1	250.1	251.1	252.2	253.3	254.3
0.025	0.975		967.71	984.87	993.10	997.25	1001.4	1005.6	1009.8	1014.0	1018.3
0.01	0.99		6106	6157	6209	6235	6261	6287	6313	6339	6366
0.05	0.95	2	19.41	19.43	19.45	19.45	19.46	19.47	19.48	19.49	19.50
0.025	0.975		39.42	39.43	39.45	39.46	39.47	39.47	39.48	39.49	39.50
0.01	0.99		99.42	99.43	99.45	99.46	99.47	99.47	99.48	99.49	99.50
0.05	0.95	3	8.74	8.70	8.66	8.64	8.62	8.59	8.57	8.55	8.53
0.025	0.975		14.34	14.25	14.17	14.12	14.08	14.04	13.99	13.95	13.90
0.01	0.99		27.05	26.87	26.69	26.60	26.50	26.41	26.32	26.22	26.13
0.05	0.95	4	5.91	5.86	5.80	5.77	5.75	5.72	5.69	5.66	5.63
0.025	0.975		8.75	8.66	8.56	8.51	8.46	8.41	8.36	8.31	8.26
0.01	0.99		14.37	14.20	14.02	13.93	13.84	13.75	13.65	13.56	13.46
0.05	0.95	5	4.68	4.62	4.56	4.53	4.50	4.46	4.43	4.40	4.36
0.025	0.975		6.52	6.43	6.33	6.28	6.23	6.18	6.12	6.07	6.02
0.01	0.99		9.89	9.72	9.55	9.47	9.38	9.29	9.20	9.11	9.02
0.05	0.95	6	4.00	3.94	3.87	3.84	3.81	3.77	3.74	3.70	3.67
0.025	0.975		5.37	5.27	5.17	5.12	5.07	5.01	4.96	4.90	4.85
0.01	0.99		7.72	7.56	7.40	7.31	7.23	7.14	7.06	6.97	6.88
0.05	0.95	7	3.57	3.51	3.41	3.41	3.38	3.34	3.30	3.27	3.23
0.025	0.975		4.67	4.57	4.47	4.42	4.36	4.31	4.25	4.20	4.14
0.01	0.99		6.47	6.31	6.16	6.07	5.99	5.91	5.82	5.74	5.65
0.05	0.95	8	3.28	3.22	3.15	3.12	3.08	3.04	3.01	2.97	2.93
0.025	0.975		4.20	4.10	4.00	3.95	3.89	3.84	3.78	3.73	3.67
0.01	0.99		5.67	5.52	5.36	5.28	5.20	5.12	5.03	4.95	4.86
0.05	0.95	9	3.07	3.01	2.94	2.90	2.86	2.83	2.79	2.75	2.71
0.025	0.975		3.87	3.77	3.67	3.61	3.56	3.51	3.45	3.39	3.33
0.01	0.99		5.11	4.96	4.81	4.73	4.65	4.57	4.48	4.40	4.31
0.05	0.95	10	2.91	2.85	2.77	2.74	2.70	2.66	2.62	2.58	2.54
0.025	0.975		3.62	3.52	3.42	3.37	3.31	3.26	3.20	3.14	3.08
0.01	0.99		4.71	4.56	4.41	4.33	4.25	4.27	4.08	4.00	3.91
0.05	0.95	12	2.69	2.62	2.54	2.51	2.47	2.43	2.38	2.34	2.30
0.025	0.975		3.28	3.18	3.07	3.02	2.96	2.91	2.85	2.79	2.72
0.01	0.99		4.16	4.01	3.86	3.78	3.70	3.62	3.54	3.45	3.36
0.05	0.95	15	2.48	2.40	2.33	2.29	2.25	2.20	2.16	2.11	2.07
0.025	0.975		2.96	2.86	2.76	2.70	2.64	2.59	2.52	2.46	2.40
0.01	0.99		3.67	3.52	3.37	3.29	3.21	3.13	3.05	2.96	2.87

0.05	0.95		2.28	2.20	2.12	2.08	2.04	1.99	1.95	1.90	1.84
0.025	0.975	20	2.68	2.57	2.46	2.41	2.35	2.29	2.22	2.16	2.09
0.01	0.99		3.23	3.09	2.94	2.86	2.78	2.69	2.61	2.52	2.42
0.05	0.95		2.18	2.11	2.03	1.98	1.94	1.89	1.84	1.79	1.73
0.025	0.975		2.54	2.44	2.33	2.27	2.21	2.15	2.08	2.01	1.94
0.01	0.99	24	3.03	2.89	2.74	2.66	2.58	2.49	2.40	2.31	2.21
0.05	0.95		2.09	2.01	1.93	1.89	1.84	1.79	1.74	1.68	1.62
0.025	0.975		2.41	2.31	2.20	2.14	2.07	2.01	1.94	1.87	1.79
0.01	0.99	30	2.84	2.70	2.55	2.47	2.39	2.30	2.21	2.11	2.01
0.05	0.95		2.00	1.92	1.75	1.79	1.74	1.69	1.64	1.58	1.51
0.025	0.975		2.29	2.18	2.07	2.01	1.94	1.88	1.80	1.72	1.64
0.01	0.99	40	2.66	2.52	2.37	2.29	2.20	2.11	2.02	1.92	1.80
0.05	0.95		1.92	1.84	1.75	1.70	1.65	1.59	1.53	1.47	1.39
0.025	0.975		2.17	2.06	1.94	1.88	1.82	1.75	1.67	1.58	1.48
0.01	0.99	60	2.50	2.35	2.20	2.12	2.03	1.94	1.84	1.73	1.60
0.05	0.95		1.83	1.75	1.66	1.61	1.55	1.50	1.43	1.35	1.25
0.025	0.975		2.05	1.95	1.82	1.76	1.69	1.61	1.53	1.43	1.31
0.01	0.99	120	2.34	2.19	2.03	1.95	1.86	1.76	1.66	1.53	1.38
0.05	0.95		1.75	1.67	1.57	1.52	1.46	1.39	1.32	1.22	1.00
0.025	0.975		1.94	1.83	1.71	1.64	1.57	1.48	1.39	1.27	1.00
0.01	0.99	∞	2.18	2.04	1.88	1.79	1.70	1.59	1.47	1.32	1.00

[표 5] Durbin-Watson 검정의 상한과 하한

표본 수	유의수준	k = 독립변수의 수									
		1		2		3		4		5	
n	α	d_L	d_U	d_L	d_U	d_L	d_U	d_L	d_U	d_L	d_U
15	0.01	0.81	1.07	0.70	1.25	0.59	1.46	0.49	1.70	0.39	1.96
	0.025	0.95	1.23	0.83	1.40	0.71	1.61	0.59	1.84	0.48	2.09
	0.05	1.08	1.36	0.95	1.54	0.82	1.75	0.69	1.97	0.56	2.21
20	0.01	0.95	1.15	0.86	1.27	0.77	1.41	0.63	1.57	0.60	1.74
	0.025	1.08	1.28	0.99	1.41	0.89	1.55	0.79	1.70	0.70	1.87
	0.05	1.20	1.41	1.10	1.54	1.00	1.68	0.90	1.83	0.79	1.99
25	0.01	1.05	1.21	0.98	1.30	0.90	1.41	0.83	1.52	0.75	1.65
	0.025	1.13	1.34	1.10	1.43	1.02	1.54	0.94	1.65	0.86	1.77
	0.05	1.20	1.45	1.21	1.55	1.12	1.66	1.04	1.77	0.95	1.89
30	0.01	1.13	1.26	1.07	1.34	1.01	1.42	0.94	1.51	0.88	1.61
	0.25	1.25	1.38	1.18	1.46	1.12	1.54	1.05	1.63	0.98	1.73
	0.05	1.35	1.49	1.28	1.57	1.21	1.65	1.14	1.74	1.07	1.83
40	0.01	1.25	1.34	1.20	1.40	1.15	1.46	1.10	1.52	1.05	1.58
	0.025	1.35	1.45	1.30	1.51	1.25	1.57	1.20	1.63	1.15	1.69
	0.05	1.44	1.54	1.39	1.60	1.34	1.66	1.29	1.72	1.23	1.79
50	0.01	1.32	1.40	1.28	1.45	1.24	1.49	1.20	1.54	1.16	1.59
	0.025	1.42	1.50	1.38	1.54	1.34	1.59	1.30	1.64	1.26	1.69
	0.05	1.50	1.59	1.46	1.63	1.42	1.67	1.38	1.72	1.34	1.77
60	0.01	1.38	1.45	1.35	1.48	1.32	1.52	1.28	1.56	1.25	1.60
	0.025	1.47	1.54	1.44	1.57	1.40	1.61	1.37	1.65	1.33	1.69
	0.05	1.55	1.62	1.51	1.65	1.48	1.69	1.44	1.73	1.41	1.77
80	0.01	1.47	1.52	1.44	1.54	1.42	1.57	1.36	1.60	1.36	1.62
	0.025	1.54	1.59	1.52	1.62	1.49	1.65	1.47	1.67	1.44	1.70
	0.05	1.61	1.66	1.59	1.69	1.56	1.72	1.53	1.74	1.51	1.77
100	0.01	1.52	1.56	1.50	1.58	1.48	1.60	1.45	1.63	1.44	1.65
	0.025	1.59	1.63	1.57	1.65	1.55	1.67	1.53	1.70	1.51	1.72
	0.05	1.65	1.69	1.63	1.72	1.61	1.74	1.59	1.76	1.57	1.78

참고문헌

김명철, 김주환, 손창균. SAS 프로그래밍과 자료분석, 교우사, 2004.
김종덕. SAS를 이용한 선형회귀분석, 자유아카데미, 2002.
박성현. 회귀분석, 민영사, 2007
박정식, 박종원. 재무관리, 다산출판사, 2007.
성웅현, 이승천. 회귀분석(이론, 방법론, SAS활용), 법문사, 2001.
염준근. 선형회귀분석, 자유아카데미, 2005.
윤만하. 금융리스크관리, 경문사, 2007.
정한규, 김철중, 윤평식. 가치평가론, 경문사, 2002.
함형범. SAS/INSIGHT 통계분석, 교우사, 2004.
함형범. SAS 프로그래밍과 데이터분석, 연학사, 2007.

Akaike, H. A new look at the statistical model identification, *IEEE Trans. Automatic Control*, AC-19, 716-723, 1974.

Draper, N. R. and Smith, H. Applied Regression Analysis, John Wiley & Sons, New York, 1998.

Hogg, R. V. and Tannis. Probability and Statistical Inference, Prentice Hall, New Jersey. 2006.

Montgomery, D. C. and Peck, E. A. Introduction to Linear Regression Analysis, John Wiley & Sons, New York, 1992.

Neter, J., Wasserman, W. and Kutner, M. H. Applied Linear Statistical Models, Irwin, 1996.

Ott, R. L. and Longnecker, M. An introduction to Statistical Methods and Data Analysis, Duxbury, 2001.

Searle, S. R. Linear Models, John Wiley & Sons, New York, 1971.

찾아보기

(ㅋ)

(ㅌ)

(ㅍ)

(ㅎ)